3개의 울타리를 부수는

삶이 되셨으면 합니다.

자청드림

# 역행자

# 역행자

확장판

자청 지음

돈·시간·운명으로부터
완전한 자유를 얻는 7단계 인생 공략집

웅진 지식하우스

# 『역행자』를 뛰어넘은『역행자』확장판

1년 사이에 기적이 일어났다. 『역행자』가 출간 1년도 되지 않아 40만 부나 팔린 것이다. 교보문고 5주 연속 1위, YES24 6주 연속 1위를 기록하며 2022년 '올해의 책'에 선정되기도 했다. 책을 내기 전, 나는 주변 작가들에게 항상 이렇게 말했다. "이 책은 반드시 종합 베스트셀러 1위를 할 거예요. 그것도 오랫동안 말이에요." 하지만 사람들은 믿지 않았다. "사업이나 유튜브로는 너를 인정하지만, 책은 절대 안 될 거야. 첫 책으로 베스트셀러 1위를 하는 경우는 매우 드물어."

그런데 내 말은 현실이 되었다. 여러모로 운이 좋았다. 첫 책임에도 불구하고 잘된 이유가 무엇일까 고민해보니 '표본 이론, 피카소 이론, 깔때기 이론' 3가지 공식을 사용한 덕이었다.

수학에 공식이 있듯이 나는 인생에도 공식이 있다고 생각한다. 이를 '라이프해킹'이라 부른다. 나는 『역행자』에서 '7단계 역행자 공식'을 통해 인생의 자유를 얻을 수 있다고 주장했다. 사람들은 종종 "인생에 공식이 어딨어"라고 반론하지만, 나는 이 공식을 책 쓰는 데 적용해 베스트셀러 1위 작가가 되었다. 뿐만 아니라 이 공식을 이용해 일하지 않아도 매달 수억 원의 돈을 벌어들인다. 방법은 분명히 있다.

『역행자』 초고를 쓸 당시, 역행자 공식 1단계에 나오는 '자의식 해체'를 끊임없이 떠올리며 주의했다. 콘텐츠를 만드는 사람들이 초기에 흔히 저지르는 실수가 있다. 바로 '자신의 머릿속에서 나온 것이 뛰어날 것이라는 착각' 그리고 '내가 좋아하는 내용을 남들도 좋아할 거라는 착각'이다. 과잉 자의식의 방해를 받아 나만 재밌고 의미 있다고 생각하는 콘텐츠를 만들고 좋아하는 것이다.

나는 내 머릿속 망상을 믿지 않았고, 20년간 성공해온 책들의 형식을 빌렸다. 초반부에는 사람들이 쉽게 읽을 수 있도록 청소년들도 읽을 수 있는 난이도로 이야기를 풀어나갔다. 후반부로 갈수록 깊이 있는 내용을 담고자 했다. 그리고 내 전문 분야의 이야기가 아닌, 우리나라 사람 누구라도 읽고 삶에 적용할 수 있는 내용으로 책을 구성했다.

일반적으로 잘 팔리지 않는 책은 표본이 너무 좁다(표본 이론). 혹은 성공한 책을 참고하지 않고, 본인의 독창성만을 추구해 결국 아무도 읽지 못하는 책을 만든다(피카소 이론). 아니면 처음부터 끝까지 글의 구성이 너무 쉽거나 너무 어려워 책이 오래 팔리지 않는다(깔때기 이론).

책 잘 파는 법 얘기만 하냐고? 이 이야기는 책 파는 법에만 국한되지 않는다. 모든 일에는 공식과 원리가 있다는 이야기다. 인생의 자유를 얻는 것도 마찬가지다. 이 책에는 인생의 자유를 얻기 위한 공식과 원리가 모두 담겨 있다.

『역행자』 확장판에서는 많은 것이 수정되었다. 기존 책에 비해 약 100페이지 정도 추가되었고, 내 문체를 많이 살렸다. 『역행자』 출간 당시 분량 문제로 내가 집필했던 원고에서 100페이지 정도 삭제돼 아쉬움이 남았었다.

이번 확장판에선 이전에 삭제되었던 원고뿐 아니라 초판 이후 추가된 경험을 바탕으로 업그레이드된 내용을 담았다. 또 잘 읽히지 않는 어려운 부분을 최대한 쉽고 친절하게 풀었고, 적용하기 애매한 부분은 구체적인 설명을 더하고 과제를 추가했다. 독자들이 반론할 만한 부분에는 설명을 추가해 설득력을 높였다. 아울러 이 책을 통해 역행자의 길을 함께 걷게 된 독자들의 생생한 후기와 함께 실질적인 도움을 줄 수 있는 창업 아이템 역시 보강하고자 했다. 초판에서 개인적으로 아쉬웠던 부분을 모두 보완했다고 보면 된다.
진심으로 기대해도 좋다.

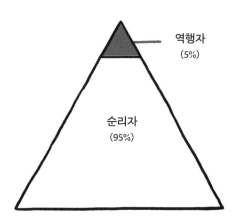

역행자
(5%)

순리자
(95%)

95퍼센트의 인간은 타고난 운명 그대로 살아간다.
사람들은 이들을 순리자順理者라 부른다.


5퍼센트의 인간은 본성을 거스르는 능력을 갖고 있다.
이 능력으로 인생의 자유를 얻고, 경제적 자유를 누린다.


유전자, 무의식, 자의식의 꼭두각시에서 벗어난 자,
사람들은 이들을 역행자逆行者라 부른다.

농장에 있는 닭을 보라. 이들에게 자유의지가 있다고 말할 수 있을까? 이 닭은 한정된 울타리 안에서 산다. 닭은 유전자 명령에 따라 모이를 먹고, 짝짓기를 하고, 알을 낳고, 때로는 다른 닭과 싸움도 하며 살아 간다. 그리고 결국 그 닭은 치킨이 된다. 인간의 관점에서 이 닭의 운명은 태어날 때부터 정해져 있다. 닭의 활동 반경도, 삶의 끝도 모두 정해 져 있다.

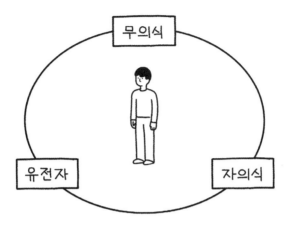

인간의 삶도 닭과 크게 다르지 않다. 인간에게도 울타리가 있다. 이 울타리는 유전자, 무의식, 자의식으로 이뤄져 있다. 이 성가신 울타리는 닭처럼 인간의 운명도 정해준다. 인간은 스스로 자유의지가 있고, 특별한 존재라고 생각하며 살지만, 이는 모두 망상이다. 모두 같은 생각을 한다는 건 평범한 생각을 한다는 뜻이다. 평범한 생각만 하는 사람은 절대 자유를 얻을 수 없다.

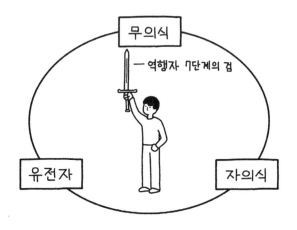

울타리를 벗어나려면 어떻게 해야 할까? 당연히 울타리를 잘라버려야 한다. 마찬가지로 운명을 벗어나 진정한 자유를 얻기 위해선 유전자, 무의식, 자의식이라는 울타리를 제거해야만 한다. 이제 "울타리를 어떻게 없애는데?"라는 질문이 나올 것이다. 인간의 운명을 정하는 울타리는 생각보다 질기고 억세다. 이 울타리를 끊기 위해선 아주 예리한 검이 필요하다. 바로 '역행자 7단계 모델'이라는 검이다. 울타리를 탈출한 순간, 인간은 자유로운 사고를 할 수 있게 되고, 남과 다른 특별한 삶을 살게 된다.

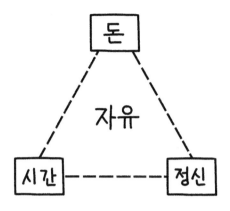

닭 한 마리가 스스로 단련해 호랑이도 이길 수 있는 '슈퍼 닭'이 되어 울타리를 끊고 나왔다고 가정해보자. 이 닭은 진정한 자유를 찾았다고 할 수 있다. 이제 이 닭의 마지막 순간은 프라이드 치킨이 아닐 것이다. '역행자 7단계 모델'이라는 예리한 검으로 인간을 가둔 3개의 울타리를 잘라내고 나왔을 때, 우리가 마주하는 자유는 바로 '돈, 시간, 정신으로부터의 자유'다. 인간이 진정한 자유를 얻게 된 것이다. 나는 쇼펜하우어를 정말 좋아하지만, 인생은 고통이라는 그의 말은 틀렸다고 생각한다. 인생은 '끝내주는 놀이터'다.

# 차례

**CHAPTER 1**

## 나는 어떻게 경제적 자유에 이르게 되었나

**CHAPTER 2**

## 역행자 1단계_ 자의식 해체

# 30대 초반,
# 일하지 않아도
# 월 1억씩 버는
# 자동 수익이
# 완성되다

# 인생에도 공략집이 있다면

"3000만 원이 익명으로 입금되었습니다."

어린 시절, 게임을 하다 보면 레벨 높은 아저씨들이 부러웠다. 그들은 손쉽게 몬스터를 해치우고 돈을 벌었다. 심지어는 가만히 있어도 돈이 불어났다. 비록 사이버머니였지만 어린 내 눈에는 가장 부러운 사람들이었다. 지독히 가난하고 열등했던 나에게 게임 세상은 유일한 도피처였다. 하지만 도망친 그곳에서도 부러운 사람이 있었다.

그리고 20년의 시간이 흘렀다. 나는 정말 운 좋게도, 아무 일하지 않고 가만히 있어도 수억 원의 돈을 벌어들이고 있다. 지난달에는 일면식도 없는 청년 3명이 각각 1000만 원씩 나에게 고맙다며 돈을 보냈다. 내 블로그 글을 보고 경제적 자유를 얻었다며 감사함을 표현했다.

뭔 놈의 책이 시작하자마자 돈 얘기냐고? 이게 이 책의 주제냐고? 아니다. 분명 돈은 인간에게 필수적인 요소다. 하지만 나는 이보다 더 중요한 것이 있다고 믿는다. 그건 바로 인생으로부터의 자유다. 나는 대단한 사업가도 아니고, 재벌만큼 돈이 많은 것도 아니고, 수재도 아니다. 하지만 나는 최하층에서부터 시작해 특별한 방

식으로 완전한 자유를 얻었다.

나는 평범한 사람이 고단한 인생으로부터 완벽한 자유를 얻을 수 있는 방법을 이론화하고 싶었다. 그리고 이제 말할 수 있다. 평범한 사람이더라도 '역행자 7단계 모델'을 알게 되면 돈, 시간, 정신으로부터 자유를 얻을 수 있다고.

학창 시절 내내 나의 인생은 3개의 큰 벽으로 가로막혀 있었다. 공부, 돈, 외모. 학교 꼴찌이자 인생 막장인 나는 이 벽들에 갇힌 채 좀비처럼 아무 생각 없이 살아갔다. 누구를 질투해본 적도 없다. 그거 아는가? 너무 격차가 크면 질투라는 감정 자체가 생기지 않는다는 거.

나는 나 자신을 너무나 열등한 존재라 믿었다. 인생에 어떤 희망도 없었으며, 죽을 때까지 월 200만 원 이상 벌 수 없을 거라 확신했다. 내 꿈은 오로지 반월공단 공장에 취직한 후 원룸에서 살며 평생 게임만 하는 삶이었다. 나는 현실이 싫었고 게임 속 세상이 너무 좋았다. 실제로 중고등학생 때는 깨어 있는 시간을 모두 게임만 하며 살았다. 언젠가 TV에서 책상 앞에 무려 다섯 끼 분량의 설거지 거리를 쌓아놓고 폐인처럼 게임하는 사람을 본 적이 있는가? 그게 정확히 나였다.

성인이 됐는데도 아르바이트 자리 하나 얻을 수 없었다. 문제가 있었다. 심한 여드름에 뿔테 안경, 체크무늬 셔츠. 사람 눈도 못 쳐다보는 상태였다. 그런 사회부적응자를 받아줄 사장님은 없었다. 그러던 나에게 기적이 하나 일어났다.

그전까지는 글 읽는 걸 참 싫어해서 책도 멀리하는 편이었는데, 어떤 책 한 권을 읽게 되었다. 책을 집어 든 이유도 참 단순했다. 인간관계에 서툴러서 사람들과 잘 어울리지 못하니, 책을 읽으면 대화를 잘하게 되지 않을까 싶어서 대화법 책을 고른 것이다. 책 내용도 별다른 건 없었다. 경청의 중요성을 강조한 책이었는데, 책에서 알려준 대로 사람들 얘기를 잘 들어주고 반응해주니까 점점 그들의 태도가 달라지는 게 느껴졌다. 그전까지는 나를 잘 끼워주지 않던 사람들도 자연스럽게 나랑 이야기하는 걸 좋아하기 시작했다. 오히려 나한테 고민을 털어놓는 걸 더 편하게 느끼는 것 같았다. 그때

나는 하나의 희망을 보았다. '게임처럼 인생에도 공략집이 있구나.'

나는 그 후로 여러 치트키들을 점점 더 많이 익히게 된다. 이 지식들 덕분에, 절대 넘을 수 없는 벽이라 느꼈던 공부·돈·외모 레벨을 완전히 바꿀 수 있었다. 인생은 지옥이 아니었다. 영원히 바꿀 수 없는 게 아니라, 계속 레벨업할 수 있는 재미있는 게임이었다. 온라인 게임보다 더 신나는, 미치도록 재밌는 게임이었다.

3개의 벽은 점차 허물어져갔다. 인생에도 공략집이 있다는 걸 믿고 치트키들을 획득하면서 인생은 혁신적으로 변해갔다. 4년이 지나자 매달 3000만 원이라는 거금이 들어오기 시작했다. 그 후 더 많은 경험치를 쌓아 30대 초반이 되었을 때는 아무 일을 하지 않아도 월 1억씩 버는 자동 수익이 완성됐다. 다시 몇 년이 지난 지금, 나는 '이보다 행복할 수 있을까?'라는 생각을 하며 매일 아침을 맞이하고 있다.

○ **나는 요즘 아침에 일어날 때마다 '이 모습이 나라고? 말도 안 돼'라고 생각한다. 외모 콤플렉스에 시달리던 과거의 나는 없다. 테니스, 클라이밍, 배드민턴, 골프, 자전거 등 재밌는 운동을 하며 만족스러운 삶을 살고 있다.**
○ **제주도에서 2주간 머물며 『역행자』 확장판을 썼다. 수익 자동화 덕분에 거의 일을 하지 않고도 며칠 만에 1억 원을 벌**

어들였다. 내 계좌에는 수십억 원이 굴러가며, 돈이 돈을 벌어주는 상태가 되었다.

○ 무일푼으로 창업한 내 회사는 130여 명의 정직원과 인턴, 아르바이트생으로 돌아간다. 이상한마케팅, 아트라상, 프드프 등 6개의 사업체는 내가 없어도 자동으로 돌아간다.

○ 얼마 전 강남 한복판에 창업한 '욕망의북카페' 루프톱에서 커피를 마시며 하루를 시작한다. 밤에는 최근 개업한 청담동에 있는 인피니 위스키바에 가서 사람들과 대화를 나눈다.

○ 나는 단순히 경제적 자유를 넘어 시간으로부터의 자유를 얻었다. 일류 사업가나 부자들에 비해서 돈은 부족하지만 자유로운 시간만큼은 그 누구보다 많다.

나는 인생의 공략집이라고 생각한 이 특별한 방법들에 '역행자 7단계 모델'이라는 이름을 붙였다. 이 책엔 내가 겪은 10년의 시행착오를 3년으로 줄일 수 있는 모든 치트키가 담겨 있다. 타임머신이 있다면 10년 전의 나에게 이 책을 꼭 전해주고 싶을 정도다. 내가 이것들 중 일부라도 알았더라면 그렇게까지 고생하진 않았을 텐데, 멀리 돌아가진 않았을 텐데, 훨씬 더 빨리 자유를 찾았을 텐데 싶다. 뭐 어쩔 수 없다. 나 대신 당신이라도 이 책을 읽고 지름길을 밟길 바란다. 행복해지길 바란다. 그게 내가 이 책을 쓴 이유다. 내가 이 책의 수익금 전액을 기부하는 이유도 별 다른 게 없다. 전액 기부하는 책이라는 이미지 때문에 한 사람이라도 더 이 책을 읽고, 인생이 완전히 바뀌길 기대할 뿐이다.

## 역행자 7단계 모델

부자가 되는 법이 담긴 책, 자기계발 책, 부동산 책을 아무리 읽어도 변화가 없는 이유는 간단하다. 단계를 차례대로 밟지 않았기 때문이다. 예를 들어 축구를 잘하기 위해선 경기에서만 열심히 할 게 아니라 기본적인 근력을 갖추고 기본기를 훈련해야 한다. 운동 동호회를 해본 사람은 알겠지만, 레슨을 한 사람과 안 한 사람의 실력은 천지 차이다. 마찬가지로 대부분의 인간은 인생의 기본기를 훈련하지 않은 채, 본능대로만 살아간다. 인생 게임에 무작정 참여해 유전자와 무의식의 명령대로만 살아간다. 그 결과 '평범한 인생', '속박받는 인생'에서 벗어나지 못하고 순리자로 살다가 죽게 된다.

그렇다면 역행자 7단계 모델이란 대체 무엇인가? 처음이라 낯설 수 있지만, 훑어보고 지나가면 된다. 곧 친숙해질 것이다.

1단계 자의식 해체

2단계 정체성 만들기

3단계 유전자 오작동 극복

4단계 뇌 자동화

5단계 역행자의 지식

6단계 경제적 자유를 얻는 구체적 루트

7단계 역행자의 쳇바퀴

대부분의 사람들은 유전자와 본성의 명령을 그대로 따르기 때문에 평범함을 벗어날 수 없다. 하지만 정작 자신은 '나는 달라' 하는 자의식에 사로잡혀서 무한 합리화에 빠져 살아간다. 스스로가 얼마나 많은 정신적·심리적 오류를 저지르는지 알지 못한 채 매일 똑같은 쳇바퀴를 돌 뿐이다. 나 역시 스무 살까지는 이런 쳇바퀴에 갇혀 있었기 때문에, 그 상황을 누구보다 잘 안다. 자, 왜 우리는 진짜 자유를 얻지 못하는가? 왜 늘 돈 이야기를 하지만 평생 돈에 허덕이는가?

"저는 나름대로 열심히 공부해서 명문대에 들어갔고, 주식 책도 많이 읽었습니다. 하지만 여전히 자유롭지 않습니다. 죽어라 노력하는데 왜 안 될까요?"

무슨 말인지 안다. 나는 역행자 7단계 모델을 순서대로 밟지 않앗기 때문이라 답하고 싶다. 한 단계라도 생략한다면 지름길을 밟기 어려워지고 완전한 자유로부터 멀어진다. 기본기가 받쳐줘야 발동될 수 있는 스킬들이 있는데, 순서가 잘못돼서 누적되는 효과가 발휘되지 않는 경우가 있다. 하루 종일 정말 열심히 공부하는데 성적은 오르지 않는 아이들이 있는 것처럼.

7단계만 반복적으로 밟아주면, 경제적 자유와 인생의 자유를 얻게 된다. 적어도 현재 수입의 3배는 손쉽게 얻어낼 수 있을 것이다. 물론 모든 사람에게 해당되는 이야기는 아니다. 이 책을 읽을 수 있는 정도의 최소한의 독해력은 갖고 있어야 한다. 솔직히 말하면 나는 책을 읽을 수 있는 인간은 한정적이라 생각한다. 당신은 책을 읽을 수 있는 기본적인 지능이 있는가? 당신이 여기까지 책을 읽고 있다면 충분한 '독해 지능'을 갖고 있다고 보면 된다. 즉 자유를 얻을 수 있는 선택받은 인간이라는 말이다. 이런 이유에서 나는 모든 사람이 역행자가 될 수 있다고 생각하지 않는다. 이 책 정도는 읽을 수 있는 최소한의 지능은 가지고 있어야 한다.

대부분의 사람들은 무조건 노력만 할 뿐 이 노력들의 연쇄 작용을 모르기 때문에 엉뚱한 데에 힘을 쏟다가 지쳐 포기한다. 혹은 "돈은 인생에서 별로 중요한 게 아니야" 같은 합리화를 하며 원래 있던 곳으로 후퇴한다. 이게 바로 순리자의 사고방식이다. 나는 최하층에 있었지만, 자유를 얻고 싶었기에 삶 속에서 수많은 방법론을 끊임없이 고안해왔다. 그리고 이 과정에서 일정한 패턴과 배열이 있다는 걸 알아냈다. 그게 역행자 7단계 모델이다.

역행자 7단계 모델에 대해 정말 짧게 설명해보려 한다. 인간이 경제적, 시간적, 정신적 자유를 얻지 못하는 이유는 무엇일까? 이 책은 '본성과 유전자의 명령대로만 살아서'라고 답한다. 인간의 운명은 태어날 때부터 이미 어느 정도 정해져 있다. 상위 50퍼센트로 태어난 이는 일평생 45~55퍼센트 언저리를 오가며 살아간다. 하지만 그 사람은 이를 모른 채 자의식으로 합리화를 하며, '언젠가는 인생의 주인공이 될 거야'라는 희망을 갖고 살아간다.

닭 농장의 닭을 보자. 이 닭의 운명은 사실 정해져 있다. 닭은 울타리 안에서 살아가고, 그 안에 있는 닭과 교류하다가 결국 늙어 죽거나 인간에게 잡아먹힌다. 닭은 스스로 자유로운 운명이라 여겼을 것이다. 인간도 '자아' 덕분에 스스로 자유의지가 있다고 착각한다.

인간과 동물을 구별하는 특징은 '자아'의 유무다. 사실 동물과 마찬가지로 인간의 삶도 태어나서 죽을 때까지 어느 정도 정해져 있지만, 자아는 끝없이 속삭인다. "넌 자유의지가 있어. 세상의 주인공은 너야." 이 때문에 인간은 유전자, 무의식, 자의식에 의해 조종되는 꼭두각시임에도 스스로 특별하다고 착각한다. 그리고 우리 유전자의 명령은 선사시대에 최적화되어 있을 뿐, 현대에는 적합하지 않은 경우가 많다.

유전자, 무의식, 자의식의 명령을 역행하지 못하면, 수많은 판단 오류를 저지르며 결국 인생을 망쳐버린다. 우선 이 3개의 꼭두각시 줄을 끊어내야만 한다. 이 3개의 줄을 끊어내 인생의 자유를 얻은 사람을 나는 '역행자'라 부른다.

가장 처음으로는 무의식을 바꿔야 한다. 하지만 무의식은 이성적으로 바꿀 수 없다. 누군가 '너는 자유를 얻을 수 있어'라고 말하더라도 당신의 무의식은 '나는 할 수 없어'라며 방어기제를 펼친다. 이 기제를 우회할 수 있는 가장 좋은 방법은 '스토리'다. 자신과 똑같은 상황에서 자유를 얻어낸 이야기를 50여 개 정도 듣게 되면 무의식에는 균열이 생길 수밖에 없다. 이 균열을 만든 뒤 역행자 7단계 모델을 통해 보다 적극적으로 자유를 얻어내야 한다.

## 1단계 자의식 해체

자의식은 인간에게 필수 불가결하게 존재한다. 인간의 자아가 붕괴되는 것을 막는 기제지만 대부분은 과한 남용으로 우리의 발전을 완전히 가로막는다. 예를 들어 "나는 돈에 진짜 관심이 없어", "부자 되는 법칙 같은 건 세상에 존재하지 않아" 등의 말도 대부분 자의식의 상처를 피하기 위한 합리화에 지나지 않는다. 누구보다 돈을 원함에도 '돈은 좋은 거야'라는 걸 인정하는 순간 본인의 인생이 부정당하기 때문이다. 대다수는 돈에 대한 트라우마와 공포 때문에 회피라는 어리석은 결정을 한다. 결국 이들은 '투영하기'를 통해 애먼 곳에 자아를 투영하여 인생을 모두 낭비해버린다.

어떤 이는 호날두 팬이라며 매일 밤 댓글에서 '호날두가 최고인 이유'에 대해 끊임없이 논쟁한다. 호날두에 자아를 투영한 것이다. 또 다른 이는 아무 잘못 없는 부자에게 악플을 달고 그들에 대한 유언비어를 퍼뜨리며 '정의로운 사자'에 자아를 투영한다. 어떤 공시생은 맛집 새벽 줄서기를 통해 '1등이 되고자 하는 자아'를 투영하며 시간을 버린다. 이들은 본인의 인생을 사는 게 아닌, 자아를 남에게 투영하며 인생을 낭비한다.

열등감이 발동되거나 자기합리화가 시작될 때 우리는 스스로 못남을 인정해야 한다. 타인에게 자신을 투영하며 현실에서 도망쳐선 안 된다. 그 불편한 감정으로 어떻게 자신이 발전할 수 있는가 고민할 때 인간은 한 단계 더 성장한다.

## 2단계 정체성 만들기

철학자 비트겐슈타인은 "언어의 한계는 세계의 한계"라는 말을 남겼다. 마찬가지로 정체성의 한계는 인간의 한계다. 가령 '평범한 한국 사람'이란 정체성을 가진 이가 경제적 자유에 다가갈 가능성은 0퍼센트다. 한편 '한 달에 1억 벌 수 있는 사람'이라는 정체성을 가진 이는 여기에 근접할 가능성을 조금이나마 갖게 된다. 이는 자신의 정체성을 마음대로 조종할 수 있다면 대단한 노력 없이도 목표에 도달할 수 있다는 뜻이다. 스스로에게 '베스트셀러 작가'라는 정체성을 부여한다면 정말 그 지점에 도달할 확률이 생겨난다고 할 수 있다. 물론 이렇게 정체성을 자유자재로 만드는 것은 매우 어려운 일이다. 그렇기에 2단계에서는 '정체성'을 의도적으로 형성하는 방법에 대해 다룬다. 정체성을 마음대로 갖고 논다면 자유를 얻을 확률을 기하급수적으로 높일 수 있다.

### 3단계 유전자 오작동 극복

내가 좋아하는 말이 있다. "자신이 일평생 한 의사결정의 총합이 현재의 인생이다." 잘못된 의사결정을 반복적으로 한 사람이 불행해지거나 가난해지는 건 당연한 일이다. 왜 누구는 똑똑한 결정을 반복하고, 왜 누구는 어리석은 결정만 반복할까? 단순히 지능 때문이라고 말하기엔, 어리석은 결정을 반복하는 고학력자들이 도처에 널렸다. 그렇다면 어떻게 하면 좋은 의사결정을 반복해 인생의 자유를 얻을 수 있을까? 간단하다. 유전자 오작동을 이해하면 된다. 유전자의 오작동을 미리 이해하고 있다면, 감정적이고 본능적인 판단들을 피해갈 수 있다.

그렇다면 유전자 오작동이란 무엇일까? 우리의 몸과 본능은 수십만 년 동안 원시시대 환경에 맞게 진화했다. 원시시대에는 음식을 보면 무조건 달려들어 먹어치워야 생존에 유리했다. 하지만 이제 칼로리 과다로 성인병을 달고 사는 현대인에게 그런 본능은 오히려 위험이 된다. 이 잘못된 본능이 바로 '클루지kluge'다. 빛을 보고 날아가도록 프로그래밍된 나방이 가로등 안에 갇혀 죽고 말듯이, 진화상 유리했던 과거의 본능이 우리 유전자에 남아 바이러스처럼 악영향을 끼친다. 우리 몸에 심어진 이 원초적 본능의 작동 방식을 이해하지 못하면, 잘못된 판단을 거듭해 '순리자'로서 살아가게 된다. 평범한 인생을 살아가거나 속박된 인생을 살 수밖에 없다.

우리는 배고프면 밥을 먹는다. 매력적인 사람을 보면 사랑에 빠진다. 이처럼 인간은 A라는 상황에서 B라는 감정과 사고를 자동적으로 떠올린다. 피아노 건반을 누르면 소리가 나는 것과 같은 이치다. 우리 유전자는 우리가 특정 상황에서 특정 행동을 하도록 유도한다. 자동적인 판단은 대부분 삶의 이득을 주지만, 몇몇 판단은 유전자 오작동에 의한 완전 오판이다. 나는 왜 이걸 원하며, 이런 욕망은 어디에서 온 것인가? 이를 미리 알고 있으면, 유전자 오작동을 미연에 방지할 수 있다. 이 실수들을 하루에 한 개씩 반복적으로 잡아낸 사람의 인생은 완전히 달라진다. 2~3년이 지났을 때는 순리자들을 크게 앞서갈 수 있다.

## 4단계 뇌 자동화

앞의 방법들로 본능의 꼭두각시 끈을 잘라냈다 하더라도 머리가 안 좋으면 자유를 얻을 수가 없다. 독해력이 떨어지면 이 책을 봐도 무슨 말인지 알 수 없고 5~6단계의 지식과 방법론을 흡수할 수 없다. 돈 버는 일도 마찬가지다. 무슨 일을 어떻게 해야 할지 모른 채 몸만 고생하다 포기하기 일쑤다. 머리를 어느 정도 좋게 만들어야 한다. 지능은 타고나는 게 아니냐고? 그렇지 않다.

잠시 후 당신은 챕터1을 읽게 될 것이다. 내 스토리를 읽어보면 알겠지만, 나는 심각하게 멍청했다. 아무리 공부해도 안 됐다. 재수를 세 번이나 했는데도 4등급을 벗어날 수 없었다. 하지만 나는 뇌과학 공부를 통해 머리가 좋아지는 법을 알게 되었다. '뇌 최적화', '뇌 자동화'가 바로 그것이다. 20대 초반의 나는 항상 멍 때리고 있었고 이해도도 낮아 대화하다 보면 사람들이 나를 멍청하다는 듯 쳐다보곤 했다. 하지만 이제는 두뇌회전이 빨라져서, '내가 이렇게 빠릿빠릿해졌다고?'라고 스스로 신기해할 때가 많다.

머리를 효율적으로 쓰는 방법은 과학적으로 수없이 발표되었다. 심지어 어렵지도 않다. 내가 실험하고 검증한 '뇌 최적화', '뇌 자동화' 방법들을 뒤에서 소개할 것이다. 매번 애써야 하는 게 아니라 조금 습관만 들여두면, 평생에 걸쳐 복리로 뇌를 성장시킬 수 있다.

사람들의 기대와 달리 나는 매우 게으르다. 12년 동안 매일 오후

12시쯤에 일어난다. 하루 일하는 시간도 6시간이 채 되지 않는다. 그럼에도 남들보다 10배 빠르게 성장한 이유는 4단계 뇌 자동화 덕분이었다. 이 책에서 나는 절대로 열심히 살라는 말은 하지 않는다. 뭔가 결심하고 동기부여 하라고도 하지 않는다. 뇌 자동화만 세팅해두면 자동으로 잘살게 되고 놀면서 머리가 좋아지는데 굳이 죽어라 노력할 필요가 없다. 미래의 행복을 위해 현재의 행복을 희생해야 할 이유가 없다.

## 5단계 역행자의 지식

인간은 하루 동안 수많은 결정을 반복한다. 평범한 사람이 하는 하루 10개의 판단 중에서 5개는 좋은 판단이고, 5개는 그르친 판단이라고 가정하자. 만약 이 사람이 '역행자의 지식'을 통해 좋은 판단을 할 확률을 10퍼센트 늘린다면 어떤 일이 벌어질까?

단순히 생각했을 때, 어제보다 1~2개씩 매일 더 좋은 판단을 할 수 있다면 10년 뒤엔 3650일간의 좋은 판단이 복리로 쌓이게 된다. 복리의 힘은 어마무시해서 훗날 인생의 격차는 현격히 벌어질 수밖에 없다. 그 결과의 값은 돈뿐만 아니라 '인생의 자유'를 얻는 것이다. 이를 위해 5단계에서는 '본능을 역행하는 지식들'을 배우게된다.

## 6단계 경제적 자유를 얻는 구체적 루트

5단계까지는 기초 체력을 다지는 근육 운동이었다고 할 수 있다. 복근, 허벅지, 팔, 허리 등 모든 부위에 근육이 잡혀 있기 때문에 어떤 운동을 시작하더라도 빨리 좋은 결과를 낼 수 있다. 하지만 아무리 기초 근육이 잡혔다고 해도 테니스 라켓을 처음 잡은 사람이 훌륭한 경기를 할 순 없다.

이번 단계에서는 경제적 자유를 얻는 방법을 상황별로 다룬다. 경제적 자유에 이르는 길은 너무나 다양하기 때문에 나는 어떤 상황에서든 경제적 자유에 이르는 알고리즘을 그려볼 생각이다. 당신이 중소기업을 다니든, 대기업을 다니든, 저임금노동을 하든, 자영업을 하든, 백수든 상관없다. "난 이러저러해서 안 되는데요"라는 헛소리는 더 이상 할 수 없을 것이다. 각 상황별 성공 사례를 역행자 7단계 공식으로 해석하고 증명할 예정이다. 6단계에서 제시하는 각 상황별 테크트리만 따른다면, 자유에 이를 수 있는 가능성은 급격히 높아진다.

## 7단계 역행자의 쳇바퀴

인간의 본성에는 실패와 패배에 대한 두려움이 각인되어 있다. 선사시대에 실패와 패배는 곧 죽음과도 직결되어 있었기 때문에 인간은 오래전부터 이를 과도하게 두려워하는 경향이 있었다. 그래서 새로운 것에 도전하기를 망설이며 실패했을 때 과도하게 스트레스를 받는다. 하지만 역행자는 이 원초적 두려움이 쓸모없는 것임을 이해하고 있다. 나아가 이러한 본능을 역행하여 고의로 패배에 직면함으로써 레벨업을 하기도 한다.

세계 최고의 테니스선수, 축구선수, 프로게이머들은 정상에 오르기까지 수천 번 패배한다. 선수들은 자신의 수준이 높아짐에 따라 더 강한 상대와 경기를 하게 되며, 뛰어난 선수들은 승리보다 패배를 통해 진정한 레벨업을 할 수 있다는 것을 알고 있다. 당신이 '부자 되기' 게임에 참여했다면 반드시 패배에 직면해야 한다. 역행자 1단계에서 6단계라는 쳇바퀴를 통해 패배에 직면하고, 레벨업하고, 다시 패배하고, 레벨업하는 과정이 반복되면 어느 순간 자신도 모르는 사이 완전한 자유에 도달하게 된다.

책을 1년에 100권씩 읽지만, 정체된 사람들이 있다. 이들은 실행하지 않기 때문에 실패도 없다. 실패를 해야만 자신의 수준을 가늠하고 약점을 파악하면서 똑똑해진다. 실행하지 않으면 자기 세계관에 빠져서 자의식만 커진다. 결국 방어기제 때문에 어리석은 결정만 하고, 그 어떤 성취도 이루지 못할 가능성이 크다. 일을 하면서 실패하지 않는다면, 난이도 조절에 실패한 것이다. 실패하지 않는다면, 쉬운 일만 하면서 정체된 인생을 살게 된다. 정체되더라도 행복하다면 다행이지만, 자유롭지 못하기 때문에 궁극적으로 행복해지기는 어렵다.

## 세상에 공짜는 없지만

이 책은 '서울대생이 되어 유니콘 기업을 만드는 법', '수천억을 벌어들이는 법'을 설명하지 않는다. 오로지 평균 이하의 사람이 돈과 시간, 정신으로부터 완벽한 자유를 얻는 방법에 대해 알려주고 있다. 그래서 세상을 혁신하고 싶은 기업가들, 더 많은 부를 쌓고 싶은 자산가들이 보기에는 적합하지 않다. 나는 당신에게 죽어라 돈을 모으며 살라고 강요할 생각이 전혀 없다.

사람마다 가치관은 다를 것이다. 나는 '인생을 즐기면서, 행복하게 사는 사람이 승자'라고 생각한다. 현재를 희생하면서 미래를 바라보지 않았으면 한다. 그렇기에 당신에게 "놀면서, 쉬면서, 효율적으로 살라"고 말하고 싶다. 나도 경제적 자유를 달성하기까지 10여 년 동안 치열하게 살지 않았다. 항상 8시간 이상 수면했으며, 주말은 무조건 쉬었고, 사람들과 어울렸다. 절대 무리해서 일하지 않았다. 단, 기본적인 원칙은 지키며 역행자 7단계 모델을 따르려고 노력했다. 아래와 같이 말이다.

○ 하루 2시간 동안 책을 읽거나 글을 쓰고, 나머지 시간은 쉰다. 뇌를 업그레이드하는 가장 좋은 방법이다.

○ 하루에 한 번, '5분 생각'의 시간을 갖는다. 이 여백의 시간을 통해 하루하루 복리로 좋은 결정이 쌓일 수 있다.

○ 적극적으로 논다. 그리고 무조건 8시간 이상 숙면한다. 노는 행위는 인간의 행복과 건강에 필요하며 창의성의 원천이다.

○ 책을 읽기 싫다면 1주일에 하루, 그것도 30분만 읽자. 이런 차이는 훗날 나비효과처럼 극적으로 되돌아온다.

죽어라 노력하지만 영원히 자유를 얻지 못하는 사람들이 있다. 이들을 가만히 보면 다음과 같이 7단계 중 특정 단계에만 몰입해 있거나, 몇 단계를 건너 뛴다는 문제를 갖고 있다.

• 1단계 자의식 해체: 열심히는 살지만 자의식의 지배를 받아 '돈 버는 법' 자체에 대한 심한 거부감을 갖고 있다.

• 2단계 정체성 만들기: '내 한계는 여기까지야'라는 정체성에 매몰되어, 평생 돈과 시간으로부터 속박당하며 살아간다.

• 3단계 유전자 오작동 극복: 유전자와 본성에 휘둘려 감정적인 판단 오류를 저지른다. 잘못된 판단이 계속 쌓이고 점점

가난해진다.

•4단계 뇌 자동화: 뇌 발달이 정체되어 새로운 정보를 처리하지 못한다. 학습이 어렵기 때문에 남들보다 뒤처진다.

•5단계 역행자의 지식: 확률 게임 대신 잃는 게임을 반복하며, 계속해서 어리석은 결정만 한다.

•6단계 경제적 자유를 얻는 구체적 루트: 5단계까지는 잘하고 있지만, 경제적 자유를 얻는 구체적 지식이나 루트를 몰라 헤맨다.

•7단계 역행자의 쳇바퀴: 모든 지식은 알고 있다. 다만 인생이 시시포스Sisyphus와 같다는 걸 이해 못 한 채, 아무것도 하지 않고 책만 읽으며 자위한다. 자의식만 커져 꼰대가 되어버린다.


부동산 책만 죽어라 읽는 행위는 1~4단계를 무시한 채 5단계를 밟는 것이다. 4단계 뇌 자동화를 이루지 못한다면 정보를 해석할 힘이 없기 때문에 동기부여 책과 영상을 아무리 보더라도 발전하지 못한다. 아무리 좋은 지식을 갖다줘도 자의식 해체가 되어 있지 않으면, 모든 정보를 튕겨낸다. 즉 역행자 7단계를 차례로 밟는 것은 그 무엇보다 중요하다.

나는 세상에는 분명히 공략집이 존재한다고 생각한다. 당신은 그저 순서대로만 움직이면 된다. 이 책을 통해 '수천억 자산가가 되는 법'은 알려줄 수 없겠지만 자유를 얻는 법에 대한 힌트는 전달할 자신 있다. 자, 놀면서 자유를 얻을 준비가 되었나? 시작해보자.

"태어날 때 가난한 것은
당신 잘못이 아니지만,
죽을 때 가난한 것은
당신의 잘못이다."

_빌 게이츠

CHAPTER 1

# 나는 어떻게
# 경제적 자유에
# 이르게 되었나

"역행자 7단계 모델을 따르면, 인생에서 완전한 자유를 얻을 수 있다." 이 말을 듣는 순간 어떤 마음이 드는가? 당신의 무의식에선 곧바로 '헛소리 마', '내가 될까?', '당신은 특별한 케이스였을 뿐이야' 등의 방어기제가 튀어나올 것이다. 나도 10대, 20대 초반에는 항상 그런 생각을 했기 때문에 그 마음이 무엇인지 잘 안다.

그러나 그런 방어기제에 균열을 내지 못하면 당신은 절대 변하지 못한다. 그 상태에선 어떤 책을 읽어도 '헛소리 하고 있네', '나는 할 수 없어' 같은 생각만 들 뿐이다. 이런 무의식을 넘어서기 위해선 어떤 전략을 써야 할까? 당신과 같은 상황에서 완전한 자유를 얻은 사람들의 스토리를 50개쯤 들으면 된다. 인간은 거울 뉴런을 가진 덕분에 남의 스토리를 읽으면 거기에 자신을 투영하게 된다. 스토리를 통해 희로애락을 같이 느끼고, 그 드라마틱한 이야기에 몰입한다. 마치 판타지 만화를 본 아이들이 주인공의 모션을 따라하고 대사를 외치는 것과 같은 이치다.

이번 챕터에서는 내가 어떻게 경제적 자유를 얻게 되었는지를 이야기할까 한다. 이 짧은 이야기를 통해 당신의 무의식에도 조금은 변화가 있길 바란다. 이후 챕터2부터 본격적으로 역행자 7단계 모델을 다룰 예정이다. 다음 이야기들은 가벼운 마음으로 읽어보길 바란다.

# 1막 | 3개의 벽
## 인생에서 절대 넘을 수 없을 거라 믿었던 것

"명진아, 넌 머리가 돌이냐? 어떻게 그렇게 공부를 못하냐? 난 대강 해도 반에서 10등은 하지 않냐. 15개 과목 중에서 가장 못 본 과목 점수가 70점이야. 그런데 어떻게 너는 가장 잘 본 과목 점수가 69점이냐? 넌 진짜 해도 안 되나 봐."

열여섯 살, 나는 반에서 35등이었다. 내 앞뒤 등수의 친구들은 아예 공부를 하지 않는 아이들이었다. 하지만 나는 나름 밤새며 벼락치기로 공부를 했는데 꼴찌에 가깝다니…… 이해할 수 없었다. 학교라는 세상에서 나는 가장 열등한 사람이었다. 이런 일이 반복되니 '나는 뭘 해도 안 돼'라는 좌절감을 달고 살았다. 친구들은 "넌 대체 잘하는 게 뭐냐?"라고 놀리기 일쑤였다.

이즈음 나를 더 큰 슬픔에 밀어 넣는 일이 생겼다. 짝사랑하던 여자 K가 있었는데, 그 아이의 무리에서 뽑은 '우리 반에서 가장 혐오스러운 남자' 1등이 내가 된 것이다. 학창 시절 나와 짝이 된 여학생들은 울음을 터뜨리곤 했다. 그런 일을 자주 겪어왔음에도 '혐오남' 1위는 꽤나 충격적이었다.

공부 못하고 못생기기만 한 게 아니라, 돈도 없었다. 나는 안산에서 가장 안 좋은 동네, 친척이 우리를 가엾게 여겨서 빌려준 빌라에 살았다. 그거 아는가? 아파트와 달리 낡은 빌라는 보일러를 틀지 않으면 바닥이 동상에 걸릴 만큼 얼음장처럼 차갑다. 우리 집이 그랬다. 집 안에서도 양말 없이 지낸다는 건 상상할 수 없었다. 잠을 잘 때에는 몇 겹씩 옷을 껴입고 양말을 신고 점퍼까지 입어야만 했다. 옷을 껴입은 갑갑함보다도, 누워 있는데 입김이 나올 때의 느낌이 참 지옥 같았다. 따뜻한 물이 나오지 않아 한 달 내내 씻지 못하자 학교에서는 '스멜'이라는 별명이 붙었다. 어머니는 빚 독촉을 해오는 친척들에게 울며 사정하는 게 일상이었다.

신이 원망스러웠다. 부모님도 괜찮은 외모를 갖고 있었고, 형도 연애를 하고 있었다. 나만 유독 못생긴 것 같은 생각에, 내가 주워 온 자식이 아닐까 생각하기도 했다. 종종 어머니는 나를 다리 밑에서 주워 왔다고 놀렸고, 가족들은 웃었다. 나는 그 말을 들을 때마다 웃을 수가 없었다. 정말 이 못난 외모는 주워 온 것 말고는 설명할 길이 없다고 생각했다. 신이 있다면 이럴 수는 없었다. 낡은 화장실에서 거울을 볼 때마다 나는 평생을 잘 살아낼 자신이 없었다. 중학생 시절엔 항상 잠들기 전에 기도했다. "신이시여, 정말 저를 가엾게 여기신다면 내일은 제 외모를 바꿔주세요……." 세상이 너무도 불합리한 것 같았다. 공부, 외모, 돈. 그 어떤 것도 나에겐 넘을 수 없는 벽처럼 느껴졌다. 나는 도대체 왜 평범하지도 못할까.

나에게 가장 높은 벽은 네 살 많은 사촌누나였다. 누나 부모님은 교장 선생님, 교감 선생님이셨고 부유한 편이었다. 잠실에 살던 누나네는 명절이면 소고기를 먹었는데, 그것도 참 부러웠다. 누난 얼굴도 예뻤다. 우수한 성적으로 교대에 입학해 초등학교 선생님이 된 누나는 신붓감 1위였다. 당시 교대는 내 성적을 비웃던 10등 친구도 절대 넘볼 수 없는 대학이었다. 우리 중학교에서는 전교 1, 2등을 해야만 기대해볼 수 있는 곳이었다. 내 인생을 둘러싼 3개의 높은 벽 위에 누나가 있었다.

나는 열아홉 살까지 게임만 하고 살았다. 현실 도피였다. 잠에서 깨서 다시 잠들 때까지 게임만 했다. 열아홉 살이 되어서야 대입 공부를 했다. 1년 내내 공부했지만 평균 수능 등급은 5.5등급 정도로 1년간 노력한 점수가 전혀 공부를 하지 않은 친구보다 못 했다. 지방대 야간 컴퓨터공학과에 예비로 들어갔다. 하지만 나는 학과 공부 자체에 어려움을 느끼고 곧바로 학업을 포기했다. 보다 못한 어머니가 다그치셨다. "명진아, 좀 인간답게 살아라. 쓰레기처럼 집에만 있지 말고 알바라도 해." 알겠다고 말은 했지만, 나 같은 외모의 히키코모리를 누가 뽑을까, 자신이 없었다. 편의점이나 고깃집 아르바이트를 열 군데 정도 지원했지만 정말 아무 데서도 날 뽑지 않았다.

그러나 어머니는 포기하지 않으셨다. "아들, 오늘 엄마가 영화관에 갔다 왔는데 알바생들이 멋있어 보이더라. 우리 아들도 잘생겼으니 거기 한번 지원해보자." 나는 생각했다. '어머니 눈에만 잘생긴 아들이에요. 저는 세상 쓸모없는 존재일 뿐이에요…….' 계속된 어머니의 성화에 억지로 지원했으나 당연히 탈락. 화가 난 어머니가 영화관에 전화해서 격렬히 항의했다. "아니, 왜 우리 아들이 안 돼요? 얘가 어때서?" 당황한 매니저는 안 되겠다 싶었는지 마지못해 제안을 한다. "그럼 평일 오전 시간은 어떠실까요? 그때는 어차피 지원자가 없으니까요. 그 시간도 괜찮으면 아드님보고 오라고 해주세요." 나는 이렇게 첫 직장에 나가게 됐다.

기대가 아주 없었다고 하면 거짓말일 것이다. 하지만 히키코모리 게임 오타쿠를 반겨줄 사람은 없었다. 일을 하자마자 왕따를 당했다. 어수룩한 태도에 옷 한 벌 직접 사본 적 없는 스무 살 남자에게 잘해줄 사람은 없었다. 실수도 잦아 40명의 아르바이트생들 사이에서 뒷말이 나오기 시작했다. 시킨 일을 항상 까먹고 어리바리했다. 어느 날은 에어컨을 켜야 하는데 히터를 틀어서 관람객들의 항의가 빗발쳤다. 환불 대란이 겨우 수습되고 나서 매니저가 나를 바라보던 표정은 지금도 잊을 수 없다. 근무 중에는 개표구 앞에 서 있어야 하는데, 화장실에 앉아서 쉬다가 걸리곤 했다. 정말 모든 게 최악이었다. 아르바이트생들은 자연스럽게 뒤풀이에 나를 부르지 않았고, 군대를 막 제대한 형들도 나를 인간 취급해주지 않았다.

학교에 잘 나가지 않으니 1학기 성적은 거의 F였다. 등록금 400만 원을 낸 학교는 안 나가면서, 월급 50만 원 받으려고 영화관 아르바이트를 하고 있었다. 이보다 더 어리석은 인생이 있을까? 1학기에는 대학 동기를 짝사랑하며 6개월을 쫓아다녔지만 차였고, 2학기에는 함께 일하는 아르바이트생을 쫓아다녔지만 역시나 차였다. 딱히 실망하지 않았다. 실망이란 것도 기대가 있어야 느낄 수 있는 감정이다. 나는 내 인생에 대해 아무런 기대가 없었기 때문에 '그런가. 또 차였구나' 하고 넘어갔다. 어차피 나는 여자 친구를 만들 수 없는 사람이라 생각했다.

그러던 스무 살 겨울, 인생 최대의 터닝포인트를 만났다. 같이 아르바이트를 하던 누나가 "명진아, 안산중앙도서관이라는 데가 생겼는데 정말 너무 좋더라" 하고 지나가듯 말했다. 나는 아르바이트를 끝내고 찾아가봤다. 책을 잘 읽지 않았던 터라 뭘 골라야 할지도 몰라 허둥대는데, 갑자기 내 고민이 떠올랐다. '사람들하고 친하게 지내게 해주는 책 없나? 여자랑도 쉽게 대화할 수 있게 해주는 그런 책.' 그러다가 자기계발 코너에서 대화법 책을 한 권 뽑아 들고 읽기 시작했다. 내용은 간단했다. 자기 말을 하기보단 경청하라는 것. 그러고 나서 다른 대화법 책들도 몇 권 더 읽었다. 공통으로 나오는 내용들이 있었다. 남의 말을 잘 들어주라는 것, 상대방의 말에 리액션을 잘해주라는 것, 어설프게 조언하지 말라는 것 등등.

나는 책에 나온 내용들을 영화관 아르바이트생들에게 적용해보았다. 처음엔 심드렁하던 사람들이 서서히 다르게 반응하기 시작했다. 정말 신기하게도 사람들이 자꾸 나와 대화를 하려 했다. 처음엔 대개 고민을 털어놓다가 자연스럽게 상담을 하기도 하고, 같이 PC방을 가자고 하거나 회식에 끼워주기도 했다. 이때 처음 책의 위력을 실감했다.

어린 시절 나는 게임을 정말 잘했다. 비결은 간단했다. 친구들과 새로운 게임을 하고 나면, 나는 집에 가서 웹사이트 게시판에 올라온 공략집을 몰래 읽었다. 친구들은 수백 판 게임만 하지만, 나는 게임 횟수를 늘리기보다는 공략집을 읽는 데 몰두했다. 1~2주 정도 몰래 공부한 뒤에 게임을 해보면 비교가 안 됐다. 나는 늘 친구들에게 압승할 수 있었다. 수백 판 게임을 한 친구를 100판만 한 내가 압도적으로 이길 수 있었다. 게임 공략집 덕분이었다.

대화법 책 덕분에 사람들의 태도가 달라질 즈음, 나는 게임에도 공략집이 있듯이 인생에도 공략집이 있는 게 아닐까 생각하게 됐다. 게임 공략집은 웹사이트에 올라와 있지만, 인생의 공략집은 바로 책이라고 생각했다. 생각이 여기에 이르자 나는 완전히 꽂혀버렸다. 어차피 더 손해 볼 것도 없었다. 스무 살의 12월, 나는 첫 직장인 영화관 아르바이트를 6개월 만에 그만뒀다. 그리곤 안산중앙

도서관에 박혀서 2개월간 200여 권의 자기계발서, 심리학책을 읽기 시작했다. 당시 나는 독해력도 부족했고 머리도 나빴다. 그래서 중학생이 읽을 법한 쉬운 책들을 훑듯이 읽어나갔다. 그러다 마음에 드는 구절을 만나면 모두 노트에 적었다.

나는 신기한 감정을 느꼈다. 평생 책이라곤 읽지 않고 무식하게만 살아왔는데, 하루 종일 책을 읽고 있자니 그런 내 모습에 취하게 되었다. 묘한 자신감도 생기기 시작했다. '이 사람들은 이렇게 어려운 상황 속에서도 결국 해냈네?' 100가지가 넘는 성공 스토리들을 계속 읽다 보니 나도 뭐든 해낼 수 있을 것 같았다. 무의식이 점차 변하기 시작했다.

중고등학교 때 가장 똑똑했던 친구 둘을 만나서 책을 읽으며 알게 된 내용들만 이야기해도 시간 가는 줄 모르고 떠들 수 있었다. 늘어난 대화 스킬 덕분에 친구들도 나와 이야기하는 걸 좋아했다. 새로운 욕심이 생기기 시작했다. '대학에 새로 들어가면 얘들처럼 똑똑한 사람들이나 교수들과도 이런 대화를 나눌 수 있겠지? 다시 대학에 가보자.'

또 다른 비극의 시작이었다.

이제 스물한 살, 다시 대학에 가고 싶다는 열망은 생겼지만 돈도 없고 방법도 몰랐다. 나는 무식하게 독학을 선택했다. 이번엔 수능용 공략집을 발견하기 위해 인터넷을 뒤졌다. 상위권 학생들이 이용하는 커뮤니티를 찾고, 그곳에 올라온 수많은 성공 후기를 읽으면서 '이렇게 해야 좋은 대학에 갈 수 있구나' 생각했다. 게임 공략집을 보면 상위 1퍼센트가 되듯, 수능 공략집을 익히면 성적도 단숨에 올라갈 거라 기대했다. 그렇게 1년간 매일 안산중앙도서관을 오갔다.

그러다가 재미난 사람 둘을 알게 됐다. A는 30대 중반쯤 되는, 정말 노숙자라고 해도 이상할 게 없는 사람이었다. 내가 자기계발서, 심리서를 읽는 동안 그는 맞은편에서 경제와 주식을 공부하곤 했다. 장발의 그는 거의 씻지 않는 것 같은 행색에 다 해진 옷을 입고 도서관에 왔다. 나는 그가 경제적으로 아주 어려운 사람이라고 생각했다. 그러던 어느 날 도서관 앞에 웬 외제차가 서더니 거기서 A가 내리는 걸 우연히 보게 됐다. 이럴 수가! 당시 안산에서는 외제차를 거의 볼 수 없었다. '무슨 일이…… 일어난 거지?' 알고 보니 그는 자수성가한 부자였다. 어린 시절부터 이것저것 여러 사업을 시도했지만 잘 풀리지 않았다고 한다. 그러다 주식 공부를 해서 투자를 시작했고, 마침내 큰돈을 벌었다. 그는 당시에 철학과 경제학에 빠져 있었는데, 지금 생각해도 참 지혜로운 사람이었다. 1년 내내 외롭게 공부하던 내게, 그는 철학적인 이야기를 나눌 수 있는 유일한 친구였다.

하반기에는 50대 아저씨 B를 만나게 됐다. 어느 날 도서관 옆자리에 뚱뚱한 아저씨가 앉았는데, 갑자기 나에게 시끄럽게 하지 말라며 핀잔을 줬다. 내가 정중하게 사과하자, 커피 한잔하자며 날 데리고 나가 믹스커피를 뽑아주었다. 알고 보니 연세대 경제학과를 졸업하고 은행장까지 지내다가 은퇴한 분이었다. 부동산 중개사 자격증을 따기 위해 도서관에 다닌다고 했다. 이 뚱보 아저씨도 1년간 좋은 친구였다. 한번은 나를 집으로 초대해서 이렇게 말했다. "미국에서는 스무 살 넘게 차이가 나도 친구가 되고 그래. 너랑 나는 서른 살 넘게 차이가 나지만 친구야. 내가 보기에 너는 큰사람이 될 것 같구나." 뚱보 아저씨는 60점만 넘어도 합격하는 공인중개사 시험에서 80점을 넘기며 최상위권으로 합격했다.

이 두 사람은 1년간의 외로운 독학 생활 동안 좋은 친구였다. 두 분은 사회에서 충분히 성공한 사람들이었으며, 항상 내가 잘 풀릴 것 같다고 말해주었는데 그게 큰 힘이 되었다. 그럼 내 수능 결과는 어땠을까? 그분들의 기대와 달리 내 점수는 평균 4.5등급에 머물렀다. 어떤 대학에도 갈 수 없는 점수였다. 나는 너무 창피한 나머지 노숙자 아저씨, 풍보 아저씨에게 먼저 연락할 수도 없었다. 수능이 끝나고 나중에 우연히 마주쳤을 때에도 인사만 하고 도망치듯 자리를 피했다. 그리고 그분들을 다신 만날 수 없었다.

왜 다시 실패했을까? 나는 끊임없이 책을 읽으면서 환상에 사로잡혀 있었다. 책을 읽고 지식이 쌓이면서 '나는 대단한 사람이야', '나는 뭐든 해낼 수 있어' 하고 착각했을 뿐, 3개의 벽은 여전히 나를 가로막고 있었다. 현실은 단단했다. 집에서는 "그럼 그렇지" 하며 조롱이 이어졌다. 친형은 "나이 먹고 흥부처럼 돈이나 빌려달라고 할까 진심으로 걱정된다"라고 말했다.

나는 인정할 수 없었다. 어머니에게 매달렸다. "혼자 공부했기 때문에 실패한 것뿐이에요. 서울에 있는 재수학원에 보내주세요." 당연히 어머니는 "한 달에 100만 원씩 하는 학원에 보낼 돈은 없다" 하며 반대하셨다. 명절날 나는 친척들 앞에서 포부를 이야기했고, 이번엔 외삼촌과 삼촌이 지지해주셨다. 학원비는 외할머니가 대주시기로 했다. 학원도 외할머니 집에서 다니게 되었다. 나이로 치면 4수에 해당하는 스물두 살이었다. 공부를 하는 동안 외할머니는 매일 아침 밥상을 차려주셨다. 내 인생에서 가장 따뜻한 1년이었다.

거의 꼴찌로 들어간 재수학원이었지만, 담임선생님은 나를 예뻐

해주셨다. 수능 직전에는 선생님께서 "이렇게까지 성적이 오른 사람은 명진이가 처음이다" 하고 말씀하실 정도로 모의고사 점수가 좋았다. 특히 학원에 들어갈 때만 해도 5등급이었던 수학과 영어가 6개월 만에 1등급으로 올랐다. 기대를 한 몸에 받았다. 하지만 신은 손쉽게 행복을 선물해주지 않았다. 수능 시험 당일 너무나 긴장한 나머지 언어영역에서 여덟 문제나 풀지 못했다. 결과는 4등급. 정신이 완전히 터져버렸고, 아직도 그날 시험을 어떻게 봤는지 잘 기억나지 않는다. 지금 생각해보면 그게 내 진짜 실력이었다.

　꿈은 컸다. 최상위 대학 사회과학대학에 가고 싶었지만, 현실은 시궁창보다 못했다. 이미 친구들보다 3년이나 늦어진 시점이었다. 동갑내기 친구들은 1학년 대학 생활을 마치고 군대 2년까지 다녀왔다. 고졸인 친구들은 곧바로 취업해서 사회 생활 4년 차에 들어섰다. 그러나 스물셋을 바라보는 내 인생은 정말 최악 그 자체였다. 돈, 외모, 공부 그 어떤 벽도 허물 수 없었다. 한창 꽃다운 그 시절의 나는 아무것도 가진 것 없이 밥만 축내는 인간이었다. 재수 생활이 끝나고 안산에 돌아와, 나는 방구석에 틀어박혀 철학 책을 읽는 척했다. 과거엔 게임으로 도피했고, 스물셋엔 철학으로 도피했다. 나만의 가상 세계를 만들어 자위했다.
　그때는 거의 우울증에 걸린 듯 살아갔다. 현실에서 도망치고 싶었고, 나를 아는 사람이 아무도 없는 곳으로 숨고 싶었다. 논밭이 있는 지방대에서 자전거를 타고 철학 책을 읽는 삶이 간절했다. 지방 국립대 철학과 세 곳에 원서를 냈다. 그중에 지리상 '대한민국 한가운데에 있는 학교'라는 말도 안 되는 이유로 전북대를 택했다.

늦깎이 대학생으로 전북대 철학과에 입학한 스물세 살, 나는 현실과 이상의 괴리 때문에 때로는 자살 충동까지 느끼곤 했다. 하지만 그런 와중에도 절실하게 생각한 것이 하나 있었다. 성공한 사람들은 모두 책 읽기와 글쓰기를 많이 한다는 점이었다. 그래서 나도 무슨 일이 있어도 하루 2시간씩 책을 읽고 글을 쓰자고 마음먹었다. 나중에 '22전략'이라고 이름 붙인 습관이 만들어진 순간이다.

아무리 바빠도, 무슨 일이 있어도 하루 2시간 책 읽기와 글쓰기는 빠뜨리지 않으려 했다. 대신 나머지 시간은 맘대로 놀거나 빈둥거리면서 지냈다. 그럴 수 있었던 것은 독특한 믿음이 있었기 때문이다. '책 읽기와 글쓰기를 꾸준히 해두면 훗날 뭘 하더라도 누구보다 잘할 수 있을 거야. 성공한 수많은 사람들이 증명하잖아.' 지금 생각하면 참 단순한 믿음이었다. 무식하면 용감하다고, 나는 미련맞을 정도로 2년간 매일 2시간씩 책을 읽었다. 그리고 나머지 시간은 완전히 놀거나 하고 싶은 것에 집중했다.

그런데 놀라운 일이 벌어졌다. 이 근거 없는 믿음이 효과를 발휘하기 시작한 것이다. 읽고 듣는 것들이 전보다 훨씬 잘 이해되었다.

무엇을 보든 본질 또는 핵심이 금방 파악되고, 스스로 기준이 잡히기 시작했다. 그러다 보니 별다른 공부를 하지 않아도 철학 수업들이 잘 이해됐다. 교수님들도 나를 좋아했고, 시험을 보면 장학금을 받곤 했다.

내 인생을 가로막던 3가지 벽 중 '공부의 벽'이 허물어지기 시작했다. 전북대는 지방 국립대이긴 하지만, 안산이나 전주에선 반에서 3~4등은 해야 갈 수 있는 곳이었다. 앞에서 말한, 중학교 시절 공부를 못한다며 나를 놀리던 친구도 재수를 하고서야 전북대 공대에 들어와 있었다. 평생 이길 수 없다고 생각했던 친구와의 간격이 점차 좁혀지고 있었다.

두 번째로 금이 가기 시작한 것은 '돈의 벽'이었다. 대학 1학년 때 교내 과외 게시판에 게시글을 올렸는데 대박이 났다. 당시 전북대 과외 시장은 의대생과 영어과 혹은 수학과의 사범대 학생들이 독점하고 있었다. 그들은 과외 게시물에 전공과 '과외비 50만 원'만 적었다. 내가 다니던 철학과를 포함한 다른 과 학생들은 과외 시장에 명함도 내밀지 못했다.

하지만 나는 이렇게 생각했다. '너흰 12년 공부해서 이 학교에 왔지만 나는 겨우 2년 공부해서 이곳에 왔다. 나는 수능을 망쳤을 뿐 너희에게 뒤지지 않아. 심지어 하위권 학생은 더 잘 가르칠 자신이 있지. 지금까지 수백 권의 책을 읽었기 때문에, 무식하게 수능 공부만 해온 너희보다 지혜로워.' 지금 생각해보면 여전히 정신을 못 차리고 있었지만, 아무튼 그런 패기 덕분에 자신감은 있었다.

그래서 나도 과외 구하는 글을 올리기로 했다. 특이하게 '하위권 전문 과외'라고 제목을 달고, 그동안 내가 얼마나 공부를 못했는지, 그러나 어떻게 영어와 수학 등급을 끌어올렸는지 구체적인 스토리와 방법을 적었다. 그러자 놀랍게도 전화가 빗발쳤다. 그때 이후 대학 다니는 내내 과외비로 매달 150~200만 원을 벌 수 있었다. 시급 3000원의 영화관 아르바이트생 때와 비교하면, 7배나 오른 임금이었다. 첫 과외를 구했던 날, 자전거를 타고 집으로 돌아오던 밤길을 잊을 수가 없다. 주황색 가로등과 달빛이 나를 반겨주는 듯했고, 처음으로 세상이 나에게 손을 내민 것 같은 기분이 들었다.

예전에 영화관 아르바이트를 할 때는 5000원짜리 김치찌개를 먹지 못했다. 2시간을 일해야 김치찌개를 먹을 수 있었기 때문에 항상 삼각김밥으로 때우곤 했다. 이제 시급이 2만 원이 되고 나니 김치찌개를 매일 사 먹을 수 있다는 사실이 꿈만 같았다. 며칠만 과외를 해도 스쿠터 주유비 2만 원, 원룸 월세 22만 원이 다 해결됐다. 당시 200만 원은 내게 그런 거액이었다. 용돈으로 50만 원을 받으면 또래 사이에서 부자 소리를 듣는 때였다. 학교를 다니며 200만 원을 내 힘으로 벌어냈으니 나는 자신감이 넘쳤다. 삶의 밸런스가 자리를 잡기 시작했다.

　마지막 벽이었던 '외모'에서도 큰 변화가 일어났다. 당시 나는 중학교 동창 지한이와 함께 살고 있었다. 중학생 때는 별로 친하지 않았지만, 책을 잔뜩 읽던 스물한 살에 만난 지한이는 정말 대단하다고 느껴졌다. 이제까지 몇백억 대 넘게 성공한 사람들을 수도 없이 만나봤지만, 아직 지한이만 한 천재는 거의 보지 못했을 정도다. 우리는 영혼의 단짝이 되었고, 매일 철학과 예술에 대해 토론하곤 했다. 내가 전북대에 입학하자 지한이는 서울의 학교를 휴학하고 전주에 와 함께 지냈다. 훗날 첫 사업의 동업자가 되기도 한 지한이는 꾀죄죄했던 나와 달리 멋진 친구였다. 학창 시절 반장을 도맡아 할 정도로 인기가 있었고, 머리도 좋았다. 문학과 영화에 대한 조예도 깊어, 나에겐 스승이자 우상 같은 존재였다.

　그러던 어느 날 잠에 빠져 있는데 누군가 나를 빤히 쳐다보는 느낌이 들었다. 지한이였다. 나는 소름이 끼쳐 "지한아, 무슨 일이야?" 하고 물었다. 그러자 지한이는 "일단 자. 이따 저녁에 얘기하자"는 말을 남기고 잠을 청했다. 다음 날 내내 지한이가 무슨 말을 할지 신경이 쓰였다. '방을 치우지 않아서 화났나?' 그런데 저녁에 마주한 지한이는 의외의 말을 했다. "밤새 너에 대해 고민했어. 너는 뛰어난 점이 많은 앤데…… 내가 널 너무 방치한 것 같아. 이제 내 말대로 해. 옷, 헤어스타일, 안경, 피부, 신발까지 다 바꿀 거야. 야, 과외로 모은 돈 얼마나 되냐? 당장 객사거리에 있는 지오다노에 가자." 나는 깜짝 놀란 나머지 이런 소리를 했다. "지한아, 근데 지오다노면 바지 5만 원씩 하는 데 아냐? 너무 비싸. 난 그냥 만 원짜리 바지면 되는데……." 지한이는 단호했다. "헛소리 말고 그냥 따라와."

## 3막 | 배수의 진
## "1만 9000원이 입금되었습니다"

그날 지한이는 쇼핑을 가기 전 이렇게 호언장담했다. "철학과에서 가장 괜찮은 남자가 누구냐는 질문에 명진이 너라는 말이 나올 수 있게 해줄게!" 물론 나는 믿지 않았다. 어려서부터 고등학교에 다닐 때까지 '나는 반에서 가장 못생긴 사람'이라고 생각했기 때문이다(앞의 사진을 보라). 이성에게도 늘 거절만 당했다. 스무 살 때 두 번, 대학에 와서도 두 번 거절을 당한 시점이었다. '말이 되는 이야기인가?' 생각했다. 하지만 지한이는 집요했다. 그리고 나에게 "지금부터 피부 관리를 위해 탄수화물을 줄여", "이 신발 절대 신지 마. 알았지? 앞으로 내가 골라주는 스타일만 신어", "잠깐 멈춰봐. 안경 벗어. 남자는 안경 안 쓰는 게 나아", "야! 여자랑 말할 땐 절대 그렇게 주눅 들면 안 돼. 그리고 철학 얘기 같은 거 하지 마"라며 구체적인 지침을 내려주었다.

지한이는 입는 것, 먹는 것, 말하는 것, 거의 모두를 뜯어고쳤다. 거꾸로 말하면, 나는 정말 여자들이 싫어할 만한 짓은 다 하고 있었다는 뜻이기도 했다. 지한이의 약속 이후 나의 삶은 완전히 달라졌다. 거울을 볼 때마다 "이게 나라고? 믿을 수 없어"를 연발하게 됐다. 그전까지 단 한 번도 사람들이 나를 좋아한다고 느낀 적이 없었지만, 이때부터는 넘치도록 많은 사랑을 받기 시작한다. 이상형을 만나는 데 무리가 없어졌고, 인기가 높아졌다. 지한이의 말이 현실로 실현되며 외모라는 마지막 벽이 허물어지기 시작했다.

그렇게 사람다운 꼴을 갖춰갈 때쯤 갑자기 지한이와 멀어지게 되었다. 지한이가 스쿠터를 타다가 다리를 크게 다쳐 다시 집으로 올라가게 된 것이다. 나는 갑자기 혼자가 됐다. 하지만 지한이의 가르침들을 잘 따랐다. 다음 해에는 첫 연애를 시작했고 그 뒤로도 몇 번의 연애를 하게 되었다. 그리고 여느 서툰 청춘들처럼 여러 시행착오를 겪었다. 불같은 사랑과 지옥 같은 고통을 경험하기도 했다. 여자 친구에게 이별을 통보하고 오랫동안 죄책감에 괴로워하기도 했다. 세상이 무너질 것 같은 고통을 절절하게 겪으면서 사랑의 쓴맛을 제대로 경험했다. 이 감정들은 훗날 사업 아이템을 정하는 데 결정적인 역할을 했다. 이때가 2010년, 내 나이 스물네 살이었다.

애초 철학과에 지원할 때, 나는 철학이 행복을 가져다주지 않을까 기대했다. 하지만 대학에 와서 본 철학과 교수님들은 행복해 보이지 않았다. 대학 내 정치적인 문제로 갈등을 빚거나 시간강사를 대하는 모습을 보면 평범한 사람들과 다를 바 없었다. 전공 수업에서도 행복해지는 법 같은 건 따로 가르치지 않았다. 인식론, 형이상학, 가치론 등 굉장히 전문화된 지식들만 배웠다.

철학에 실망을 느낀 나는 몇 년 전까지 열심히 공부하던 심리학을 다시 파고들었고 심리학과 전공 수업도 들었다. 그런데 최신 이론들이 전혀 반영돼 있지 않고 옛 이론을 답습하는 것 같았다. 강의 수준도 실망스러웠다. 점차 대학에서 배울 게 별로 많지 않을지도 모른다는 생각에 이르렀다. 4년 전 겨울처럼, 스물네 살의 나는 다시 도서관에 처박혀 두 달 내리 책만 읽어댔다. '사람의 행복에서 아주 중요한 요소는 좋은 짝을 만나는 것'이라는 신념도 이때 생겼다.

그해 겨울, 다리를 회복한 지한이를 다시 만나서 많은 이야기를 나눴다. 떨어져 있던 1년간 각자 새로운 경험을 통해 우리의 문제를 자각하게 되었다.

"우리는 서로 똑똑하다 자위했지만 다 뜬구름 잡는 얘기였을 뿐이야. 현실적으로 우리는 돈을 벌어야 해."

"나 다리 부러졌을 때, 사실 돈이 없었어. 병실 옆자리에 손가락이 잘린 동네 건달이 들어와 난동을 피웠어. 그런데 그 사람도 돈이 없어 고민하고 있더라고. 그 사람이나 나나 수술비가 없었지. 그때 이런 생각이 들더라고. '내가 이 건달이랑 정말 다를까? 몸을 다쳐도 수술비가 없으면 똑같이 이런 처지가 되는데도?'"

우리의 대화는 한 방향을 향해 나아가고 있었다. 나와 지한이는 영화 〈소셜 네트워크〉를 떠올렸다. 그전까지 사업이란 적어도 몇억씩 투자금이 들거나 큰 사무실에서 시작해야만 하는 무서운 것인 줄로만 알았다. 그런데 그 영화를 보면서 돈이 전혀 없어도 사업이 가능하다는 걸 깨닫게 되었다. 영화 속 페이스북 창업자들은 기숙사, 창고 등에서 돈 한 푼 들이지 않고 사업을 시작했다. 우리도 그럴 수 있을 것 같았다. 아니, 그것 말고는 달리 뾰족한 수도 없었다. 그때 지한이가 결정적인 아이디어를 냈다. "명진아, 네가 그동안 심리학을 많이 공부했으니까 이별 상담 사업을 해보면 어떨까? 사무실 빌리지 말고 온라인으로 말이야. 너는 상담 공부를 해봐. 나는 웹사이트 만드는 방법을 공부해볼게. 같이해보자."

나는 호기롭게 대답했다. "그래, 그동안 공부한 지식이면 거의 모든 남녀 문제를 해결할 수 있어. 애인이랑 헤어졌던 애들도 내가 상담해준 뒤로 다시 잘 만나고 있잖아. 그래, 이걸 한번 팔아보자! 딱 월 50만 원씩만 벌어보는 거야. 나도 이제 과외 지겨워. 이렇게 매일 스쿠터 타고 다니다 동상 걸릴 것 같아. 방학 동안 딱 월 50만 원 수익 프로젝트를 해보자. 그리고 나도 얼마 전에 블로그 마케팅 공부하다가 시험 삼아 〈무한도전〉 관련 글을 썼더니 조회 수가 3만 넘게 나왔어. 그동안 네이버 지식인 활동 많이 해서 계급도 높으니까 그것도 활용할 수 있을 거야. 돈 한 푼 안 들이고 광고할 수도 있어."

우리는 배수의 진을 쳤다. 나는 모든 과외를 그만두었다. 그리고 지한이와 합숙을 시작했다. 앞서 말했듯이 그동안 2년간 2시간씩 책 읽기와 글쓰기를 놓지 않았다. 새로운 걸 받아들이고 본질적인 것들을 찾아 연결하는 데 최적화된 상태였다. 우리는 2개월간 각자 최선을 다해 사업을 준비했다. 지한이는 웹사이트 제작을 공부했고, 나는 마케팅과 심리학을 팠다. 사업과 마케팅 분야는 전혀 몰랐기 때문에 책을 30권 정도 쌓아두고 읽어나갔다. '역행자 7단계 모델' 같은 건 아직 없었지만, 모르는 분야에 들어갈 때 책을 20권쯤 읽으면 남들보다 훨씬 빨리 목표에 도달할 수 있다는 확신이 있었다. 게다가 이제는 2개월 후 창업이라는 구체적인 목표를 떠올리며 책을 읽어나가는 상황이었다. 한 장 한 장 읽을 때마다 아이디어들이 샘솟았다.

○ 나는 이별했거나 연애 고민이 있었을 때 어떻게 했지? 그래, '헤어진 여자 친구 잊는 법'을 검색했었어. 그 검색어로 네이버 지식인 작업을 하고 블로그를 써두자. 나와 같은 고민을 하는 사람들은 이 키워드로 검색할 거야.

○ 블로그나 지식인을 타고 온 사람들이 우리를 신뢰하게 하려면 전문성을 보여줘야 해. 특히 '칼럼'이 중요해. 칼럼에서 완벽한 전문성을 보여주면 돼. 2년 넘게 단련해온 글 솜씨를 발휘하자.

○ 후기가 있어야 한다. 후기가 없으면 나라도 믿지 않을 거야. 대학 때 내가 연애 상담 해서 잘되었던 친구들에게 진솔한 후기를 남겨달라고 해야지.

○ 그리고 또 내가 괴로울 때 했던 일이 뭐였지? 고민 상담을 해주는 네이버 카페에 들어가 봤었지. 그럼 거기에도 칼럼을 쓰자. 단, 절대 상업적인 냄새가 나면 안 돼. 읽는 사람에게 진짜 도움이 될 만한 정보를 주는 거야. 일단 그래야 신뢰가 쌓여.

그렇게 열심히 생각하고 준비하기를 두 달, 2011년 1월에 우리는 사이트를 오픈했다. 상담비는 5만 원. 우리는 초대박이 날 줄 알았다. 하지만 충격적이게도 아무도 상담을 신청하지 않았다…….

여유 자금은 고작 4만 원 남은 상태였다. 지한이와 나는 1주일간 식빵과 우유만 먹으며 버티자고 결심했다. 그렇게 식빵과 우유로만 버티며 3일이 흐르자 우리는 생존에 위협을 느꼈다. 원룸 앞 트럭에서 파는 2000원짜리 아메리카노가 정말 마시고 싶었다. 혹시나 싶어 웹사이트 메인 카피를 수정하고, 상담료도 1만 9000원으로 낮췄다. 일단 한 번이라도 상담 신청이 들어오면 빵이나 밥을 사 먹을 수 있다는 생각밖에 들지 않았다. 우리는 잘되길 기도하고 잠에 들었다. 그다음 날 아침 7시, 문자가 하나 왔다. "1만 9000원이 입금되었습니다." 내 인생에서 가장 기쁜 순간 중 하나였다. 그때 지한이가 했던 말이 아직도 기억난다. "명진아, 우리 아메리카노 마시러 가자!"

우리는 그다음 달, 3000만 원을 벌어들이게 된다.

## 4막 | 행운 뒤에 숨은 것
## '이보다 최악의 상황이 있을까?'

2011년 3월, 스물다섯 살이던 우리의 사업은 나날이 발전했다. 월세 22만 원짜리 방에 살다가 3000만 원을 벌어들이는 건 기적과도 같았다. 매일 '이게 꿈인가 현실인가' 싶은 나날을 보냈다. 밤에는 시간당 20만 원을 벌면서 천재 상담사님 소리를 듣다가, 낮에는 평범한 대학생으로 지내는 이중생활을 이어나갔다.

3학년이 되자 모든 게 시시하게 느껴졌다. 차츰 전주에서의 삶이 무료해져갔다. 내가 큰돈을 벌자 주위 사람들은 오히려 나를 멀리했다. 사람들은 성공한 사람에 대해 부정적인 감정을 먼저 가진다는 걸 이때 깨달았다. 나는 학교를 그만두고 제주도 한달살이를 떠났다. 오피스텔에서 지내면서 상담도 하고 여행도 하는, 디지털 노마드 생활을 했다. 겉으로 보기엔 영화처럼 살고 있었다. 하지만 실제 내 삶은 늘 쪼들리고 있었다.

모든 사업은 처음 성과를 냈을 때가 가장 위험하다. 나와 지한이가 벌인 사업은 무자본 창업에 가까웠다. 사무실도 직원도 없었기에 들어갈 비용이랄 게 없었다. 처음엔 3000만 원씩 들어오는게 다 우리 돈이라 생각했다. 하지만 세상은 그리 만만하지 않았다. 각종 세금을 제하면 실제 우리에게 떨어지는 건 650만 원 정도였다. 3000만 원 수입에 취해 있던 우리는 각자 좋은 차를 샀는데, 그 할부금만 150만 원이었다. 거기에 월세 100만 원, 부모님 용돈 100만 원, 건강보험료와 국민연금납입금 등을 제하고 나면 남는게 없었다. 실제 쓸 수 있는 돈은 100만 원 수준이었다. 오히려 대학 시절 과외를 하며 200만 원씩 벌 때가 더 풍요로웠다.

사업이 커지면서 우리는 각자 역할을 나눴다. 자금 관리와 회계, 경영 등은 지한이가 맡기로 했다. 나는 주로 상담 글을 작성하거나 상담을 진행하고 연구하는 일을 맡았다. CFO(최고재무경영자)와 CTO(최고기술경영자)로 갈라진 셈이다. 우리는 이후 3년간 재택근무를 하면서 각자의 일에 전념한다. 나는 나대로 그 업계에서 전설적인 인물이 되었고, 수많은 상담 사례를 바탕으로 이론을 정립해 '재회심리학'이란 걸 만들게 되었다. 소문이 나면서 인기가 치솟았다. 나에게 상담을 받으려면 1~2개월은 기다려야 했다. 상담 폭주 때문에 '상담 제한'을 거는 일이 잦아졌고, 제한을 푸는 날이면 수백 개의 상담 글이 올라왔다. 나는 3년간 매일 5~7건의 상담을 하면서 전문가로 거듭나게 되었다.

그러면 이별과 재회에 관한 상담은 어떻게 이루어지는가? 내가 하는 일이 궁금할 수 있으니 간단히 요약해보겠다.

① **고민을 가진 내담자가 상담 사연을 작성한다.**
② **나는 사연을 읽고 둘의 상황을 심리학적으로 분석한다.**
③ **연애 상대의 심리를 파악하고, 그에게 해야 하는 액션을 구체적으로 제시한다. 문자 한 번으로 매달리게 만들거나, 재회 가능성이 높은 상태를 만드는 게 목표다. 재회 확률이 30퍼센트 미만인 경우엔 환불을 권유한다.**

④ 대부분의 케이스가 '문자 한 번'만 보낼 수 있는 상황이다. 단 한 문장으로 상대의 감정을 완전히 뒤흔들어야 한다. 상대를 슬프게 할 메시지를 보낼 수도 있고, 악몽을 꿀 정도로 충격적인 메시지를 보낼 수도 있다.

⑤ 내담자가 메시지를 보내고 나면 상대방에게서 연락이 오거나 상대가 매달릴 수 있다. 이때 어떻게 해야 하는지 구체적인 액션 방안을 내담자에게 알려준다. 아울러 상대의 심리 변화를 설명해준다.

이때 수많은 사례를 듣고 겪으면서, 나는 어느새 인간 심리 분석과 심리 시뮬레이션 전문가로 거듭났다. 5~10쪽에 이르는 상담 사연을 매일 5~6건씩 읽어야 했다. 30분 정도 고민하여 창의적인 해결책을 만들어내야 했다. 끝없이 통찰력을 요하는 작업이었기에, 자려고 누워서도 독창적인 해법을 연구했다. 덕분에 문제 해결 능력이 많이 향상되었다. 세상에는 안 풀리는 문제보다, 고민하면 풀리는 문제가 훨씬 많다는 걸 깨달았다. 이런 깨달음과 적극적인 두뇌 사용은 이후 다른 창업에서 다시 중요한 자산이 된다.

이처럼 전문성은 나날이 발전해갔지만, 사업 자체는 3년간 정체되어 있었다. 서로에 대한 불만도 쌓여갔다. 지한이는 내가 경영상 고충을 모른다고 생각했다. 나는 나대로 이런 불만이 생겼다. '사업을 시작하자마자 월 3000씩 벌었는데 어떻게 3년간 매출이 그대로지? 그리고 실제 고객을 상대하는 건 나 혼자인데 왜 650만 원만 받아야 하지? 사업 구조도 마케팅도 맨 처음과 똑같으니 사업이 더 커지지 않는 게 아닐까? 이걸 경영이라고 할 수가 있나?'

겉으로는 사이가 좋아 보였지만, 우리는 서로에게 불만이 쌓여갔다. 나는 사업을 공격적으로 펼치길 바랐지만, 지한이는 보수적으로 하길 원했다. 그리고 나는 창업 초기 외에는 경영에 참여하지 않으면서 주도권을 잃은 상태였다. 무엇보다 이때까지 군대에 갔다 오지 않은 상태였다. 불안한 나와 지한이 사이에 제3자가 개입하면서 우리 관계는 틀어지기 시작했다.

## 5막 | 인간의 그릇
## 결국 사람은 제 그릇만큼의 돈을 모은다

우리는 늘 눈앞의 목표를 염원하면서 살고, 그것만 달성되면 모든 게 해결될 것처럼 생각하지만 현실은 그렇지 않다. 상담 결제가 한 번만이라도 돼서 끼니를 해결할 수 있으면 좋겠다고 기도하던 때가 차라리 행복했다. 문제 하나가 해결되면 더 큰 문제 하나가 게임 속 퀘스트처럼 펼쳐졌다. 너무나 파란만장한 일들이 많았는데,

짧게 정리하면 이렇다.

○ **지한이와 나는 여러 오해가 쌓여 갈라섰다. 나에겐 다른 동업자가 생긴다.**
○ **새롭게 사이트를 열어서 '마의 3000만 원' 매출을 바로 뚫어낸다.**
○ **2015년 2월 1일, 스물아홉에 사업 수익을 거의 챙기지 않은 채로 군대를 간다.**
○ **첫 휴가를 나와 보니 회사가 이상하게 돌아가고 있었다.**
○ **동업자와 직원들이 나를 배신한 정황을 포착, 두 번째 휴가를 나와 결국 모든 사업을 정리한다.**
○ **스트레스 때문에 강직성척추염이라는 난치병을 얻고, 군 병원에 입원하여 6개월간 누워 지냈다.**

이렇게 내 사업 초기는 정말 악운의 연속이었다. 세상에 둘도 없는 친구였던 지한이와 헤어지게 된 것도 안타까웠는데, 같이 일한 사람들마다 나를 이용하려는 모습에 사람을 믿기 어려운 상태에 이르렀다. 내무반에 누워 있으면 무장 탈영해서 배신자들을 처단하고 싶은 욕망에 휩싸였다. 강직성척추염으로 군 병원에 6개월간 입원했을 때엔 정말 인생 막장에 도달한 기분이었다.

그렇게 괴로운 날들이 이어지던 어느 날 나는 마음을 고쳐 잡았다. '신이 나를 얼마나 위대하게 쓰려고 이런 고난을 주는 걸까.' 종교를 믿진 않았지만, 난 이 고난과 고통에 의미를 부여하자고 마음먹었다. 늘 큰 고통 뒤에 큰 성장이 온다는 걸 겪어보지 않았던가. 난 이 비참한 처지가 어쩌면 단련의 계기가 될 수도 있겠다고 생각했다. 아니 그렇게 생각하기로 했다. '이렇게 병원에 있게 돼서 하루 종일 책만 읽을 수 있는 환경이 마련된 것은 신이 주신 기회다. 난 정말 운이 좋다!' '나는 항상 고난이 있을 때마다 책을 읽으며 성장하지 않았나. 군 병원에 누워 있는 이 시간은 내 인생의 황금기가 될 거다.'

고양시의 군 병원에 입원한 6개월 동안 나는 목발을 짚거나 휠체어를 타고 나가서 끊임없이 책을 읽었다. 그전에는 심리학과 경영학 관련 책을 읽었다면, 이번엔 더 다양한 분야를 읽어야겠다고 생각했다. 어차피 사회에 나가면 또다시 일과 관련된 책을 읽을 게 뻔하니까, 이런 기회에 다른 영역을 건드리고 싶었다. 그래서 세계사, 과학, 문학에 관련된 책을 읽으면서 지금까지와는 다른 방향의 뇌를 발달시키려 노력했다. 그리고 본격적으로 경영에 대해 공부하기 시작했다.

이때 읽었던 책 중 하나가 일본 최고의 부자 입문서로 알려진『부자의 그릇』이다. 이 책을 읽고 나니 내게 벌어진 모든 상황들이 순식간에 이해되었다. 이 책에는 그동안 겪었던 시행착오가 스토리화되어 있었다. 이런 경험들은 나뿐만 아니라 대부분의 인간이 겪는 일이라는 걸 알게 되었다.

그동안 내가 끊임없이 화가 난 건 스스로를 대단한 사람이라고 착각했기 때문이었다. 지한이와 일을 하면서 3000만 원의 순수익을 냈지만 650만 원밖에 못 가져간 것, 다른 동업자와 일하면서 모든 재산을 잃고 사업체를 빼앗긴 것은 불운 때문이 아니었다. 그들의 문제도 아니었다. 그저 내 그릇이 작았기 때문에 물을 부어도 흘러 넘쳤던 것뿐이었다. 생각해보니 내가 잘하는 건 오직 상담뿐이었다. 경영, 회계, 세무, 총무 등 그 무엇도 할 줄 아는 게 없었다. 그저 내 그릇만큼 벌었을 뿐, 나 혼자서 수천만 원을 번다고 생각한 것은 착각이었다. 서른이 다 되도록 한 푼도 없는 것, 모든 사업이 사라진 것은 누구의 탓도 아니었다. 그게 내 실력이었다. 이걸 철저하게 인정하자 더 이상 사람을 원망하지 않게 되었다. 그리고 이제부터 뭘 해야 할지도 눈에 보이기 시작했다.

'한번에 큰돈을 버는 일은 없다. 사람은 제 그릇만큼 돈을 가져갈 뿐이다. 남을 탓하기보다는 내 문제에 집중하자.' 나는 생각을 올바른 방향으로 이끌고, 뇌를 최적화하려고 노력했다. 그리고 기본을 다지려고 했다. 예전엔 작은 일들을 하찮게 여겨서 '저런 건 나 같은 천재 상담사가 할 일이 아냐'라고 생각했다. 그런데 바닥을 찍고 나니 모든 일이 소중했고, 작은 일부터 능숙해져야만 내 진짜 실력이 늘어난다는 생각이 들었다. 큰 고통 속에서 다시 새로운 사다리가 자라나기 시작했다.

당시 내겐 강직성척추염이 있긴 했으나 의가사 제대를 할 만큼 진행되진 않은 상황이었다. 6개월간 군 병원에 누워 있으면서 이 상태로는 군대에도 나에게도 도움이 되지 않을 것 같았다. 빨리 제대를 해야겠다고 마음먹었다. 나는 특기를 살려 글을 썼다. 10여 쪽에 달하는 보고서를 작성해 군 간부들에게 전했다. 꾀병이 아니라 병세가 심각하다는 걸 알게 된 몇몇 간부들의 도움으로 제대할 수 있게 되었다. 2016년 1월, 내 나이 서른이었다.

사회에 나온 나는 몸부터 바로잡아야 했다. 군 병원에 있을 때 내 병에 대해선 충분히 공부해둔 상태였다. 척추염은 초기 상태였기 때문에, 앞으로 잘 관리만 한다면 정상으로 돌아갈 수 있다는 희망을 가졌다. 그러나 걷기도 힘들고, 뛰는 건 상상할 수도 없는 상태라 평범한 재활 치료도 어려웠다. 최대한 균형 잡힌 해법을 만들어야 했다. 관절이 아프다면 일단 잔근육을 더 붙여야 했다. 관절에 무리가 가지 않으면서 근육을 강화하기 위해 수영을 하면서 류머티즘 치료제와 소염제를 먹는다면 완치 가능성이 있다고 판단했다. 다시 죽어라 노력하길 6개월, 무리한 운동은 어려웠지만 일상생활은 가능해졌다. 손목 통증도 사라져 조금씩 키보드를 두드릴 수 있게 됐다. 나는 치료와 공부를 병행하면서 현실적인 답을 찾아나갔다. 군 병원에서 매일 실천했던 독서와 글쓰기가 제대뿐만 아니라 재활에도 큰 도움을 주었다. 나는 점점 더 지식과 생각의 힘에 매료되어갔다.


# 피날레 | 거슬러 오르기
## 돈, 시간, 정신으로부터 완벽한 자유를 얻다

누군가 이때까지의 내 인생을 지켜봤다면 뭐라고 평가했을까? 가난한 집에서 머리 나쁘고 못생기게 태어난 한 소년의 비극적인 삶일까? 그렇게 볼 수도 있겠다. 하지만 난 그런 출발점에서도 조금씩 조금씩 나아가려 했고, 하나하나 장애물을 넘어서면서 새로운 스킬들을 획득했다. 큰 고통이 생길 때에도 자기연민에 빠지지 않고, 그 상황을 어떻게든 다음 성장을 위한 재료로 삼으려고 애썼다. 가진 게 없었기에 독서와 글쓰기밖에 할 수 없었지만, 그렇게 접한 사람들의 스토리와 전투담은 나에게 큰 용기와 지혜를 주었다. 이제까지 나의 이야기를 길게 들려준 이유다.

서른 살에 병든 몸으로 제대한 나는 무일푼의 백수였다. 그러나 여러 싸움을 거치면서 획득한 경험치와 스킬들을 이미 갖고 있었다. 이제 나는 어떤 문제가 닥쳐도 최적의 공략법을 찾아낼 자신이 있었다. 신이 보낸 시련들 앞에서 주저앉는 대신, 그걸 밟고 더 크게 올라서는 역행자가 되어가고 있었다. 아무리 큰 시련이라도 궁리에 궁리를 거듭하면 늘 공략법이 있기 마련이었고, 고통의 시간을 거칠수록 내 그릇은 커지고 있었다. 제대 6개월 뒤 몸이 거의 나아갈 무렵, 나는 '자청'이 될 준비가 되어 있었다.

그 후에 어떻게 되었느냐고? 여기서부턴 많은 이들이 아는 대로다. 서른하나, 아무 일 하지 않아도 매월 5000만 원을 버는 구조를 만들었다. 몸은 완전히 회복되어 스포츠를 즐기기 시작했다. 서른둘, '이상한마케팅'이라는 회사를 만들었다. 서른셋, 한 달 순수익이 8000만 원을 돌파하기 시작했다. '자청'이라는 닉네임으로 유튜브를 시작해 6개월 만에 16만 구독자를 만들고 은퇴했다. 대부분의 시간은 해외에 나가 있었고, 꿈에 그리던 스포츠들을 시작해 트로피를 쌓기 시작했다.
서른넷, 그동안엔 상상하기 어려웠던 규모로 수익의 시너지가 나기 시작했다. 사업이 커지면서 직원들을 대규모로 뽑기 시작했다. 서른다섯, 정직원과 아르바이트생 포함 130여 명의 구성원들과 함께 일을 하고 있다. '이상한마케팅', '아트라상', '프드프' 등의 메인 회사를 비롯, 총 6개의 사업과 4개의 지분 투자 사업이 자동 수익을 만들어내고 있다. 이로 인해 보유한 수십 억의 자산은 20퍼센트 이상의 투자수익을 거두고 있다. 이후에는 오프라인 사업으로 '욕망의북카페', '위스키바 인피니', '청담동 레스토랑 W라보' 등을 만들면서 경제적 자유를 넘어 자아실현에 집중하고 있다. 그리고 나는 기업가로서 그다음 단계에 도전해나가고 있다.

내 인생을 바꿔준 지한이와 동업 분쟁 후 어떻게 됐냐고? 지한이는 내가 책을 집필한다는 소식을 블로그로 접하고, 8년 만에 연락을 했다. 나는 8년간 지한이를 그리워했고, 항상 인생 최고의 은인이라 여기며, 다시 만나길 기다려왔다. 통화 후 우리는 다시 최고의 베스트프렌드가 되어 매일 연락하며 지낸다. 지한이는 프로그램 사업으로 대박을 쳤기에, 최근 나에게 많은 도움을 주고 있다. 클라이밍도 같이 즐기며 취미를 공유하는 인생의 동반자가 되었다.

이제 나는 그 무엇에도 제약받지 않는다. 그토록 나를 괴롭혀왔던 공부, 돈, 외모의 '3개 벽'은 아무것도 아니다. 종종 사람들은 나에게 행복하냐고 묻는다. 그럴 때마다 항상 하는 대답이 있다. "제 조건에서 불행하다면 오히려 이상한 일 아닌가요? 정말 행복합니다. 영원히 살고 싶네요."

내가 경제적 자유를 얻기까지의 이야기는 여기까지다. 왜 나의 옛 이야기로 이 책을 시작했을까? 솔직히 말하면 당신의 '무의식에 균열'을 내고 싶었다. 그전까지 나의 무의식은 '너는 정말 열등한 인간이야. 외모, 공부, 돈 그 어떤 것도 절대 평균치에 도달할 수 없어'라고 속삭였다. 앞서 언급했지만, 어린 나는 강한 신념이 있었다. '나는 영원히 200만 원 이상 버는 일이 없을 거야. 평생 공장에서 150만 원씩 벌면서 원룸에 박혀 게임하며 살 거야.' 하지만 성인이 되어 평생 안 읽던 책을 읽기 시작하면서 조금씩 신념이 깨지기 시작했다.

감정이입을 하면서 자수성가를 이뤄낸 사람들의 이야기를 읽다 보니 그 사람들과 나를 동일시하곤 했다. 그리고 '나도 혹시나 이렇게 될 수 있는 게 아닐까? 나 같은 상황에서도 성공할 수 있는 거잖아? 방법이 있잖아?!'라는 생각이 점차 들었다. 무의식에 균열이 일어난 것이다.

만약 나의 옛 이야기를 공개하지 않았다면 당신은 과거의 나처럼 '다른 세상의 이야기' 혹은 '어차피 금수저이거나 천재의 이야기'라고 치부하며 책을 덮어버렸을지 모른다. 내 이야기가 당신의 모든 것을 바꿀 순 없겠지만, 조금이나마 무의식에 균열을 내는 데 성공하길 바란다. 또한 이 책을 끝까지 읽지 않더라도 꼭 무의식의 균열이라는 개념만큼은 기억했으면 한다.

자, 이제부터 본격적으로 역행자 7단계 모델을 따라가보자. 자유를 얻으러 갈 시간이다.

"신이 망가뜨리고 싶은 인간이 있으면, 신은 먼저 그가 잘될 사람이라고 추켜세운다."

_시릴 코널리, 『가능성의 적들』

CHAPTER 2

역행자
1단계

_자의식
해체

"저 유명 사업가는 금수저였을 거야. 엥? 흙수저라고? 그럼 사기 쳐서 올라온 거네."

"내가 만난 남자들은 하나같이 쓰레기던데. 남자는 믿을 게 못돼."

"책 없이 부자 된 사람도 많던데. 난 그냥 책 안 읽을래. 유튜브도 있는데 굳이?"

"부동산으로 돈을 벌었다는 사람들은 모두 투기꾼임. 정직하게 따박따박 벌어야지."

"인서울 대학? 스카이 아니면 의미 없지. 서울대 나온 애들도 무식한 경우가 많더라."

댓글에서 심심치 않게 볼 수 있는 내용이다. 단언컨대 이렇게 말하는 사람 중에 인생에서 자유를 얻을 수 있는 사람은 없다고 생각한다. 위 내용은 좀 극단적인 예시이기는 하지만 대부분의 사람들은 자의식 때문에 수많은 기회를 놓친다. 자아가 상처받는 걸 피하려다 중요한 배움의 기회를 놓친다. 일생일대의 좋은 정보를 접하게 되더라도 자의식 방어를 위해 회피하고 결국 순리자로서의 인생을 유지한다.

자의식 해체는 역행자 7단계 모델에서 가장 중요한 개념이기도 하다. 이 부분이 해결되지 않으면 어떤 좋은 정보를 얻더라도 '난 못 해', '이건 꿍꿍이가 있는 거야', '이건 내가 이해 못 하는 게 아니라 헛소리야'라고 합리화하며 받아들이지 못해, 결국 성장 가능성이 완전히 차단된다. 대부분의 사람들이 인생에서 완전한 자유를 얻지 못하는 이유가 여기에 있다. 나도 빨리 본론으로 들어가서 당신에게 "이렇게 돈 버는 거예요", "이렇게만 따라하시면 됩니다"라고 말하고 싶다. 하지만 당신의 방어기제는 내가 전달하려는 정보를 모두 물리칠 것이다. 자의식을 해체하지 않는 이상 그 어떤 발전도 할 수 없다. 대다수의 머리 좋은 사람들이 일정 나이부터 '남 탓'만 하며 영원히 발전하지 못하는 이유다.

하지만 새로운 정보를 듣는 데는 10분만 투자하면 된다. 하지만 성공한 친구가 정보를 줘도 '잘난 척하지 마세요'라고 생각하며 한 귀로 듣고 한 귀로 흘린다. 자의식은 본인보다 잘난 사람에 대한 거부감을 느끼고 그의 정보를 밀어낸다. 경제적 자유에 이르는 책을 권해도 "아무리 책을 읽어도 안 되는 사람은 안 되더라고요"라고 핑계를 대며 밀어낸다. 사실은 본인의 독해력이 부족하고, 머리가 나쁜 것이다. 이걸 인정하고 독해력을 어떻게 증진시킬지 고민해야 하는데, 자의식은 '내가 멍청하다'는 걸 인정하기 싫어 합리화를 하며 회피한다.

어떻게 그렇게 잘 아냐고? 내가 그랬기 때문이다. 책 읽기는 길어야 하루 30분만 투자하면 된다. 한 권의 책으로 완전히 인생이 변할지도 모르는 일이다. 하지만 사람들은 자아가 약간이라도 손상될까 봐 온갖 변명을 대며 책 읽기를 피한다.

돈을 버는 실질적인 방법론을 눈앞에서 가르쳐줘도 "저는 돈보다 중요한 가치가 있다고 생각해요. 안 알려주셔도 돼요"라고 우아를 떤다. 누구보다 돈을 원하고, 돈 때문에 인생의 자유를 박탈당하고, 때로는 돈 앞에서 치사한 행동을 하는 사람조차도. 하지만 본인이 이런 모순된 사고를 한다는 것을 인정하지 않는다.

대다수의 사람들은 자의식의 꼭두각시 줄에 놀아난다. 이 끈을 잘라내야만 자유로 전진할 수 있다. 자의식은 인간에게 필수적인 심리기제지만, 자유로 가는 거의 모든 길목에서 사람들을 방해한다. 이번 챕터에서는 역행자 7단계 모델 중 첫 번째, 자의식 해체를 알아볼 것이다.


이런 경우를 생각해보자. '지수'는 천재 과학자가 만들어낸 인간형 로봇이다. 외모는 진짜 인간과 구분할 수 없을 정도이고, 스스로 생각할 수 있는 힘이 있어 자아를 성찰하기도 한다. 고난과 역경을 겪게 되면 지혜를 발휘해 문제를 풀어나가며 성취감과 행복감을 느낀다. 지수는 당연히 스스로를 특별한 존재라고 여기고 자신이 인간이라 믿는다. 그러던 어느 날 충격적인 장면을 목격하고야 만다. 자기와 똑같이 생긴 수많은 로봇과 로봇 개발자의 컴퓨터를 보게 된 것이다. 컴퓨터에는 이런 플랜이 쓰여 있었다.

1. 모든 로봇은 지능을 갖도록 설계한다.
2. 모든 로봇은 문제를 만나면 고통을 느끼고, 문제를 해결하면 기쁨을 느끼도록 설계한다.
3. 이런 기억들이 쌓여서 점차 자아를 갖도록 설계한다.

지수는 설계 플랜을 보고 큰 충격을 느낀다. 하지만 시간이 흐르면서 점차 마음이 진정되기 시작한다. '그래, 나는 거기에 누워 있던 다른 로봇들과는 달라. 나는 창조자의 의도가 무엇인지 잘 알고 있잖아. 나는 경험을 바탕으로 계속 진화하는 인격체라고. 그러니 나는 특별한 존재야.'

그러나 지수가 보지 못했던 하나의 다른 플랜이 더 있었다.

4. 만약 로봇이 자신의 정체를 알게 되는 경우 '난 더 특별해' 라고 느끼도록 설계한다. 자아가 붕괴되지 않도록.

인간도 지수와 다름없다. 유전자가 정해놓은 본성과 환경의 지배를 받는다. 동시에 위계에 흔들리지 않도록, 스스로 보호하도록 자의식도 탑재한다. 이러한 초기 조건에서 자유로운 사람은 없다.

신은 사람들에게 수많은 '일생일대의 기회'를 주지만, 자의식의 방해로 모든 기회를 날려버린다. '난 돈이 없어도 행복해'라고 끊임없이 자위하지만, 항상 어떻게 돈을 벌지 걱정하고, 자신을 고용한 윗사람이 능력에 맞는 월급을 주지 않는다고 욕하며, 밥을 사먹을 때마다 가격표를 보면서 걱정한다. 인정해라. 그래야 그다음부터 발전이 일어난다.

자의식에 대한 실제 사례를 얘기해보겠다. 내가 진행하는 주요 사업은 심리 상담, 전자책 발간, 마케팅 등이다. '재회 상담'이라는 아이템으로 처음 창업해 이 분야에서 10년째 국내 1위를 하고 있다. 주로 고객이 여성이었으므로 여성 입장에서 이야기를 하겠다. 실제로 연애 관련 상담을 해보면 제일 안타까운 사람들이 있다. 바로 자의식이 강한 사람들이다. 이들은 자신을 너무 사랑한 나머지, 그 어떤 상처도 받으려 하지 않는다. 이성에게 사랑받고 싶어 하면서도 상처가 두려워 만남 자체를 피해버린다. 사랑받고 싶은 마음도 자의식 때문에 생기는 것인데, 정작 지나친 자의식 때문에 사랑의 기회를 날려버리는 것이다.

아이러니하게도 이런 사람들은 대개 자신이 원했던 남자보다 훨씬 못난 남자를 만난다. 왜 그럴까? 너무 철벽을 쳐서 그렇다. 사랑받고 싶으면서도 혹시 잘못된 연애를 할까 봐 자꾸만 상대를 밀어낸다. 그러면 멀쩡한 남자들부터 떨어져나간다. 마지막까지 비상식적으로 대시하는 남자는 결국 성격 파탄자, 무매력남, 속셈을 숨기고 있는 바람둥이뿐이다. 여성은 자기합리화를 하면서 이 남자와 연애를 시작한다. 하지만 지나치게 자의식이 강하니 이 연애마저 잘될 리 없다. 수준 떨어지는 남자들은 자기 욕심을 채우고 나면 결국 이별 통보를 한다. 악순환의 한 사이클이 완성된다. 이 여성은 '역시 남자는 다 쓰레기야'라고 생각하며 앞으로 어떤 이들에게도 마음을 열기 어려워진다. 입장만 바뀔 뿐 남자 또한 동일하다.

이들은 왜 연애에 실패하는가? 이유는 간단하다. 많이 안 해봤기 때문이다. 별로 경험도 없으면서 마음속에는 판타지와 자기만의 룰이 가득 차 있다. 연애란 상대를 있는 그대로 인정하고 관심과 자원을 주고받는 일인데, '나'라는 존재가 너무 소중한 이들은 상대의 마음을 헤아리거나 받아주는 데 서투르다. 옷자락을 적시지 않고 물놀이를 할 수 없듯이, 자아에 조금의 상처도 입지 않으면서 연애를 할 수는 없다. 하지만 이들은 자신이 상처 입지 않는 것만이 세상에서 가장 중요하다. 사람 보는 눈이 없고, 남자 심리도 모른다. 나쁜 남자만 자꾸 꼬이고 연애는 매번 산으로 가는데 이유를 몰라 안절부절못한다. 그러다 재회 상담을 신청하는 것이다.

그들은 상담할 때에도 비슷한 모습을 보인다. 하나같이 쿨한 척, 상대에게 미련이 없는 척 행동한다. 이별을 통보한 상대와 다시 만

나고 싶어 재회 상담까지 하는 상황이 이미 자의식을 상하게 했을 것이다. 그러니 상담 내용도 비슷비슷하다. 자기는 전혀 잘못이 없고 모두 그놈이 나쁜 놈이었다고 말한다. 물론 그런 연애도 있겠지만, 연애사 대부분은 쌍방 과실이다. 이런 과도한 자의식은 상담 이유에서 절정에 달한다. "그 사람을 다시 만나고 싶은 게 아니라, 복수를 하고 싶어서 왔어요. 그 사람은 진짜 쓰레기거든요." 그녀는 누구보다 상대와 다시 만나고 싶지만, 이를 인정하면 자의식이 상처받기 때문에 "복수하고 싶어요"라는 말을 하는 것이다. 그럼 나는 이렇게 답한다. "복수는 하되, 다신 안 만나도 상관없다는 말이시죠? 그렇게 해드리겠습니다." 상대는 크게 당황하며 횡설수설하다가 "완전히 끝인 건 좀 그렇고 상대가 매달리면 다시 생각해볼 수도 있어요"라고 한다.

내가 상담한 실제 사례 중 하나인 이 여성은 자의식 때문에 서른 살까지 모든 연애의 기회를 놓쳐왔다. 그나마 자신에게 모든 걸 갖다 바치는 남자와 연애를 시작하더라도 서툴기 때문에 관계를 망쳐버린다. '연애 잘하는 법'이라는 글을 접할 때마다 '이런 건 한심한 여자들이나 보는 것'이라고 생각하며 지식을 회피한다. 스스로 관계를 망쳤음에도 이를 인정하지 않고 '남 탓'만 시전한다. 그리고 남자에 대한 트라우마가 있다고 말하며 그 어떤 남자도 만나지 않는다. 무의식은 그 누구보다 좋은 남자를 만나는 것을 원하지만 회피를 반복한다.

대다수의 사람들이 '돈'을 대하는 태도도 마찬가지다. 그토록 원하지만 "꼭 중요한 건 아니야"라고 말한다. 적은 봉급을 보면서 '사회가 잘못되었어'라며 남 탓만 시전한다. 돈에 대한 지식이 눈앞에 있더라도 '이건 천박한 사람들이나 보는 거야'라며 회피한다. 과잉 자의식으로 모든 기회를 놓친다. 회피만 반복한다.

## 자의식이 인간을 망치는 이유

애초 인간에게 자의식이란 게 왜 있을까? 자의식은 여러 감정과 지식을 엮어서 잘 반응하며 살아남도록 만들어진 진화의 산물이다. 단순한 생물들에겐 자의식이 없다. 에어컨이나 TV 속의 칩이 단순한 동작만 반복하는 것처럼 말이다. 그러나 우리가 쓰는 노트북이나 이보다 복잡한 슈퍼컴퓨터 등은 훨씬 복잡한 운영체제가 있어야 돌아간다. 여기저기에 리소스를 분배하고 입출력 장치를 연결하고 프로그램들을 돌리기 위해서다. 자의식이란 고도의 운영체제다. 그러나 외부 환경에 적응하고 행동하기 위해 만들어진 이 자의식이 지나치게 커지면, 즉 운영체제가 폭주하면, 원래의 기능대로 움직이기 힘든 상황이 발생한다. 외부 신호를 자꾸 왜곡함으로

써 잘못된 판단과 생각에 이르게 하는 것이다.

우리는 왜 이렇게까지 진실을 받아들이기 힘들어할까? 수많은 연구가 수많은 답을 내놓았다. 방향은 비슷하다. 우리의 뇌는 우리의 몸과 마찬가지로 가급적 안정된 상태를 유지하고 싶어 하기 때문이다. 급한 문제에는 오래 생각할 필요 없이 바로 반응하고(원시 시대에 맹수가 달려들 때 심사숙고에 들어갔던 조상들의 유전자는 이미 사라졌을 것이다), 별로 중요하지 않은 문제에는 대충대충 둘러대면서 뇌는 가급적 적은 에너지로 많은 일을 처리한다(그래도 몸 전체 에너지의 20퍼센트를 쓴다). 너무 따지지 않고 대강대강 문제없을 정도로만, 나와 남을 적당히 속이며 '오늘만 대충 수습하는' 가성비 최고의 운영체제 덕분에 인류는 이렇게 살아남았다. 그 과정에서 우리 안에는 거대한 자아가 남았다. 아주 거대한.

방금 아주 큰 실수를 저질렀다고 하자. 예를 들어 1년간 모았던 주식을 엉겁결에 손절매한 상황이다. 물론 늘 그렇듯이 주가는 곧바로 치솟아 올라간다. 이제 뇌는 내 자아가 너무 엉망이 되지 않도록, 답도 없는 이 문제로 자살에 이르지 않도록 온갖 이유들을 가져다 대며 행동을 합리화한다. '괜찮아, 곧 큰 하락장이 올 거야. 남은 현금으로 더 급등할 종목을 찾아보자.' 하지만 호가창을 빨갛게 가로지르며 오르는 그래프를 보니 이 정도 자기합리화로는 인지부조

화가 해결되지 않는다. 희생양을 찾기로 한다. '이게 다 아까 종목 토론방에서 헛소문을 퍼뜨린 그놈 때문이야! 허위 사실 게시물을 캡처해서 금감원에 신고할까?' 이런저런 바보 같은 생각을 하는 사이 쓰리던 속이 어느 정도 가라앉고 호르몬 수치와 혈압도 차차 정상으로 돌아온다.

짝사랑하던 여자를 친구한테 빼앗겨도, 전 재산을 코인 투자로 날려도 한 달 후에는 맛있게 밥을 먹을 수 있게 자아를 살뜰히 보살펴주는 게 바로 자의식이다. 상처를 봉합하고 적당한 스토리를 만들어서 스스로가 일관되며 가치 있는 존재처럼 느끼게 해준다. 내 개성을 만들어내고, 다른 사람들에게 매력적으로 보이게 해주며, 수많은 인간관계를 잘 처리할 수 있게 해주는 중요한 소프트웨어였을 것이다, 원시시대에는.

자의식은 상처를 일시적으로 봉합하는 좋은 심리기제이지만, 인생 전체의 관점에서는 자유를 박탈하고 망쳐버리는 원흉이기도 하다. 예를 들어 앞선 주식 사례에서처럼 말도 안 되는 실수를 저질렀을 때 해야 할 합리적인 생각은 무엇일까? 남 탓, 국가 탓, 운 탓만 할 게 아니라 자신의 어리석음과 감정적인 태도를 먼저 인정해야 한다. 스스로 열등함을 인정함으로써 자의식을 해체하고, 지금부터 어떻게 문제를 보완할지 고민하면 된다.

재회 상담에서도 항상 연애에 실패하고, 질 나쁜 이성만 만나는 사람이 공통적으로 하는 말이 있다. "지금까지 만나온 사람들은 다 쓰레기던데요" 이 말은 '상대만 문제고 나는 문제가 없다'는 뜻을 함축한다. 이런 말을 하는 사람들은 무조건 상대 탓만 하고, 과거 연애할 때의 기억을 최악으로 치부한다. 반대로 연애를 지혜롭게 잘하는 여성들은 절대 남 탓을 하지 않는다. '내가 보는 눈이 없었다', '상대가 그렇게 하도록 내가 잘못 행동했다'고 말하면서 반성을 하고 같은 실수를 저지르지 않도록 발전을 해나간다. 남 탓을 하는 건 자의식을 보호하기 위한 일시적인 방편에 불과하다. 사실 그냥 솔직히 인정하면 된다. 자기가 연애 경험이 많지 않아 질 낮은 남자 에게 코가 꿰었다는 것을. 예를 들어 이런 식으로 말이다.

○ **내가 연애를 못 해온 건, 남자들의 눈이 잘못되어서가 아니야. 일단 내가 문제가 있다고 생각해보자. 외모? 매력적인 여자들의 공통점을 찾고 이들을 엇비슷하게 따라해보자. 내 스타일만 고집하는 건 문제가 있어. '날 있는 그대로 좋아해주는 사람'을 찾는 건 그냥 나 편하자고 했던 말일지도 모르겠어.**

○ **그동안 만나온 남자들이 다 이상한 이유는 뭘까? 끼리끼리 만난다잖아? 사실 내가 이상한 것일지도 모르겠어. 연애 지식은 유치하다고만 생각하는 건 오만한 착각일지도 몰라.**

**일단 연애 지식을 글로라도 배워봐야겠어. 안 하는 것보단 낫잖아? 이를 창피해하는 게 오히려 문제였던 것 같아.**

○ **그나마 만난 남자가 바람을 피웠다? 많은 남자가 바람을 피우긴 하지만, 분명히 헌신적이고 좋은 남자들도 있어. 이 남자가 바람을 피웠다면 내게 문제가 있을지도 몰라. 이 부분을 생각해보자. 그리고 그 남자가 문제였다면, 그런 부류를 안 만나려면 어떻게 해야 할지 생각해보자. 그냥 내가 부족하다는 걸 인정하자. 고치면 돼.**

위 부분을 읽은 사람들은 대부분 '당연한 얘기'라고 생각할 것이다. 하지만 실제로 이처럼 인정하기란 쉬운 일이 아니다. 단언컨대, 이런 사고를 '실제로' 하는 사람은 1퍼센트에 불과하다. 우리의 마음은 '자아'를 손상시키는 것에 극도로 예민하게 반응하도록 설계되어 있기 때문이다.

실제로 재회 상담은 지나친 자의식 아래 숨은 자신의 솔직한 욕망을 들여다보게 하는 과정을 거친다. 자기 객관화를 돕는 것만으로도 복잡한 감정이 많이 정리된다. 무엇보다 자의식 해체가 가져다주는 결과는 '자유'다.

　지영은 디자인학과를 나온 20대 중반의 여성으로 디자인에 대한 자부심이 있었고, 수많은 창업 경진 대회에서 상을 수상했다. 하지만 그녀의 사업은 순탄치 않았다. 그녀는 이상한 자의식 발동이 걸려 있어서 몇 년간 단 한 번도 수익을 얻지 못하고, 제자리걸음을 반복했다. 나는 어느 날 그녀를 만나 '자의식을 해체할 것'을 당부했다.

　"예술은 돈을 벌고서 해도 늦지 않아. 지금 네가 하고 싶은 건 사업이지 예술이 아니야. 디자인에 대한 등신 같은 자존심을 버려. 네가 하고 싶은 건 알겠으나, 일단 사람들에게 도움이 되는 일을 해. 멋있는 걸 하려고 하지 마. 자위일 뿐이야. 학과 친구들에게 창피하다는 감정을 이겨내. 일단 경제적으로 여유로워져야 해. 경제적 자유를 얻은 뒤에 예술을 해도 늦지 않아. 가령 디자인 하는 사람들은 이상한 자의식 때문에 '로고 같은 걸 어떻게 만들어……'라고 생각하는 경향이 있어. 그렇기에 기회가 있어. 로고 디자인 사업을 해봐. 너의 쓸데없는 자의식을 버리고."

　그녀는 처음엔 쇼크를 받고 인정하기 싫어했다. 하지만 결국 자의식 해체에 성공했다. 그리고 순식간에 월 3000만 원 이상 순수익을 내는 사업체를 만들어냈다. 현재는 15명이 넘는 직원과 함께 성공 가도를 달리고 있다. 이 회사의 이름은 '헤루'다.

　교원은 33세의 여성이고 지혜는 26세의 여성이다. 교원은 여성 사업가 모임에서 지혜를 만났다. 모임에 있던 사람들은 모두 나이가 많았는데, 둘은 어린 축에 속해서 쉽게 친해질 수 있었다. 서로 친해지면서 상대가 뭘 하는지 알게 됐다. 지혜는 어린 나이였음에도 모임에 오자마자 급성장해서 매달 3000만 원씩 벌기 시작했다. 교원도 월 1500만 원을 버는 대단한 사람이었지만, 어린 지혜가 잘 나가는 모습을 보니 화가 나기 시작했다. 처음엔 사근사근한 성격이라고 생각했는데, 갈수록 뭔가 꿍꿍이를 갖고 접근하는 것 같은 느낌이 들었다. 급기야 부도덕한 일을 벌이는 건 아닐까, 자기 수입을 과장한 건 아닐까 의심까지 하게 됐다.

　그러다 모임은 자연스레 사라졌고, 1년이 흘렀다. 그때까지도 지혜에 대한 질투와 의심을 끊지 못해 혼란스럽던 교원은 나에게 문제를 털어놨고, 나는 자의식 해체에 대해 이야기했다. 교원은 현명한 사람이었다. 그 후 스스로 많은 생각을 했고, 결국 자신의 어리석음을 인정했다. 교원은 장문의 문자를 보내 어린 지혜에게 사과의 뜻을 전했다. 그동안 너를 질투했던 것 같다고, 너의 이런저런 점들은 정말 배워야 할 것 같다고, 한번 만나고 싶다고 이야기했다.

　둘은 어떻게 됐을까? 원래도 친했던 둘은 이제 진짜 '절친'이 되었고, 교원은 지혜의 장점들을 배워나갔다. 자의식을 해체한 그녀는 자신이 직면한 모든 문제를 투명하게 바라보기 시작했고, 하나씩 해결해나가기 시작했다. 그녀는 지금 매월 6000만 원씩 버는 사업가가 되었다. 여기서 중요한 점은 '얼마를 벌었냐'가 아니다. 자의식을 해체해야 비로소 심리적으로 안정될 수 있으며, 반복하는 실패를 성공으로 전환할 수 있다. 스스로 멍청하다는 걸 인정하자. 스스로 못났다는 걸 인정하자. 질투하는 대상보다 못하다는 걸 인정하자. 그다음에 발전이 있다. 자의식으로 자아의 상처를 피하기만 해서는 절대 앞으로 나아갈 수 없다.

**질문**　최근에 나보다 잘난 성과를 낸 사람을 영상으로 접하거나 만난 적이 있는가? 혹시 기분이 불편해지거나 상대방에 대한 안 좋은 감정이 떠올랐던 적이 있는가? 자의식을 방어하느라 그런 기분이 들었던 건 아닐까 되돌아보자. 자의식을 해체했다면, 오히려 그 불편한 감정을 누르고 끝까지 영상을 시청하며 배워보려 했을 것이다. 실제로 만난 사람이라면, 상대방에게 하나라도 더 배우려고 질문을 던졌을지도 모른다. 스스로 성찰해보자.

# 내가 너무 소중한 사람들

"빌 게이츠? 그저 운이 좋아 프로그램 하나 만들고 억만장자
가 된 사람이잖아."

"사실 아이폰을 만든 건 스티브 잡스가 아니지. 잡스는 진짜
천재인 워즈니악한테 빨대 꽂은 인간이지."

"왜 다들 워런 버핏을 현자니 뭐니 치켜세우는지 이해가 안
돼. 그 사람 그냥 주식해서 돈 번 거 아닌가. 개미들 피 빨아먹
는 투기꾼일 뿐이야."

누가 쓴 글일까? 네이버 뉴스 기사에 올라온 댓글이다. 돈과 관
련된 인터넷 기사에는 반드시 이런 댓글이 베스트에 올라와 있다.
이런 댓글을 다는 사람들은 '자의식 좀비'에 속한다. '자의식 방어'
만 하면서 아무런 시도와 도전을 하지 않는다. 침대에서 댓글을 달
고, 세상에 성과를 낸 사람을 깎아내리며 자위한다. 쥐가 버튼을 눌
러 음식을 제공받듯이, 이들은 자의식에 상처를 입히는 우월한 존
재가 있으면 곧바로 깎아내린다. 좀비와 다름없다. 울타리에 있는
닭과 다름없다. 당신이 만약 자유에 뜻이 없다면, 이런 삶도 좋다고
생각한다. 그러나 자유에 대한 뜻이 있다면 자의식 좀비에서 탈출
해야 한다.

자의식은 지독하다. 적어도 몇십만 년을 인류와 함께해온 끈질긴 본능이다. 우리 유전자가, 타고난 본성이 자의식을 키운다. 게다가 현대 사회는 더욱 자의식을 부풀린다. 자기 자식을 애지중지 키우는 부모들, 남들의 관심을 받기 위한 온갖 SNS가 가뜩이나 비대한 자아에 펌프질을 가한다.

물론 자의식을 만족시키면 당장은 행복할 수 있다. 하지만 공부하지 않는 주식쟁이가 그러하듯, 언젠가는 추락하고야 만다. 당장은 마음 편할지 몰라도 자꾸 일이 잘못되고 사람들이 떠나게 된다. 그냥 성격이 이상해지는 것만이 아니다. 자기를 객관적으로 보지 못하면, 해야 할 일을 제때 하지 않으면, 인생이 꼬이고 가난이 찾아온다. 안산에 살던 시절의 내가 그랬듯이, 지혜를 질투하던 교원이 그랬듯이, 네이버 기사에 저런 댓글을 달고 있는 이들이 그랬듯이, 행운을 놓치고 불행을 불러오게 된다. 순리자의 삶이다.

꽤 많은 불행과 가난이 '나를 너무 사랑하기 때문에' 일어난다. 자의식은 인간을 크게 성장시키는 원동력이기도 하면서, 인생을 불행과 가난으로 떨어뜨리는 주범이다. 주위를 둘러보자. 어린 시절 무척 똑똑해 좋은 대학을 갔더라도, 책을 수백 권 읽었더라도 이상할 정도로 아무것도 이루지 못한 사람들이 있다. 그런 사람들을 가까이서 들여다보면 대부분 자의식에 갇혀 답답할 정도로 고집을 부리는 경우다. 그들은 타고난 재능을 더 키우지 못하고 퇴화해버리곤 한다. 주변에서 뭐라고들 할 때마다 대답할 변명거리도 늘 준비되어 있다. 부모가, 시대가, 적성이, 취향이, 건강이 맞지 않아서 그렇다고 한다. 모두가 아는 진짜 원인을, 본인은 한사코 외면하고 만다.

나는 이렇게 자의식이 굳어진 이들을 '자의식 좀비'라고 부른다. 자의식으로 똘똘 뭉쳐 꼰대가 되어버리고, 자위만 하며 모든 정보를 튕겨내버린다. 결국 그들이 할 수 있는 것이라곤 '남 탓', '사회탓', '잘난 사람 깎아내리기'밖에 없다.

다들 이런 궁금증이 있을 것이다. '나이를 먹으면 왜 꼰대가 되거나 눈치가 없어지지?' 물론 노화가 원인일 수도 있지만, 30대 후반의 젊은 꼰대들도 많다. 아무것도 이루지 못한 채 자기보다 더 어린 MZ세대에게 충고만 하는 사람들이 있다. 이건 노화의 문제가 아니다. 이들 대부분이 '자의식 좀비'가 되었기 때문이다.

그들은 20~30대 내내 자의식 좀비로 모든 정보를 튕겨내면서 본인의 자의식을 보호하며 살아간다. 그 결과 본인은 잘났다고 생각하고 세상을 부정한다. 자의식 발동으로 자신에게 상처 입힌 정보들은 모두 무시하지만, 이 상처들은 무의식에 쌓인다. 겉으로는 당당한 척하지만 속은 곪아 있고 누구에게라도 인정받고 싶은 상태가 된다.

그 상황에서 본인보다 어린 사람을 보면 '충고'를 함으로써 본인이 더 나은 사람임을 내보이고 싶어 한다. 평소 세상을 부정했기 때문에 어린 친구에게 충고를 하며 우월감을 느낀다. 인생에서 받아온 자의식의 상처를 치유하고자 상대방의 감정은 신경 쓰지 않고 훈계나 충고를 하면서 본인의 자존감을 채우는 것이다. 우리는 자의식을 해체함으로써 이런 좀비가 되지 말아야 한다.

## 자의식 해체의 3가지 단계

자의식 해체의 중요성을 알았다면, 이제 스스로 해볼 차례다. 만약 어떤 사람을 만났는데 괜히 불편한 감정을 느끼게 되면, 나는 먼저 '자의식 해체'라는 단어를 기계적으로 떠올린다. 그리고 이 언짢은 감정은 어디서부터 온 것인지, 어떤 열등감이 자극됐는지 생각한다. 이런 '탐색'이 자의식 해체의 1단계다.

1단계 '탐색'은 사실 별것 아니다. 종종 누군가의 발언이나 존재에 불쾌함을 느낀다면 그 원인이 '자의식' 때문은 아닌지 알아보는 것이다. 이 탐색의 효과는 놀랍다. 나의 비대한 자아와 일정한 거리를 두게 된다. 질투하고 화내고 의심하는 유치한 내 모습을 가만히 지켜볼 수 있게 된다. 그러면 내 상처, 잘못 투사된 공격성, 비뚤어진 생각이 어느 정도 보인다. 새로운 걸 받아들일 수 있는 여유가 생긴다.

그다음 2단계는 '인정'이다. '왜 그 사람을 보면 기분이 나쁘지? 내가 질투하는 것일 수도 있겠구나. 질투는 오히려 내 학습을 방해 하니까, 내 감정을 인정하고 일단 상대방이 어떤 포인트에서 인기 가 있는지 흡수해야겠어', '나는 왜 인기가 없지? 그냥 매력이 없나 보다. 매력이 없으면 높이면 되지 뭐', '돈에 대해 얘기하는 사람을 볼 때마다 왜 기분이 나쁘고 상대를 적대적으로 보게 되는 거지? 사실 인생을 잘 살기 위해선 돈이 필수 조건 중 하나야. 내가 지금 까지 이 부분에서 자신이 없으니 회피했던 것 같기도 해. 지금부터 뭘 해야 할까?'

처음엔 좀 유치하고 거부감이 들 수 있지만, 몇 번 해보면 재밌 다. 누군가를 처음 만났을 때 이유 없이 빈정 상하는 건, 의식하지 못할 뿐 무의식이 발동한 것일 수 있다(예를 들어 평소에 가지고 싶었지만 포기했던 것, 이성적 매력에서 나보다 뛰어난 사람, 내가 애써 부정해왔던 것). 그 러면 내 내면에서는 자아를 지키기 위해 이런저런 반응을 펼칠 준 비를 한다(싸울 것인가, 도망칠 것인가, 흥분할 것인가). 자의식 해체는 이 단계로 넘어가지 않기 위한 노력이다. 부풀어 오르는 자의식에서 떨어져나와서 객관적인 시각을 확보할 수 있다.

마지막 3단계는 '전환'이다. 탐색과 인정으로 자신의 감정을 이해하고 인정했다면, 그다음은 긍정적 사고로 전환해야 한다. 이 자의식 3단계를 정리하면 아래와 같다.

○ **탐색: 자신의 기분 변화 등을 잘 관찰하고, 이 기분이 어디에서 오는지 확인한다.**
○ **인정: 기분 변화의 이유를 객관적으로 잘 살펴보고, 현재 자신의 처지와 비교해서 인정할 것은 순순히 인정한다.**
○ **전환: 인정을 통해 열등감을 해소하고, 이걸 변화의 계기로 삼기 위한 액션 플랜을 만든다.**

그렇다면 탐색, 인정, 전환을 어떻게 발현할 수 있을까? 예를 통해 살펴보자.

실천1

탐색 왜 저 사람 영상을 보면 왜 기분이 나쁘고, 사기꾼이라는 생각이 들지?

인정 아, 내 자의식이 떠올라 상대를 부정하려고 했나 보다. 근데 저 나이에 저런 성공을 거뒀다면 분명히 배울 점이 있을 수 있어. 나쁜 짓을 했거나 다른 게 있었을지도 모르지만 어쨌든 배울 건 배우고 넘어가자.

**전환**   영상이 불편하지만, 그래도 끝까지 얘기를 들어보자. 배울 점은 배우고, 실천할 점은 한번 시도해보자. 스마트스토어에서 판매할 상품을 고르는 법에 대해 얘기했는데, 이 부분은 나에게 이렇게 적용하면 될 거 같아. 한번 해봐야지.

**실천2**

**탐색**   저 친구는 여자에게 인기가 많네? 아마 여자를 함부로 대하는 쓰레기일 거야.

**인정**   아, 자의식이 떠올라 괜히 상대를 질투하고, 열등감이 생겨 부정적으로 봤구나. 이성에게 인기가 많은 매력 포인트는 뭘까? 관찰해보자.

**전환**   저런 특이한 행동을 하네? 저 행동이 여자들에게 매력을 주나 보다. 나도 하나 배웠다. 이 친구를 적대시할 게 아니라 친구로 잘 지내봐야겠어. 전화번호를 물어보자.

자의식 해체는 정서적으로도 건강하게 만들 뿐만 아니라 학습력을 크게 향상시키고 의사 결정력을 높여준다. 내가 자의식 해체를 제일 먼저 이야기하는 이유는 간단하다. 이게 안 되면 내가 앞으로 말하는 어떤 것도 실현할 수 없기 때문이다. 마음에 방어막을 치고 있는데 내 말이 곧이들릴 리 없다. 팔짱 끼고 비웃을 준비를 하는 사람에게 무슨 말이 먹히겠는가. 그러니 새로운 걸 받아들이기 위해선 경계면을 말랑하게 만들 필요가 있다. 자의식이 강해져 있는 상태라면 더욱 그렇다.

## 인생을 허비하는 특별한 방법

자의식의 폐해에 대해 얘기한 김에, 또 하나 중요한 바보짓에 대해서 말해보겠다. 바로 '자의식 투영하기'다. 대부분의 인간은 인생을 살면서 여러 번 타인을 롤모델로 삼는다. 어릴 때에는 엄마나 아빠, 학창 시절에는 전교 1등이나 운동 잘하는 친구를 닮고 싶어 한다. 하지만 성장하면서 이런 동일시 현상은 자연스럽게 극복된다. 자아가 자리 잡고 개성이 뻗어 나오면서 다른 사람과 자신을 일체화하려는 유치한 욕망은 수그러들게 마련이다.

그런데 성인이 돼서도 거기에서 벗어나지 못하는 사람들이 아주 많다. 나는 이걸 '자의식 투영하기'라고 부른다. 앞서 말한 자의식 과잉과 비슷하다. 모두 '지나친 자의식과 모자란 자존감' 때문에 생기는 일들이다. 이런 사람들은 자신을 다른 곳에 투영함으로써 인생을 낭비한다. 자신의 자아를 다른 객체에 투영해 보잘것없는 현실을 외면하는 것이다.

나는 그 누구보다 많은 운동을 하는 취미 부자다. 배드민턴, 테니스, 골프, 클라이밍, 자전거, 서핑 등에 매일 시간을 쓴다. 운동하는 시간은 하루에 고작 1시간 정도이며, 운동은 창의력과 건강 등에 좋기 때문에 투자라고 생각하며 즐긴다. 내 삶의 주체는 나 자신이며, 취미를 통해 부가적인 자아로 확장한다. 반대로 자의식 좀비들은 본인의 인생을 포기하고, 스스로 부가적인 자아에만 몰입해 인생을 낭비한다. 종종 악플러들은 한 사람의 인생을 망치기 위해 인생을 바쳐 자료 조사를 하고 퍼 나른다. 이 또한 자의식 투영의 극단적인 예다. 이제 자의식 투영의 또 다른 예들을 알아보자.

○ **현실은 시궁창인데 밤새 게임만 하는 사람. 파티원들에게 "형님, 만렙 정말 부럽습니다"라는 말 한마디를 듣기 위해 몇백만 원씩 게임 아이템을 사고 인생을 낭비한다.**
○ **매일 인스타그램에 디저트 사진을 찍어 올리는 대학생. "언니, 여기 어디예요? 매일 이렇게 드시는데 왜 자꾸 날씬하세요?" 이 한 줄의 댓글을 얻기 위해 신상 맛집을 찾아다니면서 돈과 시간을 쓴다.**
○ **주말마다 등산 가고 사이클 타느라 정작 식구들과는 시간을 보내지 않는 아저씨. 동호회에선 회장님 소리를 들으며 돈을 펑펑 쓰지만 아내와 아이들에게는 세상에서 가장 싫은**

**아빠다.**

○ 포털 사이트 뉴스와 게시판을 돌아다니면서 온갖 사안에 아는 척하는 방구석 평론가. 사람들의 '좋아요'를 얻기 위해 점점 도가 지나치는 글을 남발하고, 자기 같은 사람들과 키보드 배틀을 하느라 밤을 새운다.

그 밖에도 이런 사례들은 정말 많다. 야구팀 응원이 거의 직업처럼 돼버린 직장인, 온라인에서 사람들이 잘못 사용하는 용어를 바로잡는다며 매일 말싸움하는 대학생, 애플 신제품을 맨 먼저 사겠다고 매장 앞에 텐트를 치는 백수, 외제차를 사느라 정작 본인은 고시원에서 사는 사회 초년생, 명문대 '과잠바'를 입고 뽐내지만 정작 할 줄 아는 것 하나 없는 학벌 노예……. 이런 사람들은 자기가 꽂힌 특정 대상과 자신을 동일시한다. 명작 게임, 지역 스포츠팀, 인스타그램 속 꾸며진 자신, 산악회 회장, 아이돌 팬클럽 스태프, 외제차 오너, 대학 졸업장……. 문제는 이들이 동일시하는 그 존재 자체가 허상에 가깝다는 사실이다.

그런 것들은 조금만 시간이 지나면 사라지고 말 것들이다. 지금은 언니, 형님 하며 친한 것 같은 사람들도, 그 주제로 엮인 사람들일 뿐 진짜 친구는 되지 않는다. 5년 전 취미로 엮였던 사람들 중에 몇 명과 아직도 연락을 하며 지내는가? 사실은 거기 참여한 모두가 그 사실을 잘 알고 있다. 산악회에 나가서 점심을 쏠 때마다 "회장님, 멋져요. 잘 먹겠습니다!"라고 외치지만, 약간이라도 금전적 도움을 요청해보라. 표정이 달라질 것이다. 뭐든지 정도가 있는데 본인만 역할극에 빠져서 헤어나오질 못한다.

물론 적당한 몰입은 삶에 활력을 준다. 재벌 2세가 게임 아이템을 사느라 300만 원을 쓴다고 누구도 뭐라 하지 않는다. 또 진짜 자기 삶과 연관된 일이라면 오히려 더 몰입해볼 만하다. 동네 만렙 형이 아니라 진짜 프로게이머가 되기 위해 체계적으로 훈련을 하는 상황이라면 얘기가 다르다. 취미로 시작했다가 그 분야의 대가가 되어 성공하는 경우도 적지 않다. 내가 비판하는 건 이런 경우가 아니다. 자신의 현실을 희생해서 역할극으로 도피하는 경우다.

부질없는 것에 대한 이런 중독과 탐닉은 너무 흔하고 종목도 다양해서 자칫 별것 아닌 것으로 치부하기 쉽다. 하지만 명심하자. 이런 짓들은 대부분 돈보다 중요한, 세상에서 가장 귀한 당신의 시간을 갉아먹는다. 뭔가 이루는 것 같지만 사실은 머릿속의 보상 회로를 계속 눌러대는 짓이며, 스스로를 파블로프의 개로 만드는 한심한 행동이다. 의지를 갖고 운명을 거스르는 인간다운 삶이 아니라 동물의 본능에 충실한 순리자의 삶 그 자체다. 스스로 왜 이런 것에 빠져드는지 냉정하게 생각해보라. 그간의 시간이 의미 없었음을 솔직히 인정하고, 지금이라도 깨달았음에 감사하자. 자의식을 깨고 나오는 것이야말로 역행자로 가기 위한 첫걸음이다.

이번 챕터를 넘기기 전에 딱 10분만 책을 덮고 산책을 나가는 건 어떨까. 반드시 휴대전화를 두고 나가야만 한다. '나는 어떤 발언에 과민 반응을 하고 기분 나빠할까?', '이 행동이 과잉 자의식에서 나온 게 아니었을까?', '자의식 상처를 막기 위한 행동 아니었을까?' 걸으면서 이러한 질문들을 곰곰이 생각해보자. 걸음은 좋은 아이디어를 도출하는 최고의 방법 중 하나다.

"어떤 자질을 원한다면,
이미 그걸 갖고 있는 것처럼
행동하라."

_윌리엄 제임스

CHAPTER 3

# 역행자
# 2단계

## _정체성
## 만들기

나는 스무 살까지 그 누구보다 최악의 삶을 살다가 우연히 영화관에서 알바를 하면서 따돌림을 당했다. 이후 책을 읽으면서 내 인생은 완전히 달라졌다. 어느 100만 부동산 유튜버는 30대 중반에 회사 선배가 해고당하는 걸 보면서 각성했다. 다이소 박정부 회장, 글로벌 기업 셀트리온 서정진 회장 같은 사람들도 40대에 회사에서 해고당하며 각성했다. 자수성가한 사람들은 어떤 한 사건이 인생을 완전히 바꾸었다는 공통점이 있다.

"어머니가 돌아가실 때 '너만큼은 부자가 되었으면 한다' 하고 유언을 하셔서 그때 각성할 수 있었어요."

"아이 둘을 낳았는데 분유 먹일 돈은 없고, 회사에서 학대받으며 간신히 200만 원을 받으니 자살하고 싶은 마음이 컸어요. 정말 한강까지 갔는데, 거기서 저 스스로 완전히 달라질 거라고 다짐했어요."

"여자 친구의 친구들과 어머니가 저를 너무 싫어했어요. 저를 고졸 양아치 취급하는 게 너무 화났고, 결혼을 가로막는 것에도 화가 치밀었어요. 엄청나게 성공한 사람이 되고야 말리라, 그때 다짐했어요."

크게 성공한 수많은 사람이 입을 모아 말하듯이, 이런 결정적 사건들은 인생을 바꾸는 계기가 되곤 한다. 극한의 불행을 역전의 계기로 바꿔낸 역행자들은 그래서 드라마틱한 스토리를 갖고 있을 때가 많다. 하지만 우리 모두가 이런 큰 변화의 계기를 만날 확률은 극히 낮다. 또한 '운 좋게' 이런 계기를 만난다고 해도 기회로 생각하지 못하는 사람들도 많다. 스스로를 불행한 인간이라고 자조하기에 딱 좋다.

대부분의 사람들은 이렇게 각성의 계기가 되는 사건을 경험하지 못한다. 어떻게 보면 운이 좋아야 만날 수 있는 사건이다. 그렇다면 자수성가한 사람들이 겪는 엄청난 사건, 정체성을 바꾸는 사건을 인위적으로 만들어낼 수 있다면 어떨까? 0.1퍼센트만이 겪는 대사건을 만들어낼 수 있다면 내 정체성을 드라마틱하게 바꿀 수 있지 않을까? 나는 그것이 가능하다고 생각하고, 이걸 '정체성 만들기'라고 이름 붙였다. 이 정체성 이론은 역행자가 되는 데 매우 중요한 스킬이다.

## 내 머리를 포맷할 수 있다면

여기까지 읽은 당신은 지금 어떤 생각을 하고 있는가?

'책 한 권 읽고 누구나 경제적 자유를 얻는다는 게 말이 돼?'

'자청 스스로 예전에 자기가 열등했다고 말은 하지만, 분명히 뭔가 특별한 게 있을 거야. 난 그런 게 없어.'

'그냥 자청은 로또 맞은 거야. 순전히 운발인 걸 그대로 따라 한다고 되겠어?'

'참 꿈같은 얘기네. 나는 월 1000만 원은커녕 500만 벌어도 좋겠다.'

그 마음, 나도 정말 잘 안다. 책을 읽기 전까지 내 삶이 그랬다. 아니, 나는 정말 평범하게 사는 것조차 불가능하다고 믿었다. 당시 가장 부러웠던 건 교사인 사촌 누나였다고 앞에서 말하지 않았나. 명절이면 모여서 소고기를 먹는다는 그 집 얘기를 들을 때마다 머릿속은 이랬다. '부자는 다른 세상 사람들이야. 우리 집 꼴을 봐', '인서울 대학은 타고난 애들이나 가는 거야', '내가 월 300 이상 버는 날은 영원히 오지 않겠지', '요즘 우리 반에선 면허 따는 게 유행이네? 나랑은 상관없는 얘기지. 평생 내가 차 살 일이 있겠어?'

정말 이렇게 믿었다. 예전의 나처럼 인생의 밑바닥에서 힘든 친구들은 비슷한 심정일 거라 생각한다. 하지만 지금 내 정체성은 완전히 달라졌다. 나는 정체성을 인위적으로 바꿔왔기 때문이다. 20대에 책을 읽게 된 게 그 시작이었다. 정체성을 먼저 바꾸면 변화가 쉽게 만들어진다. 반면 정체성을 바꿀 수 있는 기회를 놓치면 계속 순리자로 살게 된다. 나는 책이라는 형태로 다가온 행운을 꼭 잡고 놓지 않았다. 그 책들은 패배주의에 사로잡힌 내 머릿속에 새로운 소프트웨어를 깔아주는 설치 가이드였다. 나는 마침내 발밑에 깔린 철로를 보게 되었고, 절망으로 가는 전철에서 내릴 수 있었다. 그리고 나만의 내비게이션을 달고 인생의 지름길을 찾아 나서게 되었다. 모두가 머릿속에 새 소프트웨어를 깐 덕분이었다.

자의식 해체를 이루었다면, 새로운 자의식을 세워야 할 차례다. 정체성은 삶의 동기다. 자동차가 앞으로 나아가기 위해선 연료가 있어야 하듯이, 사람도 정체성이라는 연료가 필요하다. 이걸 자유자재로 이용하면, 정말 놀라운 일이 벌어진다. 나는 최근에 새로 이런 목표를 세웠다. '나는 베스트셀러 작가가 될 거야', '한국에서 가장 위대하고 오래 읽히는 책 중 하나를 쓸 거야.'

2018년까지 나의 정체성은 사업가였다. 2019년에는 유튜버, 2020년 이후부턴 작가, 그것도 베스트셀러 작가로 정체성을 바꿨다. 상식적인 사람이 이런 목표를 듣는다면 분명 비웃을 것이다. 실제로 주변 사람들에게 "나는 한국에서 가장 위대한 자기계발서를 쓸 거야"라고 말했더니 다들 비웃었다. 지인이 이런 말을 했다면 나도 똑같이 생각했을 것 같다. '아니 세상에 똑똑한 사람이 얼마나 많은데…… 아무리 자청이라지만 책 한 권 안 써본 사람이 갑자기

어떻게 그런 대단한 책을 써? 본인은 진지하게 생각하는 것 같으니 일단 맞장구쳐주자.'

물론 내가 정말 그렇게 될지는 모르는 일이다. 하지만 다른 사람들이 그렇게 생각한다고 해서 나까지 '나는 절대 베스트셀러를 쓸 수 없어'라고 한정 짓는 순간, 베스트셀러는 고사하고 평범한 책이라도 출간할 가능성은 제로로 수렴한다. 그래서 일부러 큰 목표를 세우고, 주위에 그 말을 떠벌리고 다녔다. 이건 자기계발서에 흔히 나오는 것처럼, '당신이 믿는 만큼 우주가 당신을 도와준다'라거나 '서울대를 목표로 해야 연고대라도 간다' 따위의 이야기를 하려는 게 아니다. 그런 말은 백날 들어봐야 당신을 변화시킬 수 없다.

사람마다 돈을 벌기로 결심하는 순간은 제각각이다. 선천적으로 돈 버는 걸 좋아하고 잘하는 사람도 간혹 있긴 하지만 대부분은 돈 버는 것에 별 관심이 없다. 의외라고? 아니, 그렇지 않다. 다들 돈, 돈 하니까 돈에 관심 많은 것 같지만(또는 관심 많은데도 아닌 척하지만) 실제로 우리는 '정말로' 돈을 벌고 싶어 하지 않는다. 왜냐하면 돈 버는 것과 관련된 '행동'을 하지 않기 때문이다. 그냥 큰돈을 벌고 싶다는 막연한 '생각'만 갖고 있는 몽상가들에 가깝다. 그런데 간혹 어떤 계기로 정말 돈을 벌 결심을 하는 사람들이 있다.

유명 경제 유튜버 중 한 명인 신사임당은 이렇게 말했다. "너무

심한 가난이 계속돼서 '이대로는 우리 가족이 버틸 수 없다'고 느끼고 정신 차리는 순간이 왔다." 『부의 추월차선』의 저자 엠제이 드마코는 어느 날 람보르기니를 탄 젊은 발명가를 마주하게 된다. 가수나 스포츠 스타 등 특별한 사람만이 돈을 많이 번다고 생각했는데, 평범한 사람도 아이디어 하나로 큰돈을 벌 수 있다는 걸 깨닫고 정체성이 바뀌어 돈을 벌기로 결심한다. 내 팬이기도 하며 스물여덟 나이에 연간 순이익만 30억 원 넘게 내는 청년이 있다. 이 친구는 어린 시절 찢어지게 가난해서 사람들에게 늘 무시를 받았다고 한다. 특히 여자 친구의 친구들이 '어린 백수 애인 만나지 말라'며 계속 연애를 뜯어말렸다고 한다. 화가 난 그는 큰돈을 벌기로, 복수하기로 다짐하면서 정체성이 바뀌었다고 한다.

앞서 말했듯 내 경우엔 우연히 읽게 된 자기계발서들이 계기였다. 그전까지 나는 절대 평범해질 수조차 없는 열등한 존재라고 단정했지만(고정 마인드셋), 책을 읽은 뒤에는 '나는 특별한 사람'이라는 암시를 스스로에게 걸었다. 좋은 자기계발서들을 수백 권 읽어나가니 나도 정말 위대한 사람이 될 수 있을 것 같은 느낌이 강해지고 부정적인 생각들이 사라지기 시작했다(성장 마인드셋). 왜냐하면 책에는 내 처지 못지않게 안 좋은 환경에서 시작했던 이야기들이 무수히 나오기 때문이었다. 수백 권의 독서라니 지금 생각해보면 좀 미련한 방법이기도 했지만, 오타쿠에 가까운 내 성격엔 가장 확실한 방법이었다. 아무튼 그걸 계기로 나는 태어나서 처음으로 머릿속 소프트웨어를 스스로 바꾸는 경험을 하게 된다.

정체성 변화는 좌절, 열등감, 생존 위기, 동기부여, 책 등 다양한 계기로 일어난다. 아마 지금 이 책을 읽고 있는 당신도 '난 어떻게 정체성을 변화시킬까?' 고민할 거라 생각한다. 딱히 고민할 필요 없다. 이 책을 읽고 있는 것만으로도 이미 정체성은 변하고 있다. 아직까지 이 책을 덮지 않고 내 얘기를 진지하게 읽어주고 있다면, 앞에서 나의 지질한 과거를 읽으면서 '이랬던 사람도 책을 읽고 변했는데, 나도 할 수 있지 않을까' 하고 조금이라도 생각했다면, 당신 안의 무언가가 변하기 시작한 것이다.

나는 『부의 추월차선』이라는 책을 읽기 전까지는 '일을 하지 않아도 자동 수익이 생긴다'라는 개념 자체가 없었다. 돈은 그저 내가 열심히 일한 순간에만 생기는 줄 알았다. 그래서 시간당 수익을 최고로 얻는 것이 전부라 여겼다. 짧은 시간의 노동으로도 많은 돈을 버는 의사나 변호사처럼 말이다. 나도 당시엔 재회 상담을 통해 시간당 22만 원 정도 벌고 있었기 때문에, 시간당 수익이라는 개념에 더 사로잡혔다. 하지만 『부의 추월차선』, 『나는 4시간만 일한다』, 『부자 아빠 가난한 아빠』 같은 책을 읽으면서 수익 자동화 개념에 눈을 떴다. 그러고 나서 이후의 사업들은 내가 없어도 돌아갈 수 있도록 세팅하기 시작했다. 지금은 회사에 나가 자리를 지키고 있지 않아도 매달 몇억씩 버는 경제적 자유를 달성하고 있다.

그렇다면 정체성을 바꾼다는 것은 정확히 무슨 뜻인가? 최고의 가성비를 추구하는 기관인 우리 뇌는 모든 것에 집중하지 않는다. 그래서 일정한 정체성에 맞춰서 입력과 출력의 모드를 바꿔나간다. 최근 들어서 나는 작가, 아마추어 운동선수로 정체성을 만들어 나갔다. 그전에 사업가의 정체성을 가졌을 때엔 세상 모든 것이 비즈니스로만 보였다. 식당에 가도 편하게 밥을 먹지 않고 메뉴와 테이블 수, 직원 수, 고객 회전율을 계산하느라 바빴다. 카페에 가면 그곳의 사업 구조와 순수익을 분석하곤 했다. 하지만 최근 작가, 아마추어 운동선수로서 정체성을 바꾼 후에는 누군가 사업 얘기를 하면 심드렁해지게 되었다(좀 벌게 된 탓도 있을 것이다). 대신 매일 스포츠 관련 영상을 보고, 골프와 테니스를 치며, 글만 쓰고 있다. 재작년의 나와 현재의 나는 절반쯤은 다른 사람이라고 할 만하다. 정체성이란 인간의 삶을 송두리째 바꿀 정도로 중요하다.

## 정체성 소프트웨어 설치하기

나의 계열사 중 한 곳의 사업 대표를 맡고 있으면서 『악인론』의 저자이기도 한 손수현과 보름간 터키로 여행을 갔다. 수현은 여행 내내 틈이 날 때마다 전자책을 읽었다. 비행기 대기할 때, 음식이 나오기 전, 택시를 탈 때 등 틈만 나면 읽었다. 그렇다고 이 친구가 학자나 모범생 스타일이라고는 할 수 없다. 누구보다 노는 것을 좋아하는 쾌락주의자에 속한다. 놀 땐 화끈하지만 시간이 날 때마다 책을 읽으며 사업에 대한 아이디어를 나에게 던졌다. 터키에서 수현은 하루에 2권의 책을 해치웠다. 그 모습을 보면서 나는 독서에 관한 소프트웨어 일부를 변화시키기로 결심했다. 원래 내 생각은 이랬다.

- **사람들에게서 "전자책에서 느낄 수 없는 종이 물성이 좋다"라는 말을 자주 듣다 보니, 나 또한 영향을 받아 종이책을 고집했다.**
- **완벽히 집중할 수 있는 상황을 만들어서 책을 읽는 것만이 유의미하다.**
- **휴대전화로 전자책을 읽는 건 별로 도움이 안 된다.**
- **틈날 때마다 읽는 전자책은 오히려 나의 집중력을 방해한다(그러면서 쓸데없이 틱톡과 인스타그램을 둘러보았다).**

스스로 생각에 제약을 걸고 있었다. 심지어 휴대전화로 전자책을 읽는 건 4년 전에 내가 수현에게 권했던 방식이다. 그러나 나는 온갖 핑계로 '책은 완벽한 환경에서 읽어야 해'라는 생각으로 나를 제한했다. 나는 수현을 보면서 '전자책을 읽는 사람으로 나의 소프트웨어, 정체성을 변화시켜야겠다'라고 다짐했다. 그리고 여행 중에 하루 한 권씩 휴대전화로 전자책을 읽었다. 과거의 나였다면 '저건 내 스타일이 아니야', '나는 할 수 없는 일이야'라고 했을 텐데, 정체성 이론을 알고 있었기 때문에 '나는 틈날 때마다 전자책을 읽는 사람이야'라는 소프트웨어를 설치할 수 있었다.

종종 사람들은 "나는 MBTI가 I형이라서 내향적이야", "나는 신경성이 높아서 예민해", "나는 공 운동은 못 해", "나는 A형이라 소심해"라고 본인을 틀에 가둬버리곤 한다. 하지만 정체성을 변화시킴으로써 본인만의 틀을 깨버려야 한다. 정체성을 본인의 한계에 가두는 건 순리자들의 특징이다.

이제 정체성 변화가 얼마나 중요한지는 충분히 이야기했다. 하지만 앞에서 말했듯이, 인생이 나락으로 떨어지는 정도의 체험이 없으면, 여간해선 정체성 변화가 힘들다. 이 책을 읽다가 갑자기 '나는 내일부터 부자로 살아야지'라고 결심한다고 해도 아무 일도 일어나지 않는다. 그래서 정체성을 바꿀 '환경'을 만드는 게 중요하다.

2019년 4월쯤, 나는 인생이 시시하다고 느꼈다. 당시 하는 사업에선 라이벌도 없었고 더 잘되고 싶다는 생각도 들지 않았다. 나의 회사 이상한마케팅에서 진행하던 변호사 마케팅이 크게 성공하면서 큰돈을 벌고 있었다. 재회 상담 사업도 안정적으로 잘 굴러가고 있었다. 하지만 그냥 여기에 안주하면 다시 그저 그런 사람이 될 것 같았다. 나는 뭔가 다른 정체성을 찾아야 했다.

여기서 인간의 자유의지나 노력을 믿는 사람이라면 '나는 지금부터 더 큰 사업가가 될 것이다!'라고 결심만 하고, 사실상 변하는 것은 없었을 것이다. 데일리 플랜을 만들었다 찢기를 반복하거나, 맞지도 않는 미라클 모닝을 한다고 늘 피곤에 절었을지도 모른다. 그리고 제대로 실천하지 못하는 자신만 탓했을 것이다. 하지만 나는 여기에 정체성 이론을 적용했다. 나는 스스로의 자유의지나 '노오력' 따위를 믿는 대신, '나는 멋진 사업가다'라는 정체성을 강제하는 환경을 갖추기로 결심했다. 그게 바로 유튜브였다.

그건 일종의 배수의 진이었다. 유튜브에서 "사람들에게 희망을 주는 창업가", "연봉 10억 사업가", "자수성가 청년"이라고 어그로를 끌면서 성공하는 법에 대해 이야기한다면 어떨까? 그러면 내 정체성은 사업에 성공한 인플루언서로 변할 거라 생각했다. 사람들은 나를 성공한 사업가로 알게 되고 여기저기서 내 이야기가 오가게 될 것이었다. 나 역시도 사람들에게 경제적 자유를 얻는 법에 대해 알려주기 위해 방법론을 공부하고 정리하게 될 것이었다(그게 이 책이다).

이렇게까지 판을 크게 깔고 나서도 내가 빈둥거리거나 구독자의 기대를 어기면? 나는 사기꾼이 되고 세상 창피한 거짓말쟁이가 될 것이다. 나라는 사람은 이런 식으로 창피당하는 걸 죽기보다 싫어하기 때문에, 사업가로서 열심히 살 수밖에 없을 거라 판단했다. 물론 그 과정에서 열심히 성공 공식을 정리할 수 있게 되고, 정말 사람들에게 그 방법을 알려주게 되었다. 뭔가를 배우고 싶을 때, 그걸 남한테 가르쳐보는 것만큼 실력이 빨리 느는 방법은 없다. 이런 선순환의 루프를 구상하면서 더 나은 공략집을 발견하고 지름길을 찾을 수 있을 거라고 생각했다. 그러니까 유튜버라는 정체성을 갖기로 한 건, 인기 유튜버 자체를 위한 것이라기보다는 오로지 성장을 위한 자기 강제였다.

이게 정체성 변화의 핵심 비결이다. 즉 뭔가를 더 잘하고 싶으면 결심을 할 게 아니라 환경부터 만드는 것이다. 자동으로 움직일 수밖에 없도록 세팅을 하면 나는 저절로 열심히 살게 된다. 자유의지니 노력이니 진정성이니 따위의 듣기 좋고 허망한 것들을 믿는 대신, 나를 훈련시킬 운동장을 만들어 스스로를 밀어 넣는 게 핵심이다.

그래서 정체성을 변화시킬 환경을 만드는 게 중요하다. 예를 들어 수천억 원대의 자산가가 된 김승호 회장의 경우 항상 강조하는 방법이 있다. 그 방법은 '나는 ○○가 된다'라는 결심을 종이에 100번씩 쓰거나, 이 결심을 모든 벽에 붙이는 것이다. 나는 재작년까지만 해도 "이게 뭔 짓거리야" 하며 불신했다. 하지만 지금 와서 돌이켜보면, 이 또한 정체성을 변화시키는 매우 손쉬운 전략 중 하나다. 말이 쉽지 100번씩 진심을 담아 소원을 써보는 행위는 무의식 깊이 각인될 것이다. 무의식을 바꾸지 않은 상태에서는 어떠한 것도 이룰 수 없다.

이제 당신은 묻고 싶을 것이다. "자청아, 정체성에 대해 귀가 아프게 들었으니 이젠 구체적인 방법을 알려줘!" 지금부터 의도적으로 정체성을 설정할 수 있는 방법을 정리해보려 한다. 우리 뇌는 매우 단순하다. 우리는 어떤 세계관 안에 있으면, 그 세계가 세상의 전부라고 인식한다. 마찬가지로 어떤 집단에 있을 때, 그 집단에서 떠받드는 것을 가치 있게 여기곤 한다. 예를 들어 사이비 종교에 빠진 사람들은 '그 공동체'에서 떠받드는 교주를 아주 대단하게 여긴다. 또 서울 강남에 살다 보면 '성공'만이 가장 가치 있는 것이라 착각하게 된다. 나는 양평에도 집이 있는데, 이곳에 가면 사람들은 '돈'이라는 것에 초연한 듯 모두 다 친절하고 여유로운 삶을 즐긴다. 외국의 어느 한적한 마을에 가면, 사람들의 여유를 보고 '나는 뭘 위해 열심히 살고 있었지'라는 반성을 하게 된다.

당신이 3일 내내 공포영화를 본다고 가정해보자. 3일 후 집밖에 나오게 되면 어떻게 될까? 어떤 집을 보더라도 '저곳에서 살인이 일어나지 않을까'라는 상상을 하며 스트레스를 받을 것이다. 뇌의 인지회로가 변화한 것이다. 마찬가지로 정체성을 바꾸는 방법은 간단하다. 어떤 세계관에 참여하게 되면, 뇌는 자연스럽게 정체성을 바꾼다.

## ▌1. 책을 통한 간접 최면

정체성을 바꾸는 가장 쉬운 방법은 관련 책을 읽는 것이다. 만약 '건강 고수가 되기'로 결심했다면, 건강의학에 대한 쉬운 책 10여 권을 독파하면 된다. 뇌는 1주일간 '건강'에 집중하게 되고, 화장실을 가거나 멍을 때릴 때면 반복적으로 '건강해지는 법'에 대해 생각하게 된다. 사람들을 볼 때마다, 친구의 식습관을 볼 때마다 건강서의 관점에서 세상을 해석하게 된다. '작가'가 되기로 결심했다면, 작가 되는 법에 대해 10여 년간 나온 책을 모두 훑어본다. 책에는 저자들이 시행착오를 겪은 이야기가 담겨 있고, '나 또한 할 수 있다'는 생각이 들게 된다. 책은 정체성을 변화시키는 매우 쉬운 방법이다.

마찬가지로 자수성가를 하거나 경제적 자유를 얻고 싶다면 1주일간 몇 권의 책을 읽으면 된다. 시궁창 삶에서 경제적 자유를 얻은 사람들의 이야기를 반복적으로 보게 되면 '나도 할 수 있지 않을까……?'라는 마음을 갖게 된다. 나 또한 스물한 살, 인생 최악의 상황에서 '200권의 자기계발서 읽기'를 하며 변화했다. '나도 혹시……?'라는 마음을 갖게 되면서 정체성이 변화하게 된 것이다.

독서가 인생을 바꿨다고 말하면 대개 가장 먼저 나오는 질문이 "무슨 책을 읽어야 하나요?"인데, 여러 사람이 인정한 책이면 괜찮다고 본다. 다만 처음엔 인물 이야기가 있는 책을 추천한다. 자수성가한 흙수저들의 책을 20권쯤 몰아서 봐라. 도서관이나 서점에 가서 30권 정도 뽑아 대강 훑어보면, 읽고 싶어지는 책이 3~4권 남을 텐데, 그렇게 시작하면 된다. 뇌는 실제 현실이나 상상을 잘 구분하지 못하기 때문에, 자수성가한 사람들의 이야기를 읽는 것만으로도 '나도 할 수 있다'는 느낌이 차오르게 된다. 적어도 부정적인 감정은 확실히 씻을 수 있다.

앞서 잠깐 말했듯 인간에겐 거울 뉴런이라는 게 있어서 타인의 행동을 보기만 해도 본인이 직접 하는 것과 비슷한 반응을 뇌에 일으킨다. 이런 점을 잘 이용하는 게 바로 '좋은 자기계발서 읽기'다. 책의 내용을 너무 깐깐하게 비판적으로 따지지 말고, 한 수 배운다는 느낌으로 마음을 열고 보면 좋겠다. 지금 우리가 그런 책을 읽는 건 그 저자를 숭배하려고 그러는 것이 아니니까 말이다. 그 사람의 성공 스토리에 내 마음과 삶을 동기화하는 것, 그뿐이다.

## ▎2. 환경 설계

환경 설계는 앞서 말했던 유튜브 개설 같은 게 대표적 사례다. 나를 궁지에 몰아넣는 방법이다. 주로 쓰는 방법으로는 '선언하기'가 있다. 주변 사람들에게 "난 ○○가 될 거야!"라고 떠드는 것이다. 사람은 그 무엇보다 평판에 민감한 사회적 동물이다. 이런 상황을 상상해보자. 해외에 간 당신이 모르는 사람들 앞에서 옷을 벗고 10분 동안 돌아다닐 수 있을까. 절대 하지 못할 것이다. 누군가 100만 원을 준다고 생각해보자. 그래도 못 할 것이다. 해외에서 그들과 평생 마주칠 일도 없고 다신 엮일 일이 없으며 법적으로 처벌 가능성이 0이라 할지라도 그러지 못할 것이다. 인간의 유전자에는 "평판을 좋게 유지하라"라는 명령이 아주 강력히 각인되어 있기 때문이다. 어린 시절 왕따를 당한 사람들이 심각한 심리적 문제를 겪거나 극단적인 경우까지 생각하는 이유도 이 '평판 유지 본능' 때문이다. 하지만 이러한 본성을 역이용한다면, 오히려 어려운 일도 해낼 수 있지 않을까.

예를 들어 내가 굉장히 자주 하는 것 중 하나는 목표를 사람들에게 선언하고, 그걸 못 이룰 경우 벌금을 내는 일이다. 실제로 지금 이 책도 휴가지에서 2주 안에 마무리하겠다고 담당 편집자에게 약속한 후 실패 시 1000만 원을 드리겠다고 말해놓은 상태다. 나는 스스로가 매우 게으르고, 목표한 바를 잘 이루지 못하는 열등한 인간이란 걸 인정한다(자의식 해체). 이제까지 이 책의 마감을 11번이나 어겼다. 이 책은 이미 재작년에 완성하기로 되어 있었으나 매달 미루고 또 미뤘다. 결국 약속 시점을 한참 넘겨서야 "이번에도 책을 마감하지 못하면 1000만 원을 드리겠습니다"라고 약속했다. 이렇게 하지 않으면, 스스로가 너무 게으르기 때문에 원고를 절대 완성하지 못한다는 걸 잘 알고 있기 때문이다.

이상한마케팅을 처음 창업할 당시에도 나는 나를 믿지 않았다. 나는 게으르고 합리화에 능한 사람이란 걸 잘 알고 있었다. 그래서 무리하게 집을 옮기고 일부러 비싼 차를 빌렸다. 사무실도 각각 월 1000만 원씩, 총 2000만 원의 월세를 내야 하는 곳으로 이사했다. 이런 식으로 생존에 위협이 되는 상황을 만들어야만 죽어라 일하게 된다는 걸 알고 있었다. 그래서 그렇게 환경을 설계한 것이다. 나는 스스로를 믿지 않는다. 자유의지를 믿지 않는다. 인간은 그저 유전자와 환경의 조합으로 움직이는 공식 같은 거라 생각한다. 타고난 유전자는 이미 어쩔 수 없는 것이기 때문에 환경을 조작해 원하는 것을 이루려고 할 뿐이다. 환경 설계가 불러온 행동과 판단의 차이는 하루하루의 의사결정에 영향을 주고, 수년이 흐르면 넘어설 수 없는 큰 차이를 만들어낸다.

## ▎3. 집단무의식

몇 해 전, 나는 유튜버를 은퇴했다. 그 당시에 자주 나가던 유튜버들의 모임이 있었는데, 그곳에서는 '조회 수', '구독자 수'가 많은 사람이 권력을 차지했다. 유튜버들은 완전히 이 세계관에 매몰되어서 많은 구독자를 보유하는 것에 모든 신경이 쏠려 있었다. 또한 그들은 다른 유튜버로부터 공격을 당하면 '세계관'이 망하는 기분을 느꼈다. 나 또한 그랬다. 세상의 모든 사람이 유튜브를 보는 것처럼 느껴졌고, 공격을 당하게 되면 '전 국민이 그 유튜버를 싫어한다'는 망상에 빠지게 되었다. 실제로 공격당한 유튜버들은 우울증에 시달리거나 아예 집 밖을 못 나가기도 했다.

그러다 종종 다른 세계에 존재하는, 즉 유튜브를 보지 않는 사람들과 만나서 대화할 때면 충격을 받았다. '그 유튜버 관련 논란이 얼마나 이슈화됐는지 왜 모르지?', '구독자가 100만이라는 것에 왜 놀라지 않지?', '100만 유튜버를 천박한 직업이라 생각할 수도 있구나.' 나는 유튜브 세계관에 완전히 몰입되어 있었던 것이다. 이처럼 사람은 어떤 집단에 들어가게 되면 그 집단이 떠받드는 것을 가치 있다고 착각하게 된다. 재수학원에 가면 대입 시험을 잘 보는 것이 최고의 가치로 느껴지면서, 모든 두뇌 활동이 대입에 집중된다.

유명한 심리 실험이 있다. 피험자 앞에 5명의 사람을 앉혀놓고 엉뚱한 대답을 하게 만드는 것이다. 짧은 막대를 보여주며 길다고 말하게 한다. 그 후 피험자 차례가 되면 그 역시 긴 막대를 보며 반대로 짧다고 대답하게 된다. 인간이 얼마나 사회적인 동물인지 말해주는 심리학 실험이다. 예전 휴거 사건 등을 일으킨 수많은 사이비 종교를 생각해보라. 그저 모임에 오래 있는 것만으로도 사람은 믿을 수 없는 것을 믿고, 할 수 없는 일을 하게 된다.

최근 내가 아마추어 운동선수의 정체성을 가지려고 했다는 건 이미 말했다. 나는 테니스 동호회에 가입했는데, 거기 들어가면서부터 저절로 '어떻게 하면 테니스를 더 잘할 수 있을까' 고민하게 됐고 유튜브 영상을 보며 공부하게 됐다. 왜 그럴까? 테니스 동호회에선 테니스 잘하는 사람이 왕이기 때문이다. 모두가 테니스 얘기만 하고 선수 경력이 있는 사람은 거의 신급으로 추앙받는다. 그 세계에선 아무리 돈이 많아도 배 나오고 테니스 못 치면 루저 취급을 받는다. 본업을 희생하면서까지 취미 활동에 빠져서는 안 되지만 만약 테니스 배우는 것이 행복에 있어 정말 중요한 경우라면, 테니스 동호회에 들어가는 게 단시간에 실력을 높일 수 있는 최고의 환경이 된다. 직장인 남편이 아이의 교육이나 부동산에 대해 얘기할 때마다 아내에게 물정 모른다며 구박받는 이유도 그것이다. 전업 주부 아내는 매일 부동산 중개소에 가서 수다를 떨고 학부모 모임에도 빠지지 않는다. 남편의 알량한 경제 상식, 교육 지식은 아내의 최첨단 정보 앞에서 무용지물일 수밖에 없다.

그럼 경제적 자유를 얻고 싶다면? 그렇다. 경제적 자유를 원하는 사람들이 모인 집단에 들어가면 된다. 돈을 벌고 싶다면, 돈에 관심 많은 사람들 속으로 들어가야 한다. 단톡방도 좋고, 소모임도 좋다. 처음 나가 보면 '뭐 이렇게들 돈에 집착하지?' 하는 생각도 들 것이다. 하지만 꾸준히 나가다 보면 저절로 물들게 된다. 점차 그곳 사람들에게서 인정받고 싶은 마음이 생기면서 책을 읽고, 임장을 나가고, 차트를 분석하고, 트렌드를 챙겨 보게 된다.

물론 낯선 사람들과의 만남을 앞두고 '이상한 사람을 만나면 어쩌지?' 등의 불안감을 갖는 사람들이 있을 것이다. 충분히 그럴 수 있지만 그 또한 본능적인 두려움일 뿐이다. 본능을 역행해야 한다. 새로운 사람들을 만나는 일에 과도한 의미 부여를 할 필요가 없다. 만약 본인이 정체성을 바꾸고 싶다면, 의도적으로 어떤 집단에 참여해야 한다. 책을 쓰는 작가가 되고 싶다면, 작가 관련 집단을 찾고 참여해야 한다. 물론 수준이 천차만별이라 초반에는 시행착오를 겪을 수도 있다. 어쨌든 실행하고 참여해봐야 좋은 집단을 고르는 눈이 생긴다.

- **독서를 하고 싶다면 '트레바리'라는 독서모임에 참여해 보자.**
- **경제적 자유를 위한 독서모임에 참여하고 싶다면 '욕망의**

**북클럽'에 참여해보자.**

○ **'문토'나 소모임 앱을 이용해서 새로운 사람들을 만나라. 사건을 늘리다 보면 각성할 확률이 높아진다.**

○ **서울이 아닌 곳에 산다면, 서칭을 통해 소모임이나 독서 모임에 가입해보자.**

다시 한번 강조하지만, 돈을 버는 것 자체가 의미 있다고 생각하지 않는다. 다만 경제적 자유를 얻어야 소중한 시간을 아낄 수 있고, 정신적 자유를 얻을 확률도 크다고 생각할 뿐이다. 나는 어린 시절부터 철학을 공부해보고 싶었고 나만의 사상을 만들어보고 싶었다. 그러기 위해선 우선 돈이 있어야 한다고 생각했다. 그래야 먹고사는 일에서 좀 벗어나 하고 싶은 일에 집중할 수 있다고 생각했다. 그 생각은 틀리지 않았다. 경제적 자유를 이룬 지금, 나는 돈에 연연하지 않고 이렇게 글 쓰는 데에만 집중할 수 있게 되었다. '100년이 지나도 읽히는 책을 쓰고 싶다'라는 오랜 꿈에 도전하게 되었다.

당신이 만약 모든 것으로부터 자유롭고 싶다면, 먼저 경제적 자유를 얻어야 한다. 그러기 위해선 자의식을 해체하고 정체성을 새롭게 만들어야 한다. 그리고 또 하나, 자기 자신에 대한 환상을 철저하게 버릴 필요가 있다. 다음은 이 환상에 관한 이야기다.

# 자유의지가 없다는
# 믿음에 대하여

나는 엄청난 사업가도, 학자도 아니다. 그러나 '밑바닥부터 자수성가까지' 영역에서는 최상위권이라는 자신이 있다. 내가 운 좋게 자유를 얻을 수 있었던 이유에 대해 항상 생각했다. 그리고 그 이유 가운데에는 '자유의지에 대한 불신'이 중요했다고 본다. 역행자의 주 개념도 '무의식과 본능의 지배에서 벗어나야만 자유를 얻을 수 있다'인데, 이 개념 또한 인간에게 자유의지가 없다는 믿음에서 시작되었다.

순리자-역행자 개념에서도 알 수 있듯 나는 사람의 운명은 어느 정도 정해져 있다고 생각한다. 내가 말하는 운명이란 어떤 사람이 한 치의 오차도 없이 예정된 운명에 따라 살다가 86세에 죽는다는 뜻이 아니다. 상위 50퍼센트의 환경에서 태어났다면, 이 범주에서 크게 벗어나지 못하고 그에 맞는 삶을 살다가 죽는다는 말이다. 이런 것이 '운명에 따르는 삶', '순리자의 삶'이다.

우리에겐 자유의지가 없을지도 모른다는 생각은 나를 겸손하게 만들었다. 나를 포함한 인간이 어떤 특별한 존재가 아니라 어쩌면 다른 동물들과 별로 다를 바 없을 수도 있다는 생각을 하게 해주었다. 어떤 것을 이루기로 결심했을 때, 거기에 '완전히 자유롭게 판단하는 나' 같은 게 있을까? 혹시 유전자라는 타고난 프로세스를 특정 환경에 놓아두었을 때 당연히 나올 수밖에 없는 반응을, 나 스스로 한 결정이라고 믿고 있는 게 아닐까?

나는 내 나이대에서 상위 0.01퍼센트에는 들어갈 수익을 얻고 있다. 그리고 100여 명에 이르는 직원들의 리더이기도 하다. 사무실 임대비만 매달 3000만 원 넘게 나간다. 그리고 자기계발 유튜버로서도 꽤 유명했다. 그러니 사람들은 내 일처리가 완벽할 거라 생각하지만, 사실 나는 매우 미숙한 사람이다. 가까운 직원들은 잘 알겠지만 매번 허당 짓을 반복하고, 물건을 놓고 다니거나 태블릿 PC를 잃어버리기 일쑤다. 항상 일처리 기일을 못 맞추며 약속 시간에 늦는다. 나는 내가 멍청하고 평범한 사람일 뿐이란 걸 인정한다. 오히려 그렇기에 스스로 잘 운전할 수 있는 방법을 찾는다. 나라는 인간이 매번 하는 결심과 다짐, 자만심 따위에 귀 기울이지 않는다.

자의식이 강한 사람들은 다르다. '나는 특별해', '이제까지 이렇게 잘된 건 다 내 의지와 선택 덕분이야'라고 생각한다. 그리고 대다수는 자신의 머리만 믿고 두 번째, 세 번째 사업을 하다가 망한다. 자기 아이디어가 정말 특별하다고 믿기에 사업을 하면 반드시 성공할 거라 착각한다. 결과는? 빚만 남게 된다. 이는 모두 본성과 유전자의 꼭두각시가 되었기 때문에 초래된 결과다. 스스로 그저 생물학적 기계에 불과하다는 걸, 잘된 일도 어쩌면 운 때문이었다는 걸 인정해야 한다. 본인이 수많은 결점을 지닌 존재라는 것을 인정할 때 오히려 탁월한 사람이 될 수 있는 가능성이 열린다.

'내가 지금껏 결심을 안 해서 그렇지, 진짜 독하게 한번 마음만 먹으면 뭐든지 할 수 있어!' 그럴까? 응, 아니다. 예전의 나를 포함한 대다수 인간의 착각이다. 말했듯이 진짜 독한 마음을 먹는 경험은 죽음 직전에나 가야 할 수 있는 것이다. 그런데 이렇게 자기가 마음만 먹으면 뭔가를 할 것처럼 착각하는 사람들은 늘 거창한 목표를 세운 후 실패하고는 자의식을 보호하기 위해 방어기제를 펼치는 일을 평생 반복한다.

내가 심리학을 배우고 내린 결론이 하나 있다. 인간은 목표를 세우고 달성하는 그런 똑똑한 생물이 아니라는 것이다. 정말 특별한 극소수 사람을 제외하면, 목표라는 추상적인 개념을 뇌가 강렬하게 붙들고 있을 수 없다. 인간의 뇌는 추상적인 미래보다 현재에 집중하게끔 진화됐기 때문이다. 그렇다. 원래 뇌는 걷거나 달리고, 먹이를 잡아먹고, 짝을 찾아 번식하는 일을 하기 위한 기관이다. 현대 사회에 필요한 미래를 위한 계획, 투자, 노력 같은 걸 잘하기 위해 만들어진 기관이 아니다. 이것이 우리가 매번 다이어트에 실패하는 이유이며, 신년 계획에 실패하는 이유다. 그토록 본능을 이기기 어려운 이유다.

사람들은 하고 싶은 게 생길 때마다 허황된 목표를 세우고 항상 실패한다. 실패 후에는 자의식을 보호하기 위해 변명하기 바쁘고, 남 탓, 환경 탓을 하며 자위를 한다. 이 짓을 죽을 때까지 반복한다. 자신이 어떤 존재이며, 어떤 과정을 거쳐서 지금의 결과에 이르게 됐는지, 그 진실을 보려고 하지 않는다. 그저 내 마음의 상처를 핥기에 여념이 없다.

나는 애초에 잃을 것이 없었다. 그야말로 바닥에 있었기 때문에 대단한 자의식이 없었던 것 같다. 그래서 비교적 쉽게 있는 그대로의 나를 인정할 수 있었다. '저는 그냥 게으른 동물이에요.' 그래서 목표를 세울 때면, 나 자신을 믿는 대신 목표를 이룰 수밖에 없는 환경을 세팅한다. "2주일 안에 원고를 다 쓸게요. 못 쓰면 정말 1000만 원을 드릴게요" 같은 배수진을 친다. 그 덕분에 원고를 썼다(물론 유튜브와 웹툰을 보고, 인스타에 영상을 올리고, 댓글을 확인하고, 스스로에 대한 환멸을 다 느낀 후에야 쓰기 시작했지만).

다시 말하지만 나는 결정론을 완전히 믿는 게 아니다. 자유의지가 전혀 없다고 말하는 게 아니다. 그냥 이런 아이디어가 경제적 자유를 얻는 데 큰 도움이 되었다고 말하는 것이다. 그리고 또 하나, 결정론적 세계관을 받아들이면 마음이 평온해진다. 종종 직원들은 "자청님은 화내시는 걸 본 적이 없어요"라고 말하곤 한다. 실제로 누군가가 질투에 눈이 멀어 나에게 해를 가해도 비교적 마음이 평온한 편이다. 필요하면 법적 조치를 취할 뿐 그것 자체로 마음이 상하진 않았다. '저 사람은 낮은 지능과 열등감, 안 좋은 환경, 공격성 같은 게 합쳐져 저런 행동을 하는구나. 자유의지 없이 열등한 유전자 때문에 잘못된 의사 결정을 내리는구나. 참 안타깝다. 결국 타고난 대로 순리자로 살다 말겠구나' 하고 생각한다.

다시 말하자면 인간은 동물에서 진화했다. 인간은 자유의지를 가진 특별한 존재처럼 보이지만, 사실 고도로 진화된 동물일 뿐이다. 한마디로 지능이 높은 자아를 지닌 동물에 불과하다. 인간은 엄청난 한계를 갖고 있다. 목표한 바를 툭하면 실패하고, 괜찮다고 합리화한다. 절대 의지가 강한 동물이 아니다. 때문에 인간은 이 사실을 받아들이고 자의식을 해체해야 한다.

자신이 특별하다는 생각에 사로잡혀 자의식 해체에 실패한 사람들을 보면 하나같이 이중성을 갖고 있다. "인간은 고결한 존재"라며 사회운동을 벌이는 사람들이 범법자가 되기도 하고, 성욕을 금기시하는 종교인이 성범죄를 저지르고, 평등함을 주장하는 정치인이 자식을 부정 입학시키며 법 위에 자신이 군림하는 것처럼 행동한다. 이들은 왜 이럴까? 모두 본인이 특별하다고 생각하는 자만에서 비롯한 사건들이다. 내 언어로 말하면, 과잉 자의식에 '맛탱이'가 간 것이다.

사람들은 나에게 말한다. "목표한 대로 항상 이루시네요." "떠벌

렸던 말들을 항상 이루시네요." 내가 대단해서 목표를 이루는 게 아니다. 난 그저 인간의 한계, 내가 가진 한계를 스스로 인정한다. 그래서 항상 내 의지를 믿지 않고 정체성을 조정하고, 환경을 조성함으로써 결과를 만들어낸다. 나는 나를 절대 믿지 않는다. 인간이 특별하지 않다는 그 믿음 자체가 오히려 남들보다 뛰어난 성과를 내도록 돕는 것이다. 나는 그래서 심리학을 좋아한다. 심리학 책을 보면 인간이 얼마나 어리석은지, 인간이 얼마나 단순하고 이중적인지 잘 설명되어 있다. 심리학책은 어떤 걸 보냐고? 이 책 맨 뒤에 추천 책 목록에 있으니 참고하면 된다.

"지식보다 더 자주 자신감을
낳는 것은, 바로 무지다."

_찰스 다윈,『인간의 유래』

CHAPTER 4

# 역행자
# 3단계

# _유전자
# 오작동 극복

나는 늦은 나이에 대학에 입학했는데, 2학년 때 충격적인 수업을 하나 들었다. 응용인지심리학이라는 수업이었는데, 수업 주제는 휴리스틱Heuristic이었다. 당시엔 듣기만 해도 머리 아픈 주제였다. 하지만 이 어려운 수업 내용을 다 이해할 필요는 없었다. 그저 '인간이 얼마나 멍청한지'만 배우면 다 얻은 것이었다. 수업이 어려운데다 영어로 진행되다 보니 10여 명 남짓의 학생만 참여했다. 나는 그 10명 중에서 가장 두근거리는 심장을 갖고 있었을 것이다.

"저거다. 내가 만약 인간이 오류를 저지르는 지점을 이해한다면 인생의 승자가 될 수밖에 없어! 휴리스틱을 통해 인간이 왜 편견을 가지는지, 왜 감정적인 판단을 하는지, 왜 실수할 수밖에 없는지 배웠으니 내 나이 스물네 살, 뒤늦게 시작했지만 내 인생은 이제 성공할 수밖에 없어."

나는 휴리스틱과 『클루지』로 인간이 말도 안 되는 실수를 저지르는 이유를 찾아냈다.

○ **SNS와 유튜브 등 인생에 도움이 안 된다는 걸 알지만, 나도 모르게 1분짜리 자극적인 콘텐츠를 1시간씩 보면서 인생을 낭비한다.**
○ **다이어트를 해야만 좋은 짝을 만날 수 있다고 생각하는 여성이 있다. 이 여성은 며칠 만에 참지 못하고 폭식을 하여 몸**

무게가 늘어난다.

○ 길거리를 걷다가 부딪쳐 시비가 붙은 사람의 얼굴을 쳐서 1년치 연봉을 날리고 빨간 줄까지 얻는다.

○ 주식이 폭락하더라도 '이걸 참아내면 돈을 번다'고 생각했던 사람이 막상 가진 주식이 폭락하자 패닉 셀panic sell로 엄청난 손해를 본다.

○ 유튜브를 하면 현재 연봉의 10배를 버는 게 확정된, 성공에 대한 욕망이 강한 여성이 있다. 이 여성은 얼굴 노출이 꺼려져 결국 기회를 포기하고, 최저 시급을 받으며 일을 한다.

이것 말고도 '대체 난 왜 이럴까?' 싶은 행동이 한두 가지가 아니다. 왜냐하면 본인이 마음먹은 대로만 살았다면 분명히 성공적인 인생을 살았을 텐데, 인생은 계획대로 되지 않으니 결국 삶이 만족스럽지 않은 것이다.

인간은 합리적인 동물처럼 보이지만, 많은 실수를 하며 살아간다. 나는 남들보다 늦은 나이에 밑바닥에서 시작했지만, 유전자 오작동의 개념을 이해한 후 빠르게 성장할 수 있었다. 우선 인간이 왜 잘못된 생각을 할 수밖에 없도록 설계됐는지 이해할 필요가 있다.

나방을 예로 들어보자. 현대의 사람들은 나방을 어리석게 생각한다. 가로등 주변을 몇 날 며칠 서성이며 부딪치다가 죽기 때문이다. 왜 그런 걸까? 이건 나방의 유전자에 입력된 코드 때문이다. 나방은 포식자를 피하기 위해 밤에 이동한다. 그리고 눈이 좋지 않아 달빛을 향해 나아가며 움직인다. 나방의 유전자 코드는 철저히 생존에 도움되는 것이었다. 하지만 현대에 들어서 전구가 등장했다. 그 결과 나방은 유전자 코드를 따랐을 뿐인데, 전구를 달빛으로 착각하여 결국 죽음을 맞이하게 된다. 생존에 유리했던 유전자 코드가 현대에는 오히려 죽음을 유도한 것이다.

인간도 마찬가지다. 인간의 거의 모든 판단에 '선사시대에만 유리한 유전자 코드'가 발동되면서 장기적인 인생을 망쳐버린다. 이 유전자 코드는 과거에는 매우 좋은 심리기제였지만, 현대에는 오히려 삶을 망쳐버리거나 가난을 유도한다. 이제 앞에서 이야기했던 실수를 우리가 왜 저지르고 있는지 다시 보자.


  * SNS와 유튜브 등 인생에 도움이 안 된다는 걸 알지만, 나도 모르게 1분짜리 자극적인 콘텐츠를 1시간씩 보면서 인생을 낭비한다.
  → 도파민 분비로 기쁨과 쾌락을 느끼는 건 선사시대에 우리의 생존을 더욱 유리하게 만들었다. 새로운 과일을 발견하거나 운 좋게 사냥감을 잡아 가족을 배불리 먹일 수 있는 경우, 짝을 유혹해 번식에 성공하는 경우 도파민이 분비되었다. 이

런 도파민 분비에 인간은 즐거움을 느끼고 이를 동기로 움직이면 생존에 도움이 되었다. 하지만 현대의 SNS와 유튜브는 무의미한 도파민만 분비시킨다. 재밌는 것, 멋진 이성이 춤추는 장면, 신기한 장면 등 무작위 확률로 자극적인 영상을 접한다. 도파민만 분비되고 남는 것은 없다. 우리 뇌는 자극적인 콘텐츠를 보면서 착각한다. '너는 먹을거리를 찾고 있고, 짝을 찾고 있어'라며 쾌락이라는 보상을 주지만, 사실은 아무 발전이 없다. 나방이 전등에 반복적으로 부딪치듯이, 스스로 인생을 갉아먹고 있는 것이다. 심지어 뇌손상을 일으켜 지능을 낮춘다. 이것이 유전자 오작동이다.

*　다이어트를 해야만 좋은 짝을 만날 수 있다고 생각하는 여성이 있다. 이 여성은 며칠 만에 참지 못하고 폭식을 하여 몸무게가 늘어난다.

→ 선사시대에 인간은 눈앞에 음식이나 당이 있으면, 어떻게든 섭취해 지방을 쌓아두려 했다. 수렵채집 사회에서 인간에게 음식이 매우 귀했고 구하지 못하면 죽었기 때문이다. 하지만 현대에는 차고 넘치는 당과 음식이 도처에 널려 있다. 나방이 불빛을 보면 뛰어들듯이, 인간은 음식이 눈앞에 있으면 참기 어려워한다. 이는 과거에는 도움이 되는 심리기제였지만,

현대에는 당뇨와 비만을 유발하는 유전자 오작동일 뿐이다.

＊ 길거리를 걷다가 부딪쳐 시비가 붙은 사람의 얼굴을 쳐서 1년치 연봉을 날리고 빨간 줄까지 얻는다.

→ <동물의 세계> 등 생태 다큐멘터리를 본 사람은 알겠지만, 수컷들은 우두머리가 되기 위해선 목숨을 걸고 모든 것을 불사른다. 수컷으로서 명예가 실추되면 암컷들에게 선택받지 못하기 때문이다. 마찬가지로 몇몇의 남성들은 '자존심', '우두머리 수컷의 지위'를 지키려는 선사시대의 본능을 따른다. 그 결과 미래를 보지 않고 1년치 연봉을 날려버린다. 과거 도움이 되었던 유전자 코드가 오히려 현대에는 삶을 망쳐버린다.


＊ 주식이 폭락하더라도 '이걸 참아내면 돈을 번다'고 생각했던 사람이 막상 가진 주식이 폭락하자 패닉 셀로 엄청난 손해를 본다.

→ 음식이나 재산을 잃은 영장류들은 생존을 위협받아 심리적 고통을 느끼도록 진화했다. 당장 전 재산이 날아가는 것보다 더 중요한 것은 '일단 버틸 수 있는 최소한의 자원이라도 남기는 것'이었다. 마찬가지로 주식 투자에서 '모든 것이 날아갈지도 모른다는 공포'가 영향을 미치면, 사람은 이성적

사고를 하기 힘들고 생존 본능에 위협을 받게 된다. 이성적으로는 팔지 않는 게 맞다는 걸 알지만 감정적으로 패닉 셀을 하고, 결국 자산을 잃게 된다. 이 유전자 오작동을 알고 있는 사람은 패닉 셀을 버티며 손해를 최소화하여 돈을 번다.

* 유튜브를 하면 현재 연봉의 10배를 버는 게 확정된, 성공에 대한 욕망이 강한 여성이 있다. 이 여성은 얼굴 노출이 꺼려져 결국 기회를 포기하고, 최저 시급을 받으며 일을 한다.
→ 우리는 평생 절대 다시 만나지 않을 사람 앞에서도 알몸을 보이는 것에 거부감을 갖는다. 이와 비슷하게 여자의 유전자 코드에는 '대중에게 노출을 최소화하라'는 명령이 새겨져 있다. 선사시대 여성이 많은 남성에게 노출되는 것은 신상에 좋은 일이 아니었다. 원치 않는 임신이나 폭행을 당할 수도 있기 때문이다. 현대에는 대중에게 노출되었을 때 오히려 많은 기회가 생길 수 있다. 하지만 대부분의 여성들은 본능적인 거부감에 의해 '인생을 역전할 수 있는 기회'임을 알면서도 결국 포기한다.

우리 주변에서 흔히 볼 수 있는 유전자 오작동 사례를 하나 들어 보겠다. 서울대를 졸업한 A는 학창 시절 누구도 범접할 수 없는 공부를 잘했다. 지방에서 고등학교를 다니고 있었기 때문에 압도적인 전교 1등을 유지했고 어렵지 않게 서울대에 입학할 수 있었다. 문제는 그다음. 대학을 입학해보니 성적은 중위권에서 하위권을 맴돌았다. 이런 현실을 받아들이기 어려웠던 A는 이렇게 결론짓는다. '우리 과 애들은 다들 집안이 좋아. 하지만 우리 집은 형편이 어려워서 내가 과외나 알바를 해야 하지. 수저 차이가 이렇게 성적으로 나타나는군. 세상 참 불공평해.'

A는 대학 졸업 후 공기업에 입사한다. 그러다 중·고등학생 시절 자기만 못했던 사람들이 성공을 거두는 모습을 본다. '얘들은 학교 다닐 땐 영 지지부진하더니 사업이 잘 풀리나 보네. 저런 머리로도 저 정도인데 내가 나서면 꽤 할 만하겠군.' 기대를 가득 안고 안정된 직장에 사표를 던진 후 자신만만하게 창업을 한다. 물론 뜻대로 풀리지 않는다. 종종 온라인 창업 강의가 눈에 띌 때가 있지만 마음에 들지 않는다. 주변에 창업으로 성공한 친구들도 있지만 학창 시절 우습게 여기던 친구들이라 연락하지 않는다. '걔들이 하는 건 장사야. 내가 하는 건 사업이고.'

이렇게 별다른 정보도 얻지 못한 채 무모한 도전을 계속한다. 실패는 쌓이고 변명만 길어진다. '이번엔 정말 운이 안 좋았어', '아, 자본금만 더 있었어도!', '이건 거의 김 과장이 사기를 친 거나 다름없어!' 가뜩이나 좁았던 인간관계는 더 좁아져서 어떤 모임에도 나가지 않는다. 주변에서 도와주고 싶어서 새로운 정보를 건네거나 사람을 소개해줘도 신경질적으로 거부한다. 이젠 돈도 없고 사람도 남아 있지 않다. A는 모른다. 자기가 어느새 서울대 나온 얘기만 하고 있다는 사실을.

정말 수없이 보는 전형적인 실패 사례다. 과거에 나와 동급이었던 사람에게 조언을 구하지 않고 꽁꽁 숨어서 질투하고 자아만 보호하다가 결국 실패한다. 만약 이 서울대생이 '유전자 오작동'이라는 개념을 이해하고 있었다면 결론은 달라졌을 것이다.

'내가 나보다 잘된 친구들을 안 좋게 본 건, 우두머리 수컷 본능 때문에 상대를 적으로 인식한 거야. 학벌이 나보다 낮고 사업이 아닌 장사를 하는 사람이라도 나보다 돈을 많이 번다면 분명히 배울 점이 있을 거야. 지금 상대를 비웃는 건 내 자아를 보호하기 위해 유전자가 오작동하는 거야'라고 생각을 전환해 친구에게 조언을 구했다면? 자신보다 뒤늦게 출발했지만 본인을 역전한 사람들에게 연락해 자존심을 버리고 조언을 구했다면? 결과는 달라진다. 쓸데없는 자존심을 부리는 건 유전자의 꼭두각시로 놀아나는 순리자의 길이라는 것을 기억해야 한다.

내 주변엔 100억 넘는 자산을 가진 사업가들이 많다. 종종 '이 사람의 그릇은 이 정도구나'라는 생각이 들 때가 있다. 쓸데없이 자존심을 세우고, 겸손함을 잃어버릴 때다. 유전자 오작동에 휘둘리는 것이다. 앞서 설명한 휴리스틱에는 '승자의 저주'라는 게 있다. 인간은 반복적으로 성공을 하면 과도한 자신감을 갖게 되는데, 이는 부족사회에서나 유효한 심리기제다. 현대 사회에서 승자의 저주는 큰 실패를 맛보게 만든다. 이 또한 유전자 오작동의 일종이다. 자만한 이들은 여지없이 성장이 멈추고, 3년이 지나도 성장하지 못하는 모습을 보인다.

나는 유전자 오작동 개념을 이해한 후, 12년간 매일 한두 번씩 '이건 유전자 오작동인가?'라는 생각을 되뇌며 살아간다. 요즘 내가 겪은 유전자 오작동을 소개하겠다.

○ 『역행자』 확장판을 내면 사람들이 돈 벌려고 환장했다고 욕할지도 몰라. 어쩌지? 스트레스받는데 그냥 하지 말까?

→ 인간은 원래 대중에게 공개될 때 스트레스를 받도록 프로그래밍돼 있어. 학교에서 발표할 때도 스트레스를 받잖아? 대중에게 망신당하게 되면 평판이 하락할 거라는 두려움에 뇌가 스트레스를 받는 거야. 확장판을 내더라도 어차피 수익 전액 기부에, 내용을 업그레이드하는 거니까 독자들 입장에선 '더 좋은 책'을 얻는 거야. 괜히 평판 유전자 오작동에 휘둘리지 말고 일을 끝마치자.

150

○ 경쟁 기업은 우리보다 훨씬 못할 거야. 그리고 윤리적으로 문제를 일으킨다는 소문이 있어. 역시 우리가 최고야.

→ 사업자들 상담을 하다 보면 하나같이 하는 말이 '경쟁 기업에 대한 불평불만'을 해. 이건 우리 뇌에 '경쟁자는 악'이라는 편향이 있기 때문이지. 그 기업에도 분명히 장점이 있을 텐데, 이 장점을 무시하지 말고 좋은 건 받아들이자. 경쟁사 분석을 시작해보자.

○ 3일간 일을 하지 않고 쉬었더니 극도로 불안하다. 오늘 밤에라도 뭔가 일을 해야겠어.

→ 적절한 쉼은 오히려 일의 능률을 높여줘. 원래 인간은 경쟁에서 뒤처지는 걸 극도로 두려워하게 유전자 코드에 입력되어 있어. 적절한 쉼과 스트레스 관리는 장기적으로 더 좋으니, 유전자 오작동에 의한 불안감은 무시하자.

○ 나보다 사업 레벨이 높은 애는 그냥 금수저 아니었나? 뭔가 만나면 불편하고 거만해서 꼴 보기 싫어.

→ 승리를 반복하는 경우 '승자의 저주'에 걸리게 돼. 그리고 본인이 세상의 우두머리가 된 듯한 착각을 일으키지. 그래서 나보다 우월한 존재에 대해 거부감을 느끼게

**끔 되어 있어. 이러지 말고 상대방에게 밥 먹자고 제안해서 배울 걸 배우는 게 유전자 오작동을 극복하는 일일 거야.**

자, 지금까지 유전자 오작동이라는 개념을 이야기했다. 이제 뇌가 어떻게 진화했기에 이런 오류를 저지르는지 살펴보자.

## 뇌는 어떻게 진화했을까

1.4킬로그램의 회백질 덩어리. 뇌는 현대 과학이 아직도 해결하지 못한 미스터리다. 원래 뇌는 몸의 움직임을 제어하기 위해 만들어진 것으로 보인다. 멍게는 유충일 때에는 뇌가 있어서 이리저리 움직이다가, 한군데 자리 잡고 살게 되면 자기 뇌를 먹어버린다. 이제 움직일 일이 없으므로 뇌가 필요 없기 때문이다. 이처럼 뇌는 원래 운동을 제어하기 위한 신경 다발이었는데, 인간의 경우에는 상상을 초월하는 능력을 가진 범용 프로그램이 되었다. 신체 에너지의 20퍼센트를 소비하는 슈퍼컴퓨터인 뇌 덕분에 인간은 지구의 지배자가 되었다. 우리가 이제까지 얘기한 것들 역시 뇌를 둘러싸고 벌어지는 일들이다.

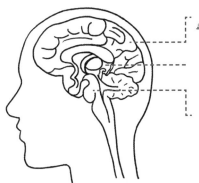

| 인간의 3중뇌 구조 |

인간의 뇌(이성뇌)_ 신피질
추상적인 사고, 언어, 계획, 자기 인식(15만 년 전 발달)

포유류의 뇌(감정뇌)_ 변연계
감정과 본능, 학습과 기억(200만~250만 년 전 발달)

파충류의 뇌(생존뇌)_ 뇌간·소뇌 등
기초적인 생명 유지 활동, 운동(300만 년 전 발달)

　　호모사피엔스가 어류, 양서류, 파충류, 포유류를 거쳐 영장류로 가지 쳐지며 진화했듯이, 인간의 뇌 역시 여러 단계의 진화를 거쳤다. 1970년대에 폴 매클린Paul MacLean이라는 신경과학자는 인간 뇌의 진화를 3단계로 구분하고, 이를 '삼위일체의 뇌'라고 불렀다(3중뇌 가설). 즉 우리 뇌 안에는 포유류의 뇌, 파충류의 뇌, 인간의 뇌가 들어 있고, 이 뇌들은 저마다의 기능을 한다는 것이다. 이 3중뇌 가설은 칼 세이건이 『에덴의 용』에서 언급하면서 대중화되었다.

　　가장 안쪽에 있는 파충류의 뇌는 기본적인 호흡과 순환, 운동을 담당한다. 기본적인 생명 활동을 맡고 있기 때문에 이성의 개입 없이 즉각 반응한다. 눈앞에 길고 꾸물거리는 것이 지나가면 화들짝 놀라게 되는 이유는 파충류의 뇌가 '뱀이다. 빨리 피해!'라는 명령을 내리기 때문이다.

중간에 있는 것은 포유류의 뇌다. 기본적인 감정과 모성애 등의 본능, 얼마간의 학습과 기억을 담당한다. 학교나 직장에서 왕따를 당했을 때 괴로운 건 이 부분에 경고등이 크게 켜지기 때문이다. 무리 지어 사회생활을 하는 데 도움을 주는 뇌다.

가장 바깥, 비교적 최근에야 만들어진 뇌가 바로 인간의 뇌다. 추상적이고 복잡한 생각을 할 수 있고, '나는 누구일까' 같은 고차원의 생각을 할 수 있다. 그러나 안쪽의 뇌들에 비하면 다소 반응이 늦고, 주의를 집중해야 잘 작동한다.

인간은 이 3중뇌를 통해서 다양한 상황에 그런대로 잘 대처해왔고, 수많은 동식물의 도전을 물리쳐왔다. 위험한 뱀을 피하고, 무리를 지어 위기를 넘어서며, 언어를 사용해 문명을 건설하는 데까지 이르렀다. 그런데 왜 나는 이 뇌 속에 바이러스가 있다고 한 걸까?

## 진화의 목적은 완벽함이 아니라 생존이다

몇 년 전 내가 유튜브에서 5권의 책을 추천했을 때 가장 큰 반향을 일으키면서 순식간에 종합 베스트셀러에 오른 책이 바로 개리 마커스의 『클루지』다. 당시 이 책은 서점에서 품절 대란을 겪었고,

'클루지'라는 말이 여기저기에서 들리곤 했다. 책 제목인 '클루지'는 세련되지 못하고 약간 엉망인 해결책을 뜻한다. 개리 마커스는 진화라는 게 아주 합리적이거나 계획적으로 일어난 게 아니라는 점을 지적한다.

진화란 이전의 종에서 돌연변이가 일어난 후 자연선택에 의해서 검증받는 것이기 때문에("우연이 제안하고, 자연이 처분한다"), 어떤 진화도 맨땅에서 새롭게 만들어지지 않는다. 즉 진화는 이전 버전 위에 새로 설치된 업데이트나 패치 같은 것이다. 그렇기 때문에 늘 낡은 버전(레거시 코드)을 내장하고 있어, 이걸 다 지우고 새로 짠 코드처럼 깔끔할 수가 없다. 우리 몸의 수많은 약점들 역시 그렇다. 체중을 받치기엔 너무 약한 척추, 맹점이 있을 수밖에 없는 우리 눈의 구조, 사랑니, 맹장 등 우리의 몸은 여러 오류들로 가득 차 있다. 왜냐하면 진화의 목적은 완벽함이 아니라 적응과 생존이기 때문이다. 이렇듯 눈먼 진화 때문에 우리 육체는 수많은 오류를 갖게 되었는데, 개리 마커스는 여기에서 한 발 더 나아간다. 육체뿐 아니라 뇌 역시 그렇다는 것이다.

살아 있는 생명체는 끊임없이 생존하고 번식해야만 하기 때문에 진화를 통해 최적의 체계를 만들어내는 것이 불가능할 때가 있다. 발전소 기술자들처럼 진화도 생물의 작동을 멈출

수는 없으며, 때문에 그 결과는 옛 기술에 새로운 기술을 쌓아 올리는 것처럼 꼴사나운 것이 되곤 한다. 예컨대 인간의 중뇌는 아주 오래된 후뇌 위에 말 그대로 얹혀 있으며, 이 두 뇌 위에 다시 전뇌가 얹혀 있다. …… 이렇게 처음부터 새로 시작하는 것이 아니라 옛 체계 위에 새 체계가 얹히는 썩 아름답지 못한 과정을 앨먼은 '기술들의 누진적인 중첩'이라고 표현했다. 그리고 이런 과정의 최종 산물은 클루지가 되기 쉽다.

_개리 마커스,『클루지』

## 유전자 오작동을 이기는 역행자의 사고방식

클루지 바이러스를 의식하게 되면 삶이 어떻게 바뀔까. 유튜브 열풍이 불면서 "나도 이제 유튜브 하려고"라고 말하는 사람은 100명이 넘지만 정말 시작하는 건 3명이 될까 말까다. 왜 사람들은 결심만 하고 실행을 못 할까? 인간은 새로운 도전을 꺼리도록 진화했기 때문이다. 만약 원시시대 사람이 새롭게 도전을 한답시고 오지에 가거나 호랑이에게 덤볐다간 큰 부상을 당하거나 죽었을 것이다. 오히려 그 혜택은 직접 도전하지 않고 뒤에서 기다렸던 사람들에게 돌아오곤 했다. 따라서 옛이야기와는 다르게, 용사는 공주를 얻기는커녕 후대에 DNA를 남기기도 어렵다. 현재 살아남은 우리는 잔머리 좋은 겁쟁이의 후손이다.

이처럼 조심성 강한 유전자는 과거에는 꼭 필요한 것이었지만 오늘날엔 열등한 것, 즉 클루지로 남았다. 과거엔 새로운 도전이 생존과 직결됐지만 지금은 그렇지 않다. 유튜브나 블로그, 새로운 플랫폼에 도전하다 실패해도 죽지 않는다. 그러나 우리의 겁쟁이 클루지와 게으른 뇌는 '쓸데없는 짓 하지 말고 포테이토칩이나 먹어라' 하고 명령을 내린다. 사실 오늘날에는 아무것도 하지 않는 것이 '자유 박탈'이라는 결과를 낳는다. 일평생 인생을 장악할 수도 없이 돈과 시간에 속박되어 살아가는 것이다. 도전과 혁신이 지상명령이 된 지금 겁쟁이 클루지는 자기계발에 큰 장애가 된다. 평생 가난뱅이 순리자로 살게 만드는 치명적인 바이러스다.

또 하나, 사람들에게 막대한 피해를 주는 클루지 바이러스로 소외감이 있다. 원시시대에 100명 규모의 부족에서 왕따를 당한다는 건 곧 죽음을 의미했다. 어떤 버섯을 먹어도 되는지 알려주는 사람이 없다면, 같이 사냥을 나갈 사람이 없다면 살길이 막막해진다. 고대 사회에서 추방이라는 형벌을 내린 것도 그 때문이다. 인간은 살아남기 위해 사회생활에 최적화되게 진화했다. 자기 평판에 아주 민감하게 반응하고, 남 이야기에 놀라울 정도로 관심을 가진다. 시끄러운 파티장에서도 누가 자기 이름을 말하는 건 잘 들린다. 어떤 사람과 친해지고 싶으면 같이 다른 사람 욕을 하면 된다. 인간은 사회적 동물이다.

가장 일반화된 클루지 바이러스로 인지적 편향, 즉 편견을 들 수 있다. 선사시대 사람들은 어두운 곳에서 뭔가 큰 생물을 보면 일단 재빨리 도망치도록 진화했다. 그게 그냥 바위일 수도 있겠지만, 정말 곰이었을 경우엔 돌이킬 수 없는 결과를 가져올 것이기 때문이다. 만약 나중에 별것 아닌 걸로 밝혀지더라도 큰 상대를 만나면 일단 피하고 보는 것이 '남는 장사'였을 것이다. 사람이 뱀 같은 모양을 보면 깜짝 놀라는 것, 다리 많은 독충 같은 것을 징그러워하는 것, 쓴맛이 나거나 냄새가 이상한 것을 먹으면 토하는 것도 예전엔 인류 생존에 큰 도움을 주는 편향이었을 것이다.

하지만 오늘날에도 그러한가? 전체의 일부만 보고 재빨리 판단하는 어림짐작은 때로 큰 손해를 초래한다. 어릴 적 여자 친구에게 연이어 차이고 난 후로 여자들은 모두 이기적이라고 판단하는 건 바보짓이다. 마케팅 회사에 한 번 사기를 당했다고 온라인 마케팅을 하지 않겠다는 사장은 또 어떤가? 십중팔구 망하고 말 것이다. 내 주위에는 "그거 내가 해봐서 아는데"만 반복하면서 무엇에도 도전하지 않는 사람들이 널려 있다. 물론 그들은 착실한 순리자의 삶을 살고 있다.

이 편견 클루지는 정말 수많은 장면에 등장한다. 중요한 결정을 하거나 비싼 물건을 살 때엔 편향에 빠져 한두 가지 근거만으로 결정한 게 아닌지 생각해봐야 한다. 나는 최근 시골에 집을 얻기 위해 몇 개의 매물을 구경했다. 내 뇌는 '그만 고민하고 빨리 좀 골라. 네 채 정도 봤으면 충분해. 다 비슷하잖아!'라는 명령을 내리기 시작했다. 네 채쯤 보니까 더 보기가 귀찮아지고 피로감이 막 밀려왔다. 나는 그것이 클루지가 만들어낸 감정이라고 판단했다. 클루지는 과자 하나를 살 때나 집 한 채를 살 때나 비슷하게 작동하기 때문이다. 나는 머릿속에서 클루지 백신을 만들어내기 시작했다. '그래도 몇 년은 살 집이고 인생에서 중요한 결정이야. 만약 잘못 사면 팔지도 못하고 큰돈이 몇 년 동안 묶여버리게 돼. 그렇게 돼서 괴로울 때의 감정을 떠올려보자. 그러면 더 많은 매물을 볼 의지가 생길 거야.' 유전자 오작동이 아닐까 의심하는 습관 덕분에, 꽤 마음에 드는 매물을 두고도 바로 계약하지 않을 수 있었다.

클루지가 만들어내는 편향은 매우 일반적이라서 좀처럼 자각하기 힘들다. 다음 질문에 한번 대답해보자.

○ **당신이 만약 위독한 상태라서 큰 수술을 받아야 한다고 가정해보자. 둘 중에 어떤 것이 더 무서운가?**

　　① **이 수술은 생존 확률이 80퍼센트에 이르며, 그 환자**

들은 현재까지 잘 살고 있습니다.

② 현재까지 100명이 이 수술을 받았는데, 그중 20명은 7일 내로 사망했습니다.

1번과 2번은 사실상 같은 말이다. 하지만 사람들은 2번을 훨씬 더 공포스럽게 느낀다. 이 감정 휴리스틱(감정에 치우쳐 비합리적인 판단을 하는 것)은 내가 마케팅 회사를 운영하면서 가장 자주 쓰는 기법 중 하나다. 상대의 감정을 건드리는 문구를 넣느냐, 추상적인 단어를 넣느냐에 따라 성과가 완전히 달라진다. 유튜브를 개설했을 때 손쉽게 성공한 것도 인간의 휴리스틱을 이용했기 때문이다.

○ 유튜브 섬네일 2개가 있다고 생각해보자. 무엇을 선택하겠는가?

① 인생을 바꿔준 책 5권

② 오타쿠 흙수저를 10억 연봉자로 만들어준 책 5권

인간의 뇌는 추상적인 단어를 싫어한다. 그러니 상대를 움직이고 싶다면 구체적인 상황으로 감정을 건드려야 한다. 역으로 어떤 결정을 할 때는 이런 감정 휴리스틱에 빠진 게 아닌지 고민해봐야 한다. 휴리스틱, 유전자 오작동을 어떻게 적용하냐고? 아마 혼란스럽고 어렵게 느껴질 것이다. 그 마음은 당연하다. 초기에는 완벽히 이해하려 하지 말고 '아, 이런 게 있구나' 정도로만 생각하고 넘어가자. 그리고 다시 『역행자』를 읽으며 복습하자. 그러면 신기하게도 점차 '이 사람의 마음은 유전자 오작동인가?', '지금 내 마음이 오작동하고 있나?'라고 묻는 습관이 생길 것이다. 지금 정확하게 이해하지 못했더라도 괜찮다. 한 번 읽어두는 것만으로도 충분하다.

마지막으로 당신이 평소에 유전자 오작동을 일으키고 있는지 돌아봤으면 하는 마음으로 질문 3가지를 던져보려 한다.

### 질문 1. "사람들의 눈치를 보면서 '판단 오류'를 범하고 있지 않은가?"

**평판 오작동**　원시시대는 좁은 범위의 부족 사회였기 때문에 평판이 무엇보다 중요했다. 평판을 잃으면 생존과 번식이 불리하여 매우 절망적인 상황에 처한다. 그래서 우리 유전자는 평판을 잃는 것에 큰 두려움을 느끼도록 진화했다. 밥을 혼자 먹는 게 창피한가? 유전자 오작동일 뿐이다. 남들과 다른 길을 가는 게 창피한가? 역시 유전자 오작동일 뿐이다. 대기업을 퇴사한 후 꿈을 이룰 수 있는 소기업에 가면 명함이 달라질까 걱정되는가? 유전자 오작동이다. 남의 눈치를 보는 건, 집단에서 평판을 지키라는 유전자 코드가 작동한 것뿐이다. 본능을 역행해야 한다.

## 질문 2. "지금 나는 새로운 것을 배우는 데 겁을 먹고 있나?"

**새로운 경험에 대한 오작동**　스스로 필요 없다고 말하지만, 사실 낯선 일을 배우는 것에 본능적 두려움이 있었던 걸지도 모른다. 당신은 애써 배움을 피하며 합리화하고 있는 건 아닐까? 인간의 두뇌는 현재의 삶이 만족스러울 경우, 지금까지 유지해온 습관을 지키려는 경향이 있다. 뇌의 칼로리 소모를 낭비하지 않도록 진화한 것이다. 그렇기에 새로운 일을 배우는 것에 대해 거부감을 갖는 본능이 존재한다. 이 거부감이 반복되어 아무것도 배우지 않고 '난 이대로가 좋아'라며 산다면? 일평생을 돈과 시간의 속박 속에서 벗어나지 못할 것이다. 새로운 것을 배울 때 거부감이 든다면 '이건 유전자 오작동이야'라고 생각하며 스스로의 뺨을 때린 후에 나의 길을 걸어가야 한다. 역행자가 되어야 한다.

## 질문 3. "손해를 볼까 봐 너무 과도한 스트레스를 받는 게 아닐까?"

**손실 회피 편향**　인간은 이득보다는 '손실'에 매우 민감하게 반응하도록 진화했다. 1억 원을 벌던 사람이 1억 1000만 원을 벌게 되어도 기쁘지 않다. 하지만 9000만 원을 벌게 된다면 '매달 1000만 원씩 잃고 있어'라고 생각하며 뇌가 위기 신호를 보낸다. 스트레스에 시달리는 것이다. 선사시대에 손실은 생존에 직결되는 심각한 위기였다. 지금 우리는 연봉 5000만 원이 4000만 원으로 바뀐다고

162

해서 죽을 일도 없고 인생이 끝나는 것도 아니다. 사업하는 사람들을 보면, 이런 기초적인 계산도 못 하는 사람들이 있다. 알바비를 1.2배를 주면 오히려 더 인재가 몰리고 장기적으로 이득을 본다. 그러나 수준 낮은 사장들은 '1.2배를 주면 50만 원이 손해인데'라는 생각 때문에 결국 사업을 키우지 못하고, 장기적으론 사업을 망하게 만든다. 직장인의 경우, 이직해 자아실현을 할 수 있는 기회가 와도 '연봉이 1000만 원 깎인다면'이라는 걱정 속에서 아무 발전도 하지 못한 채 회사를 욕하며 계속 다닌다. 돈 몇 푼에 벌벌 떠는 것은 유전자 오작동에 의한 망상일 뿐이다.

이외에도 유전자의 오작동은 수없이 많다. 이에 대해 궁금하다면 내가 도움을 받은 책『클루지』, 『행동경제학』, 『생각에 관한 생각』 등을 권하고 싶다. 유전자 오작동에 대해 가볍게 공부해볼 생각이라면 '휴리스틱'을 검색해서 읽어보는 것만으로도 충분하다.

## 오작동을 극복하고 30억 원을 취하다

유전자 오작동 개념이 실제 어떻게 적용되는지 알려주고 싶어 나의 이야기를 가져왔다. 2019년 4월, 나는 거의 6개월간 유튜버가 되는 것을 망설였다. '촬영장비가 없어서', '욕 먹을까 봐', '이미 레드오션이라서' 등 수만 가지 이유로 미루고 미뤘다. 이미 너무 늦어버린 것 같았고, 포기 직전이었다. 나는 이때 '유전자의 오작동' 개념을 적용했다.

"내가 이렇게 망설이는 이유는 유전자의 오작동 때문이야. 우리는 새로운 무언가를 실행하는 것을 망설이도록 진화했어. 유전자는 내가 유튜브 하는 것을 막으려 오만 가지 망상을 하게 만드는 거야. 이미 너무 늦어버렸다고 생각하는 것도 유전자의 오작동일 뿐이야. 유튜브를 하려는 모든 사람이 나와 같은 망상에 시달릴걸. 지금 시작하면 100명 중 90등으로 늦게 출발하는 거라는 착각은 오작동일 뿐이야. 인간은 모두 심리적 오류에 시달려. 하지만 100명 중 1등은 타고난 실행력을 가진 사람일 것이고 이 사람은 이미 출발했을 거야. 내가 만약 지금이라도 유튜브를 시작한다면, 100명 중 2등으로 출발하는 거야. 절대 늦은 게 아니야. 모든 사람이 유전자 오작동에 빠져 있을 때가 오히려 기회야."

유전자의 오작동을 이겨내고 유튜브를 시작했다. 하지만 또다시 자의식을 건드리는 문제가 발생했다. 모든 초보 유튜버가 겪는 일로, 영상을 5개 업로드할 때까지 구독자가 100명도 채 되지 않은 것이다. 한 달 동안 노력했음에도 좌절스러웠다. 이런 상황에서 내 면은 이렇게 얘기했다. '나는 본격적으로 한 게 아니야. 열심히 하

지 않았다고. 그냥 경험상 해본 거지 뭐. 이제 접자.'

하지만 이 명령 또한 유전자의 오작동일 뿐이라 생각했다. "출발을 한 모든 초보 유튜버들은 나와 같은 마음을 가질 거야. 처음부터 잘하는 사람은 세상에 없어. 내가 아직 실력이 부족하다는 걸 인정하고, 잘된 유튜버들의 모든 썸네일과 초반 10초를 분석해보자. 지금 포기하지 말고 나아간다면? 초보 유튜버들이 유전자 오작동과 자의식 상처로 인해 합리화하고 접을 때, 나는 앞으로 나아갈 수 있어."

결국 자의식을 해체했고 유전자 오작동을 극복했다. 그리고 그 다음 영상이 터지면서 10만 유튜버가 되는 초석을 다질 수 있었다. 그리고 가장 유명한 '자기계발 유튜버' 중 한 사람이 되었다. 나는 이 덕분에 인맥이 무한정 뻗어나가며 고수들을 만날 수 있었다. 유튜브 덕에 경제적 자유에 관심이 많은 20대에게 이름을 알려, 이상한 마케팅에 인재들이 몰렸고, 국내 최고의 마케팅 회사로 성장하게 되었다. 또 『역행자』가 서점 종합 1위, 40만 부나 판매되며, '대형 베스트셀러 작가'로 발돋움했다. 유전자 오작동을 이겨내 유튜브라는 신문물을 받아들였고, 일생일대의 기회를 잡을 수 있었다.

"좋은 책을 읽는다는 것은,
몇백 년 전에 살았던
가장 훌륭한 사람과
대화하는 것이다."

_르네 데카르트

CHAPTER 5

# 역행자
# 4단계

# _뇌 자동화

"1000억 가질래? 뇌 자동화할래?" 나에게 악마가 이렇게 속삭인다면, 나는 1초의 망설임도 없이 후자를 선택할 것이다. '뇌 자동화'를 이루면 돈은 자동으로 쌓이고, 행복해질 수 있기 때문에 굳이 1000억을 선택할 필요는 없다. 1000억보다 이 챕터에서 다룰 뇌 최적화와 뇌 자동화가 훨씬 중요하다고 생각한다.

'뇌 최적화'는 책 읽기나 글쓰기로 뇌 근육을 키우는 것을 뜻한다. 두뇌가 한번 최적화를 끝내면, 평생 자연스럽게 지능이 발달한다. 이것을 '뇌 자동화'라고 한다. 지능 발달은 복리의 성향을 띠어, 시간이 갈수록 지능이 눈덩이처럼 자동으로 높아진다. 뇌 자동화는 뇌 최적화가 지속적으로 발동해 가만히 있어도 생각을 하고, 공부하지 않아도 생각이 이어지면서 자연스럽게 머리를 쓰는 것이다. 머리를 쥐어짜지 않아도 순리자에 비해 압도적으로 좋은 머리를 가지게 되면서 인생을 편하게 살 수 있다. 세팅을 끝낸 사람과 아닌 사람의 10년 후는 천지 차이로 나뉜다.

뇌 자동화를 이해하기 위해 '바둑 두는 죄수'를 예로 들어볼까 한다. 죄를 짓고 감옥에 갇힌 죄수가 있다. 그 방에는 TV가 있고, 매일 재미없는 바둑 방송이 켜져 있다. 바둑에 흥미가 없던 죄수는 1년간 TV 소리를 외면한 채 살았다. 그러던 어느 날, 바둑 선생님이 1개월간 일대일로 죄수에게 바둑을 가르친다. 다른 방에 있는 죄수와 경쟁시키며 실력을 키워주기도 한다. 이제 죄수의 머리엔 바둑에 대한 흥미와 지식이 자리잡게 된다. 그다음 어떻게 될까? 감옥에 갇혀 있지만, 매일 바둑 방송을 볼 것이고, 실력은 계속 쌓일 것이다. 1~2년이 지나면 실력은 더욱 늘어날 것이다. 죄수는 감옥에 갇혀 있지만, 바둑 실력과 이해도는 계속 높아지는 것이다.

지능이 성장하는 사람과 아닌 사람은 '바둑 방송을 외면하는 죄수'와 '저절로 바둑 실력이 쌓이는 죄수'와 같다. 나는 그저 있는 그대로만 세상을 바라보며 살았다. 밥이 있으면 먹었고, 화가 나면 화를 냈고, 게임이 눈앞에 있으면 게임을 했다. 미래가 없었고 지능은 낮았다. 스무 살 나의 사회적 지위는 100명 중 꼴찌 수준이었다. 어느 날 책을 읽기 시작했다. 그 과정에서 세상을 해석하는 능력이 생겼다. 배경 지식이 있으니, 그저 살기만 해도 세상의 법칙이 보이기 시작했다.

바둑을 배운 죄수처럼, 나는 매일이 새롭고 재밌다. 서점을 가면, 어떤 책이 잘 나가는지 법칙이 보인다. 판매 1위 책을 만드는 법이 자동으로 구상된다. 유튜브를 보면, 무슨 콘텐츠가 잘 나가는지 법칙이 보인다. 이를 적용해 나는 유튜브에서 50만 조회수가 나오는 영상을 만든다. 밥을 먹으러 가도 이 사업이 왜 잘되는지 왜 안 되는지 자동으로 머리가 돌아간다. 죄수가 처음에는 바둑 방송을 싫어했지만, 재미가 들리니 방에서 매일 방송을 보며 재밌게 시간을 보내는 것과 같다.

나는 뇌를 최적화한 순간부터 딱히 열심히 살지 않았다. 그저 세상을 경험하기만 하더라도 지식이 쌓였다. 머리 회전이 빨라졌다. 가만히 있어도 머리 회전과 지식이 향상되는 상태, 이 상태가 바로 '뇌 자동화'다. 억지로 하는 일도, 어려운 일도 아니다.

머리가 나쁘다면 어떤 일이 벌어질까? 자의식 해체, 유전자 오작동 같은 개념을 이해하기 어렵다. 뿐만 아니라, 돈 버는 지식을 접하더라도 이를 응용할 힘이 없다. 머리가 굴러가지 않는 것이다. 결국 머리가 나쁘면 역행자가 될 수 없다. 지능은 타고나는 건데 어쩌라는 거냐고? 당신은 두뇌가 타고난다고 믿고 있겠지만, 이 상식은 완전히 틀렸다. 두뇌는 손쉽게 개발할 수 있다. 지능은 얼마든지 높일 수 있다. 당신의 뇌는 역행자 4단계 '뇌 자동화'를 통해 한층 더 업그레이드될 것이다. 자신 있다. 내가 그랬으니까.

스무 살 때 종교가 없던 나는 친구를 따라 교회에 갔는데, 보통의 사람들과는 다른 지점에서 충격을 받았다. 교회에 있던 모든 사람들이 보는 『성경』이 아무리 읽어도 이해되지 않았던 것이다. 수능 시험에서도 그랬다. 다른 과목들은 성적이 많이 올랐는데, 언어영역이 문제였다. 시험을 보면 항상 시간이 모자랐고, 3년간 아무리 노력해도 4등급이었다. 노력에 비해선 처참한 성적이었다. 나중에도 악몽을 꿀 때면 언어영역 시험을 보는 장면이 펼쳐지곤 했다.

독해력뿐만이 아니었다. 어릴 적 나는 거의 모든 의사 결정을 잘

못해서 낭패를 볼 때가 많았다. 20대 초반엔 거의 모든 예측이 빗나
갔다. 20대 중반부터는 예측의 반은 실패하고 반은 성공했다. 하지
만 나이가 들어감에 따라 실패의 빈도가 줄어들었고, 서른한 살이
되면서부터는 큰 실패를 하지 않았다. 요즘은 잘못 판단했다는 느
낌은 거의 받지 않는다. 물론 언젠가 또 실수를 할 수도 있겠지만,
확실히 어릴 때에 비해 머리 회전이 놀랍도록 빨라졌다.

　신뢰성 있는 검사는 아니었지만, 스무 살 즈음에는 IQ가 109 정
도였는데, 스물아홉 살에는 125 수준이었다. 서른넷에 측정했을
때엔 136까지 올라가 있었다. 물론 IQ는 같은 나이대의 표준편차
를 의미하기 때문에 통상적으론 급격하게 변하기 힘들다. 그러니
이 수치들은 테스트에 대한 집중도의 차이일 수도 있다. 확실한 것
은 두뇌 회전이 10여 년 전과 비교도 되지 않게 빨라졌다는 점이다.
그 당시 나는 정보 입력에 버퍼링이 심했다. 결정도 느렸고 계산도
느렸다. 사람들이 멍청하다는 듯 쳐다보기도 하고 "머리가 안 좋아
도 괜찮아"라고 위로해주기도 했다. 하지만 뇌 최적화를 거친 현재
는 어떤 새로운 정보를 접하더라도 일반인보다 훨씬 빠르게 처리한
다. 기가 막힌 아이디어는 수없이 자주 떠오른다. 이제는 이전으로
돌아갈 수 없을 만큼 내 안의 무언가가 크게 변했다.

# 뇌를 복리로 성장시킨다면

과거의 과학자들은 지능이 고정되어 있다고 믿었다. 사람의 지능은 유전자에 의해 거의 결정되며, 아무리 공부를 한다고 해도 성인이 된 후에는 더 발달하지 않는다고 믿었다. 어릴 적에 한 번쯤 "뇌세포는 죽기만 하지 새로 생기진 않아"라는 말을 들어보지 않았는가.

하지만 최근 신경 가소성可塑性 이론이 등장하면서, 인간의 뇌는 사용하기에 따라 신경세포들을 새로 만들어낸다는 것이 입증되었다. 쓸수록 좋아진다는 것이다. 노먼 도이지 박사의 『기적을 부르는 뇌』에는 이런 사례가 수없이 나온다. 공간 감각이 없는 사람, 자폐증 환자, 포르노 중독자, 강박증 환자, 시각장애인의 뇌가 드라마틱하게 변하면서 새로운 삶을 살게 되었다. 또한 런던 택시 기사들의 뇌를 촬영해봤더니 일반인들보다 월등히 큰 해마(뇌에서 공간과 기억을 맡는 부분)를 갖고 있는 것이 확인되기도 했다. 런던 시내에 있는 2만 5000여 개의 도로와 광장을 외웠기 때문이다. 뇌는 엄청난 잠재력을 갖고 있기 때문에, 훈련에 따라서 IQ가 높아지는 것은 물론이고 상상 훈련만으로 몸의 근육이 단단해지기도 한다. "난 머리가 나빠서 안 돼" 따위의 말은 할 수 없는 세상이 왔다.

내가 설명하고 싶은 것은 '뇌의 복리'라는 개념이다. 복리의 힘은 대단해서 10억 원을 매년 20퍼센트씩 불릴 경우, 20년이 지나면

383억 원이 넘는 큰 금액으로 변한다. 실제로 가치 투자의 달인인 워런 버핏은 1965년부터 2014년까지 연평균 21.6퍼센트의 수익을 올렸는데, 이게 복리로 누적되어 182만 퍼센트의 누적수익률을 기록했다. 복리 개념이 실감나지 않는다면 좀비를 생각해보자. 이웃 나라와 전쟁을 하는데 우리에겐 특이하게도 좀비가 하나 있다고 하자. 이 좀비를 상대 진영으로 보낸다면 어떻게 될까. 좀비가 상대편 군인 한 명을 문다. 곧 좀비는 2명이 된다. 다시 그 좀비가 1명씩 더 물면 좀비는 4명이 된다. 곧 8명, 16명, 32명…… 오래지 않아 상대편 군인의 절반이 좀비로 변한다. 좀비가 절반을 넘어서면 단 한 단계 후에는 전원이 좀비가 된다. 복리는 이처럼 기하급수적인 증가를 가져온다. 맨 처음엔 원금 혼자 이자(좀비)를 낳는데, 두 번째부터는 그 이자도 다시 이자를 낳기 때문이다.

내가 스물한 살에 파격적 성장을 이룬 것도 그 때문이었다. 예를 들어 원래의 지식이 100 정도였다고 하자. 그리고 한 달에 한 권의 책을 읽으면 딱 1퍼센트의 지식 증가가 이루어진다고 하자. 그렇게 1년에 12권씩 읽었다고 가정하면 10년 뒤 지식의 양은 얼마가 될까? 놀랍게도 330, 즉 3.3배가 된다. 겨우 한 달에 한 권 읽었을 뿐인데도! 그런데 당시 나는 1년 남짓 동안 수백 권의 책을 읽었다. 물론 모두 다 정독한 것은 아니고 개중에는 별로인 책도 많았지만, 중요한 건 머릿속에 새로 들어온 지식이 좀비가 돼서 다음 지식을 전

염시키고(흡수하고), 다시 그다음 지식과 연결되어 전염시키는 과정
이 엄청난 속도로 진행됐다는 것이다. 나도 모르게 복리로 불어난
지식 덕분에, 군대 갈 때까지 7년간 대입 공부를 하지 않았음에도
언어영역 만점을 받을 수 있었다.

　뇌 속에서뿐만 아니라 사람들 사이에서도 지식 발달은 복리로 이
루어진다. 주변을 둘러보면 쉽게 알 수 있다. 책을 잘 읽지 않는 사
람들은 1년에 한 권도 안 읽는다(사실 거의 대부분이 그렇다). 이런 사람
들은 책뿐 아니라 신문조차 읽기 어려워하고, 인터넷에서 어떤 글
을 봐도 문맥을 이해하지 못해서 엉뚱한 소리를 하고 화를 낸다. 대
화를 해봐도 답답하다. 그런데 평소 책을 많이 읽은 사람은 어떤 책
이든 쉽게 소화하고, 책이 아닌 다른 글들도 잘 이해한다. 그러니
언제고 또 책을 집어 들고 고급 정보를 얻는다. 이 두 부류의 사람
은 거의 모든 면에서 차이가 난다. 어휘의 양이나 이해의 속도는 물
론이고, 가장 중요하게는 새로운 지식을 받아들이는 자세와 깊이
에서 다르다. 꾸준한 독서로 단련된 사람은 새로운 지식이라도 기
존 지식을 통해서 쉽게 흡수한다. 뛰어난 운동선수는 다른 종목의
운동도 쉽고 빠르게 배우는 것과 같다. 예전에 봤던 어떤 다큐멘터
리에서 어느 교수가 말하길, "독서 빈부 격차는 경제적 빈부 격차보
다 무서운 것으로, 삶의 양극화를 만든다"라고 했다.

독서 양극화는 복리로 벌어지기 때문에 한 살이라도 어릴 적부터 독서를 시작해야 한다. 젊을 적에는 아무런 투자도 하지 않다가 60세가 되어서 복리 저축 상품에 가입해봤자 복리의 혜택은 별로 보지 못한다. 워런 버핏이 인생에서 후회되는 일 중 하나로 주식을 열한 살에야 시작한 걸 꼽았다는 사실은 '일찍 시작하기'의 중요성을 잘 보여주는 예다. 사실 나도 중·고등학교 때 게임만 했던 것이 너무 아쉽다. 스물한 살이 아니라 10년만, 아니 5년만 더 일찍 독서를 시작했더라면 지금과는 비교도 할 수 없는 성취를 거뒀을 것이기 때문이다.

"좋은 책을 읽는다는 것은 몇백 년 전에 살았던 가장 훌륭한 사람과 대화하는 것이다." 정말 맞는 말이다. 예를 들어 주식이나 부동산 공부를 하면서 혼자 끙끙거리고 있는데, 아는 고수 형님이 한두 마디 툭 던져주면 머릿속이 팍 깨이면서 눈앞이 밝아올 때가 있다. 그런데 책이란 것은 동네 형님 정도가 아니라 당대 최고의 지식인과 전문가들이 평생 공부한 것을 압축해놓은 물건이다. 정말 좋은 책을 골라 최대한 흡수한다면, 저자가 몇십 년에 걸쳐서 어렵게 습득한 지식과 진리를 거저 얻는 것이나 다름없다.

예를 들어 몇 년 전 내 유튜브를 보고 자극받아서 추천도서 5권을 읽은 사람들은 일종의 '안경'을 얻었을 것이다. 그 책들을 추천한 지

꽤 되었기 때문에, 정말 제대로 읽었다면 그 뒤로 자기 생각의 오류를 인식하고(『클루지』), 사람을 지배욕·자극욕·안정욕 타입으로 구별하고(『뇌, 욕망의 비밀을 풀다』), 뇌를 효율적으로 쓰려고 노력했을 것이다(『정리하는 뇌』). 나 역시 『클루지』를 읽은 후로는 나 자신과 남들에게서 무수한 클루지들을 알아보게 됐다. 나는 아마 평생 '클루지 안경'을 쓰고서 클루지들을 없애면서 살 것이다. 만약 누구든 인생의 초기에 이런 좋은 안경들을 갖게 된다면, 죽을 때까지 그 복리 혜택을 볼 수 있다.

스무 살부터 뇌의 복리 저축을 실천한 사람은, 아무 생각 없이 살아온 동갑내기 서른 살과는 차원이 다른 사람이 된다. 이때부터는 독해력이 좋아져 책을 읽을 때 남들보다 빠르게 지식을 흡수하고 재해석한다. 심지어 더 이상 책을 읽지 않더라도 자동으로 지식이 쌓인다. 배경 지식이 있기 때문에, 책이 아닌 영화만 보더라도 기존 지식이 발동해서 새로운 생각들을 만들어낸다. 사업 관련 책을 많이 읽은 사람이라면, 밥 먹으러 라멘집에만 가더라도 메뉴 구성, 내부 인테리어, 직원 교육 정도, 가게의 순이익이 저절로 떠오를 것이다. 그 사람에겐 매일 만나는 수십 곳의 회사와 매장이 케이스 스터디가 된다.

놀거나 쉬더라도 평소에 고민하던 문제들이 자동으로 풀린다. 기막힌 아이디어로 하루 만에 1년치 연봉을 벌어들인다. 살아가기만 해도 지식이 복리로 쌓이는 것이다. 반면 평소 아무 지식도 쌓지 않은 경우엔 아무런 안경을 쓰지 않은 것과 같기에, 아무것도 발견하지 못하게 된다. 설사 뒤늦게 깨닫는다 해도 일찍 깨우친 사람과의 격차는 좁힐 수 없다. 남들도 계속 뛰고 있으니까.

## 뇌 최적화 1단계_ 22전략

늦은 나이에 철학과에 입학한 나는 늘 같은 과 동기들에게 왜 영어 공부를 안 하느냐, 왜 취업 준비를 안 하느냐는 소리를 들었다. 그도 그럴 것이, 당시 나는 1학년부터 2학년 겨울까지 오로지 책 읽기와 글쓰기에만 몰두했기 때문이다. 그렇다고 많은 시간을 쏟은 것은 아니고, 하루 평균 1~2시간 정도 했던 것 같다. 대학에 입학하기 전, 수많은 자서전과 자기계발서, 심리학책을 읽었다. 수백 권의 책을 읽으면서 '책 읽기와 글쓰기가 성공으로 가는 최고의 지름길'이란 결론을 내렸다. 최악의 조건에서 최고의 인생을 만든 사람들의 공통적인 행위이기도 했다.

나는 토론 동아리와 시 동아리에 들어가서 열심히 활동했다. 시는 창의성을 길러주고, 토론은 소음에 가려진 신호를 찾는 방법이라고 생각했다. 주변 사람들은 책 읽기와 글쓰기를 시간 낭비로 취급했다. 그러거나 말거나 나는 매일 책을 읽고 글을 썼다. 나머지 시간엔 놀았다. 사실 나도 불안했다. '정말 이게 맞는 걸까? 나를 아끼는 사람들이 저렇게까지 말하는 데는 이유가 있지 않을까' 하는 생각도 들었다. 하지만 확실한 믿음 하나는 있었다. '대학에 다니는 동안 책 읽기와 글쓰기, 딱 2가지만 하자. 내가 지금 뭘 할지도 모르겠고 나중에 뭘 할지도 모르겠다. 그러나 다독, 다작, 다상량(많이 생각하기)으로 기본기를 다져두면, 훗날 뭘 하더라도 남들보다 훨씬 앞서갈 수 있을 거다.'

이제 십수 년이 지났다. 나는 누구보다도 자유로워졌고, 또래 가운데에서 누구보다 많은 돈을 벌고 있다. 무엇보다 행복하다. 내가 인생에서 가장 잘했다고 생각하는 건 '22전략'을 실천했다는 점이다. 알베르트 아인슈타인, 마크 트웨인, 프리다 칼로, 레오나르도 다빈치 등 천재들은 글쓰기를 즐겼다. 세상에 이름을 남긴 작가, 철학자, 기업가 상당수가 글을 잘 쓴다. 그들이 천재로 평가받는 이유는 글을 잘 썼기 때문이 아니라 오랜 글 쓰기로 뇌 발달이 이루어지면서 더 나은 두뇌를 갖게 되었기 때문이라고 생각한다. 원인과 결과가 반대다.


몸의 코어 근육을 발달시킨 사람은 어떤 스포츠든 잘할 수 있다. 야구선수 출신의 유튜버 야신야덕, 미식축구를 했던 유튜버 말왕

등은 코어 근육이 발달해 있다. 이들은 새로운 스포츠를 배울 때 남들보다 10배 이상 빠르게 기술을 습득하며 놀라운 퍼포먼스를 보여준다. 마찬가지로, 뇌의 코어를 단련해두면 뭐든 잘할 수 있다. 사람들은 나에게 어떻게 하는 것마다 성공시킬 수 있었느냐고 묻는다. 나는 각기 다른 사업을 어렵지 않게 성공시켰으며, 유튜브, 블로그, 마케팅, 책 쓰기 등 뭘 해도 손쉽게 목표를 이뤄냈다. 그 비결은 '뇌의 코어'를 단련했기 때문이라 확신한다.

근육을 단련하듯이, 두뇌도 단련할 수 있다. 하지만 대부분의 사람들이 근육 단련에 실패하며, 두뇌 또한 단련하는 방법을 몰라 포기해버린다. 비교해보면 둘은 상당히 비슷한 점이 있다. 일단 근육을 단련하는 방법은 매우 간단하다. ① 한 번에 8회 정도 들 수 있는 중량을 3세트 반복하면 된다. 8회를 들었다 놨다 한 후에, 2분 쉬는 걸 세 번 반복하는 3세트 운동이 필요하다. 그러고 나서 ② 단백질을 먹고 ③ 48~72시간을 쉬어주면 된다. 이것만 잘 지켜도 상위 10퍼센트 안에 들 수 있다.

하지만 90퍼센트 이상의 사람들이 몸 만들기에 실패한다. 왜일까? 이 간단한 법칙을 지키지 않기 때문이다. 혹은 비효율적인 방법으로 매일 몇 시간씩 운동하다가, 힘들어 포기해버리기 때문이다. 나는 1주일에 한 번 10~20분만 운동한다. 그럼에도 사람을 만날 때마다 "몸 좋으시네요. 헬스하시나 봐요"라는 말을 항상 듣는다. 이것은 경제적 자유를 얻는 과정과 아주 비슷하다. 대부분의 사람들은 비효율적인 방법으로 경제적 자유를 얻으려다가, 결국 포기해버린다. 혹은 자의식 때문에 본인이 정한 방식만 고집하다가 결국 자유를 얻지 못한다.

운동에 실패하는 이유를 정리해보면 아래와 같다.

1. 음식 섭취를 제대로 하지 않는다.
2. 매일 1~2시간씩 무리한 운동을 하다가 힘들어서 포기한다(3세트만 해도 되는 운동을 10~20세트씩 함).
3. 근육 휴식 시간이 중요한데, 이를 어긴다.
4. 프로 보디빌더에게나 필요한 운동 방식을 따라한다.
5. 즉 어떤 운동 방법이 효율적인지 모른다.

경제적 자유를 얻는 데 실패하는 이유 또한, 정리해보면 이렇다.

1. 자의식대로 살아간다.
2. 남이 성공했다고 하는 방식을 그대로 따라한다(3시간 수면, 미라클 모닝, 말도 안 될 정도의 '노오력' 등).
3. 뇌 최적화를 소홀히 한다, 아니 무시한다.
4. '간절히 믿으면 우주가 도와준다' 따위의 자기최면만 강

화할 뿐, 효과 있는 실천을 하지 않는다.

5. 책에 정답이 있다는 걸, 즉 책이 곧 공략집이라는 걸 알지 못한다.

'22전략'은 가장 좋은 뇌 최적화 방법이다. 근육이 빵빵한 사람들은 어떻게 그 몸을 가지게 되었을까? 그들은 수년간 1주일에 몇 회씩 '근력 운동'을 반복한다. 그 결과 대단한 근육을 만들 수 있었다. 근육을 성장시키기 위해선 '꾸준히 근육을 자극'해야 한다. 마찬가지로 뇌 근육 또한 자극이 가능하며, 성장할 수 있다. 근육을 성장시키기 위해선 덤벨을 들어 올리면 된다. 마찬가지로 뇌를 성장시키기 위해선 책 읽기와 글쓰기가 가장 효율적인 방법이다. 이 이상의 방법은 없다고 단언한다.

22전략이란 별게 아니다. 2년간, 매일 2시간씩 책을 읽고 글을 쓰는 걸 말한다. 나는 이 덕분에 뇌를 발달시킬 수 있었다. 스물세 살에야 대학에 들어갔음에도 2년간 22전략을 실천하여 스물넷 겨울에 첫 사업을 성공시켰고 매월 순수익 3000만 원을 벌었다. 밑바닥에서 튀어 오르다시피 한 반전이었다.

이 글을 보고 기겁하는 사람도 있을 것이다. "그래…… 독서까진 알겠어. 근데 글까지 쓰라고?" 나는 당신에게 작가가 되라고 강요하는 게 아니다. 예전의 나라도 "인생에서 성공하는 법을 알려준다

더니 이게 무슨 소리야?"라고 했을 것이다. 그렇다. 나는 그저 인생 공략법, 부의 지름길에 대해 말하고 있을 뿐이다.

인생을 바꾸는 방법은 간단하다. 의사 결정력을 높이면 된다. 인생이라는 미로에서 남들은 막다른 길로 갈 때, 나는 출구를 향한 길을 고르면 된다. 남들은 자의식에 사로잡혀 망할 주식에 달려들 때 재빠르게 익절하는 안목, 남들이 덜덜 떠는 폭락장에서 싸게 매집하는 배짱을 키우면 된다. 남들 말만 듣고 가게를 차리거나, 자기 아집에 사로잡혀 사업을 벌이는 사람은 인생이 꼬일 수밖에 없다. 자의식을 해체하고 뇌를 최적화해서 남들이 보지 못하는 기회를 포착하면 인생이란 게임이 진행될수록 당신은 레벨업된다. 이 인생 공략집과 치트키가 되어주는 것이 책 읽기와 글쓰기다. 의사 결정력, 창의력, 메타인지 등을 직접적으로 발달시키기 때문이다.

우리는 어떤 행위를 할 때, 뇌의 일부만 사용한다. 유튜브를 볼 때, 스릴러 영화를 볼 때, 여행이나 데이트, 운동을 할 때 각각 다른 영역의 뇌를 사용한다. 하지만 책은 거의 모든 뇌 영역을 활성화해, 뇌세포를 증가시키고 지능을 상승시킨다. 우리가 독서를 할 땐 그냥 글자만 읽는 게 아니라 그 내용을 머릿속에서 시뮬레이션하는데, 뇌는 실제 경험과 이 시뮬레이션을 구분하지 못한다. 그래서 독서는 간접 경험이 아니라 직접 경험에 가깝다. 실제로 독서는 시각 정보를 담당하는 후두엽, 언어 지능 영역인 측두엽, 기억력과 사고력 등을 담당하는 전두엽과 좌뇌를 활성화한다. 책 내용에 따라선 감정과 운동을 관장하는 영역까지 활성화한다. 즉 뇌 전체를 사용하게 하는 것이다.

독서를 하게 되면 다양한 뇌의 영역이 서로 정보를 주고받으면서 활성화되고, 뇌 세포의 증가로 뇌 신경망이 촘촘해진다. 쉽게 말해 지능이 높아진다. 근육이 증가하듯, 뇌 근육이 증가하여 코어가 강해진다. 컴퓨터로 비유하면, 실행 속도가 무척 빨라진다. 나는 20대 초반만 하더라도 사람들이 무언가 시키면, 항상 느리게 행동했다. 주변의 모든 사람이 이해할 때, 나는 이해하지 못하는 경우가 많았다. 또한 어떤 명령을 들었을 때 패닉에 빠지며 '수행 능력'이 떨어졌다. 그러다 20대 후반을 지나 현재에 이르러서는 주변 그 누구보다 빠른 이해력을 갖고 어떤 상황이든 '난 상위 0.1퍼센트로 빠르고 좋은 판단을 내린다'는 확신을 품게 되었다. 과거를 생각하면 '두뇌 회전 속도가 이렇게 빨라진 게 말이 되나?' 싶을 때가 많다.

책 읽기 외에 글쓰기까지 해야 하는 이유는 뭘까. 얼마 전 20대 초반에 매달 4000만 원 넘게 벌고 있는 사업가를 만났다. 평소 책 없이는 절대 똑똑해질 수 없다고 믿는 내게, 이 친구는 자기는 책을 읽지 않는다고 말했다. 어렸을 때는 책을 읽으려 했으나 사람들이 글을 너무 못 써서 보기 싫었다는 것이다. 대신 자신은 글쓰기를 했고 덕분에 똑똑해진 것 같다고 했다. 맞는 말이다. 책 읽기만큼 중요한 건 글쓰기다.

사실 나는 최근에는 글을 많이 쓰지 않는다. 사업이 모두 제 궤도에 올라 있고 내 판단력에 문제가 없다고 느껴서다. 하지만 판단력에 문제가 생기거나 인생이 꼬이기 시작하면 다시 글을 쓸 것이다. 내 머리를 가장 좋게 만든 것이 글쓰기라고 확신하기 때문이다. 글쓰기는 내가 생각하는 것들을 조합하고 저장할 수 있게 도와준다. 예를 들어, 이 책을 통해 '22전략' 개념을 알게 된 사람이 있다고 하자. 그런데 이걸 그냥 읽거나 듣는다고 해서 모두 다 자신의 것이 되지는 않는다. 뇌는 10개를 가르쳐줘도 하나만 남기거나, 이 하나조차 불완전하게 저장하기 일쑤다.

완전한 지식으로 굳히기 위해서는 글쓰기를 해야 한다. 예를 들어 '자청이 22전략을 주장하는 이유는 무엇이며, 나는 어떻게 실천할 수 있을까'라는 주제로 한두 문단이라도 글을 써보는 사람과, '아, 이거 뭐 당연한 얘기를 하고 있군' 하면서 쓱 읽고 지나가는 사람의 머릿속엔 전혀 다른 것이 남는다. 전자의 경우에는 어떻게든 책을 더 읽고 글도 써볼 가능성이 높지만, 후자의 경우엔 이런저런 자기계발서의 제목만 머릿속에 남을 것이다. 정말 중요한 것은 독서 자체가 아니라 스스로 변화하는 것인데도.

2년간 2시간씩 책 읽기와 글쓰기를 해라. 나머지 시간에는 놀아도 좋고, 쾌락을 추구해도 좋다. 그러면 당신의 뇌는 발달하고, 최적화를 이룬다. 별로 힘든 일이 아니다. 1주일에 한두 번만 해도 상위 10퍼센트로 올라갈 수 있다. 한 달에 책 한 권 읽는 사람이 별로 없다고 했듯이, 규칙적으로 글을 쓰는 사람은 정말 거의 없다. 1주일에 한 번, 1개월에 한 번이라도 글을 써라. 정 못 하겠으면, 내가 운영하고 있는 네이버 카페 '황금지식'에서 스터디를 모집해라. 아니면 '자청 블로그'를 검색해 종종 이벤트로 올라오는 챌린지에 참여해라. 나는 참가자가 1000여 명이 넘는 오픈채팅방을 5개 정도 운영하고 있다. 여기에서 사람들은 매일 글쓰기와 책 읽기를 하고, 그 결과를 링크로 남기면서 서로 격려하고 댓글을 써주고 있다. 사람들은 이곳에서 환경 조성과 집단무의식을 이용하고 있다.

앞의 '환경 설계'에서 말했듯이 스스로를 궁지에 몰아넣는 것도 방법이다. 주변인들에게 알리고 블로그나 페이스북을 개설해 매주 글을 쓸 수밖에 없는 상황을 만드는 것도 좋다. 대학 시절의 나는 뭔가에 홀린 듯이 책을 읽고 글을 썼지만, 사실 22전략을 매일 실천하는 건 무척 힘든 일이다. 이 책을 읽은 사람 중 이걸 실천하는 비율은 0.1퍼센트도 안 될 것이고, 1주일에 한두 번 이상 실천하는 비율은 그중 5퍼센트 정도일 것이다.

이래서 인생이 참 쉬운 것이다. 아무도 이 쉬운 것을 하지 않기 때문이다. 유전자의 명령과 본능에 사로잡혀서 온갖 핑계를 만들어내며 포기하는 사람이 대다수다. 매일 아침 천근 같은 몸을 일으켜 회사에는 나가면서 저녁에 책상에 앉아 글 한 줄 쓰는 것은 하지 않는다. 당장의 보상이 없기 때문이라고? 평생에 걸친 복리 저축임을 내가 보여주지 않았나? 자수성가한 수많은 역행자가 그토록 많은 책에서 입이 닳도록 말하는데도? 그냥 다 핑계일 뿐이다. 95퍼센트의 사람들은 곧 포기할 것이다. 그게 인간의 본성이기 때문이다. 그래서 난 오히려 이렇게 생각한다. '매일은 못 해도 1주일에 하루만이라도 하자. 이것조차 안 하는 사람이 99퍼센트에 가까우니까, 이것만 해도 남들을 훨씬 앞지를 수 있다. 역행자가 될 수 있다.'

나 또한 매일 책을 읽으면 최고가 될 거란 걸 안다. 하지만 게을러서 그렇게는 못 하고 있다. 대신, '1주일에 하루 30분만 책을 읽자. 이것만 해도 상위 5퍼센트 안에 든다'라고 생각하며 10년을 보냈다. 그 결과 나는 최악의 인생에서 최고의 인생으로 바뀔 수 있었다.

**과제** 어떻게 하면 하루에 30분씩 책을 읽을 수 있을까? 어떻게 환경 설정을 할지 먼저 고민하라. 초반부터 무리한 목표를 잡지 마라. 딱 1주일만 매일 30분 책 읽기를 목표로 세우고 이 목표를 블로그에 써두라.

# 뇌 최적화 2단계_ 오목 이론

해본 사람은 알겠지만 오목은 수만 잘 두면 끊임없이 공격할 수 있다. 적절히 다른 돌과 연계되게 두면 공격 루트가 많이 생기고, 그러는 사이 상대는 방어만 하다가 게임에서 패배할 때가 많다. 만약 우리 인생도 오목처럼 플레이한다면 어떻게 될까? 당신이 무한하게 승리하는 수만 둘 수 있다면 인생으로부터의 자유는 저절로 얻게 된다. 계속 가난하다가 한번 부자의 길에 올라탄 사람이 기하급수적으로 돈을 축적하는 것 또한 같은 이치다. 오목은 돌을 두는 게임이다. 인생도 이와 비슷하게 '의사 결정'이라는 돌을 두는 게임과 같다.

너무 추상적인 말일 수 있으니 예를 들어보겠다. 내 인생에서 '22전략'은 가장 좋은 첫 수였다. 22전략은 지능을 높여주는 좋은 방법이었으며, 이후엔 그 어떤 지식도 쉽게 흡수할 수 있게 되었다. 두 번째 두었던 수는 '상담'이었다. 8년 넘게 상담을 하면서 나는 인간의 감정이 어떻게 움직이는지 이해할 수 있게 되었다. 그러니 자연스럽게 타인의 마음을 움직이는 마케팅도 잘할 수 있었다. 세 번째 수는 '마케팅'이었다. 나는 마케팅을 이해함으로써 어떤 사업도 실패할 수 없는 비즈니스 실력을 갖게 되었다. 나아가 2019년부터 유튜브가 대세로 떠오를 것임을 미리 감지할 수 있었다. 유튜브 채널을 운영한 덕분에 우리 회사 규모 정도로는 절대 뽑을 수 없는 인재들을 모을 수 있었고, 덕분에 다음 수로 여러 회사를 늘려갈 수 있었다. 더욱이 이러한 경험을 바탕으로 지금은 책을 쓰고 있다. 책이 잘된다면 내가 둘 수 있는 수는 거의 무한대에 가까워진다. 수를 둘 때마다 '이길 수밖에 없는 게임'을 반복하고 있는 것이다. 실제로 『역행자』는 도서 시장에서 종합 베스트셀러 1위로 올해의 책에 선정되고, 40만 부나 팔렸다. 그 결과 나의 사업과 인맥은 두 단계 업그레이드되었고 둘 수 있는 수는 무한대가 되었다.

부자들의 인터뷰를 보면 공통적으로 하는 말이 있다. "돈은 처음에는 거의 모이지 않지만, 한번 벌기 시작하면 기하급수적으로 늘어납니다." 『돈의 속성』을 쓴 김승호 회장도 이렇게 말했다. "제가 매장 100개를 오픈하는 데까지는 3년이 걸렸습니다. 그러면 1000개 매장을 오픈하는 데까지 상식적으로 10년 이상 걸리는 게 정상입니다. 하지만 그걸 모두 이루는 데엔 채 몇 개월도 걸리지 않았습니다."

이를 위해선 무엇보다 당장 돈이 되지 않더라도 '장기적인 수'를 두는 것이 중요하다. 인생은 거의 100년에 걸친 긴 게임이다. 누구나 20~60세까지 40년에 걸친 전성기를 갖고 있다. 사업이든 투자든 실패하는 사람들을 보면 당장 내일 인생이 끝날 것처럼 너무 조급해한다. 이처럼 눈앞의 이득과 소득에 집착하지 않고 장기적으로 두는 수를 '오목 이론'이라 부르려 한다.

나는 2019년 4월 말에 유튜브를 시작했다. 이때 유튜브를 시작하는 게 단기적으로 좋은 수는 아니었다. 성공할지 망할지도 모르고, 잘된다고 해도 기회비용을 계산하면 남는 장사는 아니었다. 이걸 하느니 시간당 90만 원짜리 재회 상담을 5건씩 하는 게 금전적으로 더 이득이 컸다(하루에 450만 원을 벌 수 있다). 혹은 이상한마케팅의 실무를 뛰어서, 매달 2000만 원의 순수익을 내는 게 나았을 수도 있다. 유튜브를 하면 매일 450만 원씩 손해를 보는 셈이었다. 하지만 결과적으로는 당시 미친 듯이 일을 하는 것보다 유튜브가 훨씬 큰 이득을 가져다주었다.

유튜브 방송에 성공한 후 상장기업 대표들도 만나고 자수성가한 몇백억 대 자산가들도 수없이 만날 수 있었다. 덩달아 사업 기회도 늘어났으며 그동안 모르던 투자의 세계도 많이 알게 되었다. 사람들이 내 영상을 보고 오기 때문에 소개를 길게 할 필요도 없었다. 어떤 사업을 하든 유튜브에서 언급만 하면 큰 성과를 올리게 되었다. 가장 중요하게는 전국에서 수많은 인재가 몰려왔다는 것이다. 최고 수준의 인재들을 채용할 수 있었고 덕분에 회사가 커졌다.

결과적으로 3년 전에 비해 일은 덜 하면서도 3배 이상의 자동 소득이 생기게 되었다. 만약 그때 당장의 수익에만 급급해 돈 버는 일만 했다면? 소득이 줄진 않았겠지만 여전히 바쁘게만 살고 있을 것이다. 그리고 다른 사업을 구상하거나 시작할 여유는 더 없었을 것이다. 이제 나는 시간도 많아지고, 소득은 훨씬 커진 상태가 되었다. 오목 이론에 따라 장기적인 수를 두었기 때문에 가능한 일이다. 나는 오목 이론이란 걸 생각해낸 후 2019~2020년에 여러 돌을 두었다.

- **유튜브를 시작했다.**
- **29만 원짜리 PDF 책을 판매하기 위해 원고를 2권 썼다.**
- **유튜브 컨설팅 회사를 만들어서 직접 발로 뛰었다.**

유튜브 컨설팅 가격은 39만 원이었다. 직접 재회 상담을 하면 90만 원을 벌었겠지만, 39만 원짜리 컨설팅을 직접 하면서 유튜브에 대한 이해도는 더 깊어졌다. 이 덕분에 『유튜브 알고리즘 탭댄스』라는 PDF 책을 쓸 수 있었다. 이 PDF 책은 다시 월 1500만 원씩 자동 수익을 가져다주었다. 또한 구독자 10만 이상 유튜버를 20여 명 배출하며, 유튜버의 성공 공식을 알아냈다. 이것들을 토대로 3년간 구독자 9000명 수준으로 정체되었던 유튜버를 2개월 만에 구독자 50만 명의 유튜버로 만드는 경험도 할 수 있었다.

나는 이 경험 덕에 '유튜브로 공짜 마케팅 하는 법'을 이해했다. 그 결과 이상한마케팅 유튜브 채널을 통해 성공 사례를 홍보했고,

수익이 극대화되었다. 지금은 적어도 월 1억 이상의 부가수익을 얻고 있다. 『역행자』를 마케팅할 때도 컨설팅 경험을 바탕으로 유튜브를 3년 만에 다시 시작했고, 그 결과 이 책이 베스트셀러가 되는 데 크게 일조할 수 있었다. 유튜브 컨설팅이라는 행위가 단기적으로는 돈이 안 되었지만, 장기적으로는 엄청난 돈을 불러온 것이다. 나는 오목을 둬서 경우의 수를 늘렸다.

몇 년 전만 하더라도 나는 책을 쓸 계획을 갖고 열 곳 가까운 출판사에 초고를 보냈다. 하지만 대부분 답이 없었고, 그나마 한 곳에서 온 회신은 거절 메일이었다. 나는 생각을 전환했다. 내가 제안할 게 아니라 출판사에서 매달리는 상황을 만들어야겠다고 생각했다. 그리고 정말 유튜브라는 수를 둬서 성공을 거두자 상황이 역전됐다. 내가 유튜브에서 언급한 5권의 책은 그전에는 절판되거나 하루에 한두 권 팔리는 수준이었지만 이후 전부 베스트셀러가 되었다. 종종 출판사 관계자들은 "출판계에서 전례 없는 일이다"라고 이야기했다.

그러니 어떻게 됐겠는가? 유튜브가 터지자마자 100여 곳의 출판사로부터 "책을 씁시다", "책 광고를 부탁드릴 수 있을까요" 하는 연락을 받았다. 사실상 자기계발서를 내는 회사에서는 거의 다 연락이 왔다고 볼 수 있다. 예전에 내 메일에 거절했던 출판사들에서도 출판 제의가 온 건 물론이다(아직도 그들은 예전에 내가 출간 제안을 했다는 사실을 모른다). 결과적으로 나는 자기계발서 매출 1위인 출판사와 출간 계약을 했다. 이 회사는 당시엔 너무 압도적인 스케일이라 느껴져 초고조차 보내지 못했던 곳이었다.

지금 이 책을 쓰는 행위도 사실 돈으로만 따진다면 시간 낭비일 수 있다. 이 시간에 사업에 더 신경 쓴다면 인세 수익의 수십 배가 넘는 단기 이득이 돌아올 것이다. 하지만 책을 출판함으로써 내 브랜드 가치는 더 높아질 것이다. 이 경험을 통해 출판 사업을 해볼 수도 있고, 마케팅에 활용할 수도 있고, 장기적으로는 우리 회사들의 브랜드 가치를 높일 수도 있다. 나보다 레벨이 높은 사람들을 만나서 영감을 받을 수 있는 기회도 생긴다. 단기적으론 손해지만 결코 손해가 아니다.

당신도 자신의 수를 놓아라. 정말 가진 게 없고 뭘 해야 할지 모르겠는가? 카카오 대리운전을 해라. 쿠팡 물류 알바를 해라. 카페 알바든 뭐든 해라. 그러면서 그곳에서 일어나는 현상들을 공부하고 책을 읽어라. 대리운전을 할 때에는 '내 인생은 왜 이럴까' 하는 생각을 가져선 안 된다. 화술 책을 독파한 후 운전을 해라. 손님이 말을 걸면 배운 걸 써먹어봐라. 카페 알바를 한다면 카페 창업과 관련된 책을 20권쯤 읽어라. 쓸모없이 일하는 시간은 없다.

현실이 쉽다는 게 아니다. 안 좋은 환경에 있으면 세상이 온통 부정적으로 보이고 무엇도 하기 싫어진다. 당연하다. 본능이 그렇게

시키기 때문이다. 하지만 시키는 대로 살면 계속 '반응'만 하며 살게 된다. 유전자가, 본능이, 세상이 만들어놓은 궤도 위를 불만 가득 품고 걷다가 죽을 것인가. 본능을 거슬러야 한다. 계속 미래를 그리면서 환경을 설계해나가야 한다. 미래를 그리며 본능을 억누르는 사람만이 운명을 거스를 수 있다.

당신은 지금 눈앞의 과제를 해결하는 데 급급하며 살고 있지 않은가? 장기적인 수를 두기 위해 무엇을 하면 좋을지 생각해보고 한번 작성해보자. 정 생각나는 게 없다면 내가 두었던 수를 고려해보길 바란다. 야근이 있는 회사보다는 100만 원 덜 벌더라도 쉬운 직장으로 이직하라. 남은 시간에 운동을 하여 뇌를 최적화하고, 하루 1시간 책을 읽어라. 알바를 두 탕 뛰고 있다면 반드시 하나를 그만두고, 그 시간에 창의적인 공동체에 나가거나(자기계발을 좋아하는 사람들이 모인 공간), 책을 읽거나, 나보다 더 나은 사람을 만나라. 당장의 성취에 급급하여 인생을 갉아먹는 것은 순리자의 전형적인 행동임을 기억해야 한다.


**과제**　오목 이론에 따라 당신의 삶 속에서 단기적으론 이득이 없지만 장기적으로 이득이 있는 수는 무엇인지 생각해보라. 만약 없다면 지금부터 뭐야 할 장기적인 수는 무엇인가? 생각이 나지 않아도 좋으니 10분간 밖에 나가서 걸으며 생각해보자. 그리고 그 생각을 블로그에 적어두라.


## 뇌 최적화 3단계_ 뇌를 증폭시키는 3가지 방법


게임에는 '120퍼센트 능력치 상승!' 같은 마법이 등장한다. 그렇게 뇌 능력치를 상승시킬 수 있다면 얼마나 좋을까? 나는 뇌와 인간의 인지 메커니즘에 대한 책을 많이 읽으면서 그걸 효율화하는 방법에 대해 깊이 생각해왔다. 이제까지 말한 복리 뇌 만들기, 22전략, 오목 이론 같은 것들이 모두 여기서 나온 것이다. 뇌는 그저 생존만을 위해 에너지를 적게 쓰고 효율적으로 작동하려 하지만 이런 방식은 원시시대에는 효과적이었을지 몰라도 현대를 사는 우리에게는 불리할 때가 많다. 그래서 이 게으른 뇌를 어떻게든 깨우고, 새로운 정보를 받아들여 새로운 것을 만들게 하고, 그 생각들이 외부 현실에서 구현되도록 하고, 거기에서 다시 새로운 정보가 생성되어 뇌를 자극하는 일련의 선순환 루프를 만들기 위한 것이 앞의 방법들이다. 그러니까 이제까지 얘기한 것들은 뇌 속에 새로운 배선을 까는 것, 일종의 새로운 프로그래밍에 관한 것이었다. 그런데 이 프로그래밍과는 별도로 거기에 강력한 전류가 흐르게 하는 것, 즉 활성화하는 것은 또 다른 문제다. 이제 이 '뇌 자극'에 대한 현실적인 팁들을 이야기해보겠다.

앞에서 나는 근육을 키우는 것과 독서 뇌를 만드는 게 비슷하다고 했다. 운동을 열심히 해본 사람은 알겠지만, 몸도 처음에는 새로운 운동에 저항을 한다. 근육통이 오고 열량을 소모한 만큼 지방을 더 축적하려 한다. 하지만 이를 이기고 어느 정도 수준이 되면 운동이 한결 수월해진다. 거꾸로 말하면, 3세트만 해도 커지던 근육이 5세트를 해도 별로 자극받지 않는다. 몸이 적응했기 때문이다.

뇌도 마찬가지다. 앞서 말한 복리 뇌 만들기, 22전략, 오목 이론을 열심히 하면 처음에는 놀라울 정도로 성장하지만, 이 약아빠진 뇌라는 녀석은 다시 거기에 적응하기 시작한다. 똑같은 정도로 노력하는데도 별로 실력이 늘지 않는 시점이 온다. 이때 필요한 게 바로 '뇌 자극'이다. 다시 게을러진 뇌를 증폭하는 뇌 자극 역시 운동 프로그램 리셋과 비슷한 원리를 따른다. 새로운 배선을 깔고, 이 배선이 자리 잡을 만큼 충분한 휴식을 주는 것이다. 아래에서는 내가 실제로 활용하는 뇌 자극 방법들을 소개한다.

## ㅣ 1. 안 쓰던 뇌 자극하기

과학 분야의 노벨상을 탄 사람들은 어떤 특별한 재능을 갖고 있을까? 과학 분야의 노벨상에도 수많은 분야와 주제가 있기 때문에,

이들에게 어떤 공통점이 있는지는 누구나 궁금해한다. 그런데 조사 결과, 정작 과학에 대한 이해도는 노벨상을 받지 못한 다른 과학자들과 큰 차이가 없었다고 한다. 하지만 노벨상 수상자들에게는 다른 사람들과 구별되는 특이한 점이 하나 있었다. 그것은 과학 말고 다른 분야에도 조예가 깊었다는 점이다. 과학 분야의 노벨상 수상자들은 문학이나 역사 등 다른 분야에 대한 관심과 이해가 높았다.

창의성이나 지혜는 통합적 사고에서 나온다. 흔히 통찰력이라고 불리는 통합적 사고는 뇌 전체를 통합적으로 사용할 때 발휘되는 사고력이다. 멋진 아이디어를 내거나 기상천외한 해법을 발견하기 위해선 뇌의 여러 영역을 자극할 필요가 있다는 말이다. 그래서 새로운 아이디어가 필요하거나 곤란한 문제에 부딪히면 여러 가지 뇌 기능을 자극하려고 애쓴다. 예를 들어 신체운동 지능을 자극하기 위해 새로운 운동을 하고, 논리수리 지능을 건드리기 위해 과학 유튜브를 보며, 음악 지능을 일깨우기 위해 리듬이 강한 음악을 듣기도 한다. 뭔가 이름을 짓거나 좋은 표현을 찾아야 하면 평소엔 잘 읽지 않는 시집이나 소설책을 집어 든다. 이렇게 동시다발적으로 여러 영역을 마사지해주면 뇌가 증폭되고 확장되는 느낌이 든다. 실제로 답을 찾는 경험도 여러 번 했다.

여기서 중요한 것은 새로운 경험이다. 사업을 하다 보면 위기가 찾아온다. 이때 상식적으로는 경영학 책을 읽는 게 타당해 보인다. 하지만 나는 『삼국지』 같은 역사물을 보거나, 과학 관련 다큐 또는 유튜브를 보곤 한다. 그러면 자연스럽게 해결책이 떠올라 기적처럼 문제가 해결되곤 한다. 해당 분야의 책을 읽을 때는 뭔가 더 진전이 안 되는 느낌이다가, 전혀 다른 분야의 콘텐츠를 볼 때 갑자기 더 높은 레벨에서 뭔가 파바박 떠오를 때가 많다. 나뿐만 아니라 아인슈타인이나 파인만 같은 천재 물리학자들도 종종 그랬다니 이는 인간 뇌의 공통된 현상인 것 같다.

그래서 나는 일이 잘 안 풀리거나 새로운 아이디어를 떠올리고 싶을 때 전혀 다른 분야를 공부한다. 그동안 내가 읽은 책들은 대부분 심리학이나 철학 등에 치우쳐 있었는데, 이때는 완전히 반대로 수학이나 과학, 역사 분야를 보고 듣는다. 그렇다고 해서 수학이나 과학, 역사 분야의 어려운 책을 깊게 공부하라는 의미는 아니다. 여러 번 말했듯이 나는 그렇게 똑똑하거나 의지가 강한 인간이 못 된다. 그래서 타협점으로 찾은 것이 유튜브 시청이다.

학습의 깊이와 장기적 효과라는 측면에서 따져보면 유튜브 시청이 아주 좋은 방법은 아니다. 하지만 아예 보지 않는 것보단 분명히 나을 때가 있다. 아주 골치 아픈 문제가 있을 때 평정심을 가지고 책장을 넘길 수 있는 사람은 많지 않을 것이다. 그렇다고 PC 게임을 켜는 것보다는 과학 유튜브를 틀어놓고 가볍게 집중하는 것이

낫다. 유명한 과학 채널 유튜브들은 중학생도 이해할 수 있는 수준으로 매우 쉽게 설명하며, 무엇보다 상당히 재미있다. 개인적으로 〈과학드림〉, 〈에스오디〉, 〈1분과학〉, 〈신박과학〉, 〈안될과학〉을 추천한다.

## ▌2. 안 가본 길 걷기

나는 운동을 하지 않는 사람을 볼 때마다, 솔직히 안타까움을 느낀다. 운동은 행복감을 증진시킬 뿐만 아니라 대부분의 우울증을 치료해준다. 뿐만 아니라 뇌의 효율을 극대화할 수 있다. 종종 머리가 좋은데 운동을 하지 않는 친구를 보면, '운동만 했더라면 너는 훨씬 더 빠르게 원하는 걸 얻을 수 있었을 텐데……'라는 탄식이 나오곤 한다. 나는 거의 모든 운동을 섭렵했는데, 실제로 운동을 좋아하기도 하지만 '더 빠른 자유'를 얻기 위해서다. 1주일에 두 번 정도의 운동은 몸의 노화를 막고, 행복도를 높이며, 창의성과 의사 결정력을 극도로 높여준다. 난 솔직히 당신이 이 책에서 '22전략과 운동', 딱 2가지만 얻어가도 성공이라 생각한다.

나는 일생일대의 일을 처리하고 고도의 집중력을 요할 때, 반드시 운동을 한다. 『역행자』를 쓸 때도 하루 30분 정도 무조건 유산소 운동을 했고, 확장판을 준비하면서도 매일 30분씩 운동했다. 평소엔 매일 하는 정도는 아닌데, 머리를 많이 쓰는 작업을 할 때는 매일 운동하는 편이다. 운동을 하면 집중력이 극도로 높아지고, 창의적인 상태를 만들어준다. 특히 운동하고 샤워를 마치면, 다 소진되어버린 집중력이 다시 돌아온다.

배드민턴이나 축구 같은 운동도 좋고, 여의치 않다면 자전거나 가벼운 조깅, 걷기 같은 운동을 하면 된다. 다음은 내 인생이 걸린 일을 할 때나 고도의 집중력이 필요한 작업을 할 때의 내 루틴이다. 참고해 자신만의 루틴을 만들어보자.

1. 아침에 일어나 5분 정도 가벼운 걷기, 조깅, 사이클 등으로 몸의 세포를 깨운다.
2. 샤워를 하면서 멍 때리거나 생각을 정리한다.
3. 40분간 집중하고, 5~10분 정도 걷는다. 걸을 땐 절대 휴대전화를 보지 않아야 한다. 쉬는 시간에 휴대전화를 보면 5시간이면 끝날 일이 10시간으로 늘어나고, 결과물의 퀄리티도 떨어진다.
4. 5~6시간 정도 집중하면, 뇌 용량이 소진되어 효율적으로 일하지 못한다. 이때 필살 카드로 30분에서 1시간 정도 유산소 운동을 한다. 배드민턴이나 테니스, 축구 연습 등 혼자 하는 스포츠도 매우 좋다.
5. 샤워하여 몸을 릴랙스시킨다. 집중력은 초기화되어 최상

의 컨디션으로 회복된다.

6. 40분간 일하고 바깥 바람을 쐬거나 스트레칭을 한다.

7. 일과를 마치면 보상을 줘야 한다. 유튜브를 봐도 좋고, 먹고 싶은 걸 마음껏 먹어도 좋고, 심지어 야동을 보든 뭘 해도 좋다. 도파민으로 보상해줘야 한다. 그래야 다음 날 일을 할 때도 '일 다 끝내면 즐거움이 기다리고 있어'라는 무의식적 생각에 더 집중이 잘된다.

동물은 먹잇감을 찾고 사냥하기 위해 뇌를 발달시켰다. 운동하지 않으면 뇌는 퇴화된다. 운동하면 뇌가 발달한다. 운동할 때 인간의 뇌는 '사냥 상태'라는 착각을 하게 된다. 사냥 상태는 가장 집중력이 좋아지는 시간이다. 따라서 운동을 하면, 뇌가 활성화되고, 창의적으로 변한다. 4시간 걸려 처리할 일을 1시간 만에 처리할 수 있게 되며, 기막힌 아이디어로 1년간 일해야 얻을 수 있는 아웃풋을 한번에 얻기도 한다. 운동 습관은 어떤 식으로든 만들어야 한다. 스트레스도 관리되고, 건강도 좋아지고, 얼굴도 좋아지는데 안 할 이유가 없다. 운동이라면 대부분 좋지만 내가 가장 추천하는 건 바로 '걷기'다.

"성장하느냐 소멸하느냐는 활동을 하느냐 하지 않느냐에 달려 있다. 신체는 운동을 하도록 설계되었고, 신체가 운동을 하면 결과적으로 뇌도 운동을 하게 된다. 학습과 기억은 우리 선조들이 음식을 찾아다니는 데 사용하던 운동 기능과 함께 진화해왔으며, 따라서 뇌의 입장에서는 우리가 움직이지 않으면 뭔가를 배울 필요를 전혀 못 느낀다."

_존 레이티·에릭 헤이거먼, 『운동화 신은 뇌』

『운동화 신은 뇌』의 저자들에 따르면, 뇌에 좋은 운동은 격렬한 운동이 아니다. 피가 근육으로 다 빠져나가기 때문에 뇌의 인지 기능이 오히려 떨어진다고 한다. 가벼운 유산소 운동과 약간 복잡한 운동이 좋다고 하는데, 나는 여기에 딱 맞는 운동으로 산책을 권한다. 다만 이 산책은 좀 특이한 산책이다. 즉 안 가본 길, 새로운 동네를 가보는 것이다. 모르는 곳을 걷다 보면 뇌에 새로운 지도가 만들어진다. 새로운 공간을 탐색하면서 뇌는 공간 지능 및 신체운동 지능 등을 총동원하게 된다. 작가 마이클 본드는 책 『길 잃은 사피엔스를 위한 뇌과학』에서 길 찾기 능력이야말로 인류의 성공 비밀이라고까지 말했다. 공간 지각은 물론이고 추상 능력, 상상력, 기억력, 언어 능력까지 자극한다는 것이다. 그러니 가보지 않은 거리 곳곳을 걸어 다니자. 빠른 걸음으로 20분 정도 걸으면 뇌 혈류량이 증가해 뇌 자극이 더욱 강해지고, 운동 효과까지 덤으로 얻을 수 있다.

내가 이 얘기를 하자 한 친구는 "제가 했던 것 중에 가장 좋은 방법이 있습니다"라며 다른 재미있는 방법을 알려줬다. 『드라이브』라는 책에 나오는 방법이라는데, 가령 출근하는 방법을 바꿔봄으로써 뇌를 자극하는 것이다. 예를 들어 그동안 버스를 타고 출퇴근 했다면 지하철을 타고 출근한다거나, 시간이 걸리더라도 자전거를 타고 출근하는 식이다. 아예 반대 방향에 숙소를 잡고 거기서 출근 하는 방법도 있겠다. 이런 식으로 응용하면 새로운 출근 방법이 정말 많아진다.

나는 보통 책을 잔뜩 읽고 나서 머릿속이 아직 복잡할 때 이렇게 엉뚱한 일로 뇌를 자극한다. 몸을 움직이는 것 외에도 다음과 같은 활동을 추천한다.

- 운행 노선을 모르는 버스 타고 종점까지 가기
- 새로운 차 운전해보기
- 새로운 음식에 도전해보기
- 새로운 길 산책하기
- 완전히 새로운 장르의 음악 듣기

## 3. 충분한 수면

스물한 살에 처음으로 책을 읽기 시작했을 때, 잠에 대한 책도 많이 봤다. '동물은 왜 잠을 잘까? 잠을 자지 않으면 인간은 어떻게 될까?' 궁금했다. 그때는 독서에 미쳐 있었기 때문에, 잠을 좀 적게 자도 괜찮다면 그러고 싶었다. 수면에 대한 여러 책을 읽고 정보를 종합해서 세운 나의 결론은 이렇다.

○ **절대 잠을 줄여선 안 된다. 어떤 이는 9시간을 자야 하는데, 누군가는 3시간만 자도 멀쩡하다. 3시간만 자도 되는 인간이 책을 써서 "3시간만 자도 충분합니다"라고 말하는 걸 절대 믿어서는 안 된다. 학자들은 최소 7시간 이상의 수면을 권장하며, 그럴 때에야 뇌가 최대치의 성능을 낸다. 잠을 줄이는 것은 비효율의 극치다.**

○ **사람마다 필요한 수면 시간은 제각기 다르다. 본인이 최상의 컨디션을 내는 시간을 알아내야 한다. 6~9시간 사이일 확률이 높다.**

○ **낮잠은 30분 이내로 자면 좋다. 수면에는 렘수면과 논렘수면이 있는데, 깊은 잠(논렘수면)에 빠지기 전에 깨는 것이 좋다.**

○ **인간이 잠을 자는 이유는 다양하지만, 내 기준에서 잠을 많이 자야 하는 가장 중요한 이유가 하나 있다. 바로 장기기억화다. 인간은 잠을 잘 때, 그날 일어난 일들을 정리해 장기**

기억으로 전환한다. 잠은 뇌 최적화에 꼭 필요한 행위다. 잠을 줄여서라도 책을 많이 읽는다? 말짱 헛짓이다.

○ 잠을 적게 자게 되면 하루에 일어난 일을 장기기억화하지 못한다. 읽은 책이나 공부한 것이 대부분 휘발된다. 암기과목과 같은 시험을 볼 때는 밤을 새우는 것이 나을 때도 있지만, 인생이라는 장기 레이스에서 잠을 줄여 공부하는 것은 멍청한 짓이다. 하루 동안 얻은 지혜나 정보를 잊어버릴 뿐만 아니라, 건강을 망치고 노화를 앞당긴다.

○ 잠에서 막 깼을 때나 꿈에서 문제의 해답을 발견하기도 한다. 인간의 뇌는 정말 신비로워서 잠을 자는 동안에도 문제 해결을 계속한다. 그래서 잠에서 깼을 때 "아!" 하면서 정답을 떠올리거나, 멍 때리며 아침밥을 먹다가 또는 샤워를 하다가 기막힌 아이디어를 내는 경우들이 있다. 다시 한번 말하지만, 잠을 잔다고 해서 시간을 낭비하는 게 아니란 말이다.

○ 잠을 선천적으로 덜 자도 되는 사람을 부러워할 필요가 없다. 그런 논리라면 3시간씩 자는 사람은 모두 엄청난 부자가 됐어야 한다. 혹은 마흔다섯 살까지 산 사람은 무조건 서른다섯 살보다 돈이 많거나 똑똑해야만 한다. 그러나 어디 그렇던가? 나는 8시간은 무조건 잔다. 매일 늦잠을 잔다. 잠이

**창의성을 증진시키고, 당일 경험했던 것을 장기기억화함으로써 지혜를 축적한다고 생각한다. 그 결과 나는 늦은 나이에 인생을 시작했지만, 동년배의 누구보다 앞서가고 있다.**

앞에서 근육 운동과 뇌 자극이 비슷하다고 했다. 헬스클럽에 처음 온 초보들이 많이 하는 실수가, 먹는 것을 소홀히 하면서 운동만 잔뜩 하는 것이다. 몸에 영양이 제대로 공급되지 않은 상태인 데다 잔뜩 펌핑된 근육도 휴식을 취하면서 진짜 근육으로 전환돼야 하는데, 그런 것은 생각 안 하고 운동만 계속한다. 그러고는 "난 운동을 이렇게 열심히 하는데 왜 근육이 안 나오지?" 같은 소리를 한다. 공략법을 모르기 때문이다. 우리 몸의 메커니즘을 모른 채 '운동한다는 느낌'에 집착하면 근육만 상한다. 앞에서 난 매일 잠깐 3세트씩 운동하고 잘 먹고 잘 쉬는 것만으로도 몸을 유지한다고 했다. 뇌도 마찬가지다. 책을 읽고 쓰면서 뇌에게 운동을 시켰으면, 그게 진짜 지식으로 고정되도록 충분한 휴식을 줘야 한다. 그게 잠이다.

충분한 잠과 함께 추천하고 싶은 것은 멍 때리기다. 여행 가서 아무 생각 없이 먼 곳을 바라보는 것, 좋은 풍경을 보면서 가만히 있는 것, 담배 피우면서 딴 생각을 하는 것, 이런저런 생각을 하면서 샤워하는 것 등을 '몽상 모드'라고 한다. 열심히 사는 사람들은 이 몽상 모드를 발동시키는 시간을 아까워한다. 나는 반대다. 이 시간은 억지로라도 만들어야 하는 정말 귀중한 시간이다. 나는 개인적으로 멍 때리는 시간을 의도적으로 만들려고 노력한다. 이 멍 때리는 시간은 1주일간 살면서 접한 정보를 통합하거나 생각을 정리하도록 도와주는 시간이다. 이 시간에 고민하던 문제에 대한 기막힌 아이디어나 해결책이 나오곤 한다. 이게 아니더라도 생각을 정리하면서 불필요한 불안감을 없애 뇌가 말끔해진다. 결국 또 다른 생각을 효율적으로 할 수 있게 도와준다. 특히 여행은 뇌를 자극하고, 기존에 쌓아두었던 지식들을 통합하거나 정리하게 해준다. 나도 종종 1~2주간 해외 여행을 가곤 한다. 대표가 자꾸 사라지니 처음엔 회사 임원들이 좋아하지 않았다. 하지만 여행에서 돌아올 때마다 혁신적인 아이디어를 냈고, 결과적으로 큰 결과물을 만들어냈다. 이런 일이 반복되니 임원들의 불만도 사라졌다.

열심히 하는 듯한 느낌에 사로잡히지 말자. 자위에 불과하다. 미라클 모닝도 좋고 가끔 밤을 새워야 할 때도 있겠지만, 그게 정말 나한테 맞는 건지 잘 판단해야 한다. 사람의 뇌와 몸은 수백만 년의 진화를 거친 산물이고, 거기에 맞춘 사용법이 따로 있다. 공략법을 모르고는 레벨업이 있을 수 없듯이, 근거 없는 자기 신념만 따르면 영영 순리자로 살게 된다.

나는 뭘 해도 안 되는 인간이었다. 하지만 책을 만남으로써 '뇌 최적화'를 어렴풋이 이해했다. 그리고 뇌 최적화를 믿고 단기 이득 보다는 장기 이득에 초점을 맞춰 반복적으로 오목을 두었다. 결국 나는 손쉽게 경제적 자유를 얻어낼 수 있었다.

물론 어린 시절부터 사기급 유전자를 타고났고, 집안 교육도 완벽했으며, 환경도 좋았던 사람들과 나를 비교하고 싶진 않다. 그들은 나보다 훨씬 더 큰 성취를 낼 수도 있다. 그렇다고 하여 뇌 최적화의 개념이 무의미해진다고 생각하진 않는다. 당신이 알아야 할 중요한 사실은 100명 중 94등에서 2등으로 올라가는 방법론이 분명히 있다는 점이다.

"누구도 전쟁에서의 승리를
보장할 수 없다.
다만 그럴 만한 자격을
갖출 수 있을 뿐이다."

_윈스턴 처칠,『제2차 세계대전』

CHAPTER 6

# 역행자
# 5단계

## _역행자의
## 지식

인간의 뇌는 '단순함'을 좋아한다. 그래서 복잡한 생각을 싫어하고, 하던 일을 선호한다. 직업을 바꾸면 돈을 더 벌 것이 너무나 분명한 상황에서도 '반복 속의 편안함' 때문에 기존 생활 패턴을 바꾸고 싶어 하지 않는다. 이는 앞서 유전자 오작동 극복에서 다뤘듯이 '새로운 것을 혐오하는 유전자' 덕분에 발생하는 일이기도 하다. 과거에는 칼을 갈던 대장장이는 일평생 칼을 갈면 되었고, 농사일을 하는 농부들은 일평생 농부일만 하면 되었다. 과거에는 새로운 일에 도전하는 사람은 오히려 도태될 확률이 매우 컸다. 대장장이가 굳이 어부 일을 배운다고 해서 삶이 나아지진 않았다. 농부가 갑자기 짚신을 판다고 해서 삶이 나아지진 않았다. 오히려 숙련도 차이 때문에 수익이 줄어들 확률이 컸다.

현대 사회는 전근대 시대와 너무나 다른 삶의 양상을 보이고 있다. '새로운 것'을 시도하는 사람일수록 막대한 부를 얻도록 사회 시스템이 설정되어 있다. 과거에는 '대장장이' 일만 하는 사람이 현재 가치로 월 300만 원을 벌었다고 가정해보자. 이 대장장이가 만약 21세기의 지금을 살아간다면 어떨까? 그는 충분히 한 달에 5000만 원씩 벌어들이며, 경제적 자유를 실천할 수 있을 것이다. 만약 현대의 대장장이가 주말을 이용하여 아래처럼 1주일에 하나씩 뭔가를 배운다고 가정하자.

- 유튜브 편집 기술을 1주일간 배운다.
- 쿠팡에서 판매하는 법을 1주일간 배운다.
- 온라인 마케팅 수업을 1주일간 배운다.

이 대장장이는 자신의 제조 공정을 어설프게나마 찍어 편집한 다음 유튜브에 올린다. 그리고 고정 댓글에 '쿠팡 링크'를 걸고 온라인 마케팅 수업에서 들은 몇 가지 기술을 적용한다. 그 결과 이 대장장이는 전국에서 주문을 받게 되고, 유튜브로 부수익을 벌어들이며, 새로운 비즈니스 제안을 받기도 한다. 이 경험을 통해 칼 판매뿐만 아니라 여러 사업을 확대해나갈 수 있다. 예를 들어 '금속 전문가'들에게 대신 팔아주겠다고 하고 수수료를 50퍼센트씩 챙길 수 있다.

당신이 인터넷에 익숙한 세대가 아니라거나 너무 어릴 수도 있다. 그래서 위 내용이 잘 이해되지 않을 수 있지만, 괜찮다. '대략 이런 게 있구나'라고 생각하고 계속해서 읽어보길 바란다. 레벨업은 천천히 하면 된다.

앞선 챕터에서 완전히 무의식을 바꾸고, 유전자의 오작동을 이해했고, 또한 뇌 최적화를 이뤘다면 이제 지식만이 남았다. 앞서 반복적으로 말했듯이, 인간은 본성과 유전자의 꼭두각시로 살아간다. 그렇기 때문에 어린 시절 소망했던 '특별한 인생'은 점차 사라져가고 인생에 순응하게 된다. 본성을 역행하는 지식을 알고 있다면,

순리자와는 다른 삶을 살 수밖에 없다. 나 또한 역행자의 지식을 통해 하루하루 차이를 만들어냈고, 최악의 인생에서 '완전한 자유를 얻은 인생'으로 탈바꿈할 수 있었다. 물론 역행자가 된다고 해서 하루아침에 자유를 얻는 일은 없을 것이다. 1년 만에 자유를 얻을 확률도 극히 낮을 것이다. 하지만 3년, 5년, 10년 후면, 일반인과 현격한 차이를 갖게 될 것이다. 그럼 이제 내가 10년간 경제적 자유, 인생으로부터의 자유를 얻기 위해 습득했던 역행자의 지식들에 대해 설명해볼까 한다.

## 기버 이론_역행자는 1을 받으면 2를 준다

내 주식을 대신 굴려주시는 고수 분이 있다. 나는 매달 일정액으로 나눠서 1년간 20억 정도를 맡겼는데 이게 1년 만에 30억으로 불어났다. 보답을 하겠다고 해도 절대 안 받으려고 하셨다. 그래서 그의 만류에도 불구하고 차 2대와 강남 새 아파트 월세 비용을 지원해드리고 있다. 사실 내가 얻은 이득의 10퍼센트도 안 되는 보답이다. 그랬더니 이분이 이렇게 말씀하셨다. "자청아, 너처럼 보답하는 사람은 없다. 10억을 벌어줘도 30만 원 보내는 사람도 있어. 한둘이 아냐. 나야, 그 사람들이 잘됐으면 해서 도와줬지만 참 안타깝지." 30만 원이라니, 믿어지는가?

나는 공짜로 생긴 돈의 10퍼센트는 상대에게 돌려준다는 철칙을 세워두었다. 예를 들어 예전에 친구가 주식 정보를 알려준 덕에 1억 6500만 원을 벌었다. 나는 주식을 매도하던 날 1700만 원을 친구에게 보냈다. 그랬더니 "주식 정보를 가르쳐줘도 아무도 보답을 안 했는데…… 네가 처음이다. 그나마 5000만 원 벌었다고 2만 원짜리 선물 보낸 사람은 있었지."

여기까지 읽고 이렇게 말하는 사람도 있을 것이다. "아니, 나는 만약 10억 원을 벌게 해주면 5억 줄 거예요! 당연한 거 아니에요?" 하지만 실제로는 매우 어려운 일이다. 아래처럼 자의식과 자기합리화가 발동해서 순간의 판단을 그르치기 때문이다.

○ **'주식을 굴려주긴 했지만, 어디까지나 이건 내가 사람을 잘 선택해서 생긴 일이잖아?(자의식)'**

○ **'어차피 이 사람은 수백억대 자산가니까 내가 얼마 줘봐야 의미가 없을 거야. 차라리 이 돈을 더 불려서 나중에 주자(합리화).'**

○ **'펀드 수수료도 몇 퍼센트 안 되는데 그냥 3퍼센트만 줘도 되지 않을까? 10퍼센트는 너무 많아(손실 회피).'**

인간으로서 당연한 마음이다. 하지만 상대방 입장에서 생각한다면 어떨까? 이렇게 얌체같이 구는 사람을 다시 돕고 싶어질까? 나또한 돈을 보낼 때 아까운 마음이 들기도 한다. 하지만 그런 마음은 다 본능의 조종 때문에 생긴다는 걸 알고는 어떻게든 이겨내려 한다. 그 결과 주변 사람들은 내게 감동하면서 앞으로도 좋은 기회가 생기면 나부터 챙기려고 할 것이다.

『오리지널스』의 저자 애덤 그랜트가 쓴『기브 앤 테이크』라는 책을 보면 재밌는 주장이 나온다. 사람을 기버, 테이커, 매처의 세 부류로 나눌 수 있다는 것이다.

- **기버**Giver**: 퍼주는 사람**
- **테이커**Taker**: 받기만 하는 사람**
- **매처**Matcher**: 딱 받은 만큼만 돌려주는 사람**

그럼 이들 중에 어떤 사람이 제일 부자가 될까? 한번 맞혀보자. 가장 가난한 사람이 기버다. 그런데 가장 부자인 사람도 기버다.

로고 회사를 창업한 스물한 살의 남성이 나에게 1000만 원을 입금한 적이 있다. 왜 그랬을까? 그는 내가 블로그에 쓴 무자본 창업 글을 보았고, 곧바로 로고 제작 회사를 만들어 2개월간 5000만 원을 벌었던 것이다. 그래서 고마움의 표시로 1000만 원을 보냈다.

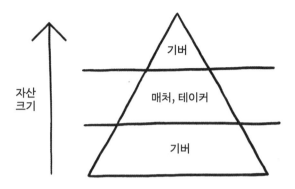

| 자산과 기브 앤 테이크 성향 |

기버

매처, 테이커

기버

자산
크기

지금의 내게 1000만 원은 대단한 돈이 아니다. 하지만 당신 같으면 이런 친구를 잊을 수 있겠나? 2020년 4월 당시 이런 식으로 돈을 번 후에 고맙다며 1000만 원을 보내준 사람이 4명이나 있었다. 말이 쉽지 1000만 원이다. 당신이라면 그럴 수 있겠는가? 나는 전 국민의 0.1퍼센트도 그러지 못할 거라고 확신한다. 2년이 지난 지금도 이 사람들은 성공가도를 달리고 있다. 본능을 역행하는 사고를 가진 이들은 인생에서 패배할 수가 없다.

그동안 나도 젊은 나이에 자수성가했다는 사람들을 수백 명 만나봤지만, 대부분은 밥을 사거나 고마움을 표시하는 데 돈을 아끼지 않았다. 사람들 생각과는 다르게, 부자들도 상당히 검소한 편이다. 수십억 원대 자산가이면서도 택시비가 아까워서 지하철과 버스만

타는 사람들도 있다. 하지만 이런 사람들도 밥값이나 술값으로 수십만 원 내는 건 전혀 아까워하지 않는다. 기버 성향을 갖고 있다. 그래서 부자인 것이다.

반대의 경우도 있다. 몇 년 전, 나에게 창업을 도와달라던 사람이 있었다. 예전부터 알고 지냈기에 무료로 도와주었다. 아주 유명하진 않았지만 그때에도 내 몸값은 꽤 나가는 편이었으므로, 컨설팅 비로 따지면 수백만 원 정도는 됐을 것이다. 한 달 후, 이 친구는 내 덕에 큰 효과를 봤다며 다시 나를 찾아왔다. 조언을 더 구하기 위해서였다. 나는 한 번 더 사업상 조언을 해주었고, 같이 밥을 먹었다. 그런데 식사가 끝나고 나자 이 친구가 카운터 뒤쪽에 서 있는 것이 아닌가. 밥값 10만 원이 아까웠던 것이다. 이 친구를 보낸 후 직원들에게 말했다. "저 친구가 잘될 확률은 사실상 없겠다. 나도 다신 보지 말아야겠다." 그 사람은 어떻게 되었을까. 물론 사업은 잘되지 않았고, 사기를 치는지 가끔 피해자들로부터 하소연이 들려온다. "자청님과 친한 사이였고, 예전 직원이었다고 하는데 맞나요?" 씁쓸할 뿐이다. 그는 직원이었던 적이 단 한 번도 없다. 나의 이름을 팔고 다니는 것이다.

이런 예는 수없이 많다. 나는 주변에 인색한 사람 중에 젊은 나이에 경제적 자유를 얻은 사람을 한 번도 본 적이 없다. 나는 사람이 잘될지 안 될지를 판가름하는 시그널 중 하나는 밥을 잘 사는지 여부라고 생각한다. 밥을 사는 행위는 단기적 손해와 장기적 이득을 맞바꿀 만한 판단력이 있는지를 보여주기 때문이다. 앞서 오목 이론에서 말했듯이, 역행자라면 단기 손실을 감수하고서라도 장기적인 투자를 해야 한다. 밥을 사는 것조차 못 하는 사람이 이런 판단을 잘하기 어렵다. 당연히 성공할 확률도 매우 낮다. 밥값 2~3만 원 아끼자고 인심을 잃는 사람이 앞으로 무수한 인생의 판단을 잘 해낼 가능성은 제로다.

1년 전에 전 템플레깅스 대표 송연주를 도운 적이 있다. 송연주는 한 인터뷰에서 "자청님이 왜 대표님을 그냥 도왔을까요?"라는 인터뷰어의 질문에 이렇게 답했다. "사업가들은 1을 받으면 2를 주는 성향이 있는 것 같아요. 그래서 잘되는 것 같고요. 자청님도 저를 도우면 큰 게 돌아온다고 생각했을 것 같아요." 이 말이 정답이다. 앞서 나한테 주식으로 1억 6500만 원을 벌게 해줬다는 친구도 바로 송연주다. 송연주와 그동안 주고받은 도움은 한두 가지가 아니다. 이런 관계는 서로를 끌어올리게 된다. 내 최근 사례를 들어보면 바로 이해가 갈 것이다. 화장품 마케팅으로 100억 원 넘는 매출을 만들어낸 친한 형이 있다. 형의 생일에 나는 선물로 100만 원 상당의 모니터를 보냈다. 그랬더니 다음 날 형은 200만 원짜리 TV를 이사 기념이라며 보내왔다. 잘되는 사람은 절대 아끼지 않는다. 어떻게든 사람을 도우려 하고 모든 것을 퍼주려 한다. 기버 성향을 갖고 있다.

그러니 당신도 기버가 되는 것에 대해 고민해보아라. 인생이라는 긴 게임에서 이보다 좋은 투자가 없다. 10퍼센트만 벌겠다고 주식도 하면서, 왜 이렇게 가성비 좋은 투자를 하지 않는가. 꼭 큰돈을 들일 필요도 없다. 월 200만 원을 벌고 있더라도 고마운 상대에게 밥 한 번 사는 건 어려운 일이 아니다. 정말 돈이 없다면 뭐든 정성을 보이면 된다. 1~2만 원짜리 선물도 괜찮다. 실제로 1년 전 우리 회사에 입사한 신입사원 한 분이 내게 4장짜리 손편지를 준 적이 있는데, 지금도 종종 읽으며 영향을 받는다. 인색한 사람들은 정성이 없는 거지 돈이 없는 게 아니다.

나는 자기계발적인, 감성적인 말을 싫어한다. 예를 들어 "남을 도우면 결국 나에게 돌아온다"와 같은 비논리적인 이야기를 싫어한다. 내 경험상 기버 이론에는 나름대로 논리적인 이유가 있다. 현명한 기버 둘이 만나면, 서로 남에게 절대 주고 싶지 않은 패를 꺼내서 주기 때문에 같이 급성장할 수밖에 없다.

예를 들어 나는 송연주에게 과거에 무상으로 사업적인 큰 도움을 준 적이 있다. 이 덕에 송연주는 나를 완전히 신뢰하게 됐고, 좋은 정보가 있을 때 나에게 공유해줬다. 덕분에 나는 1주일 만에 1억 6500만 원을 벌게 되었다. 만약 내가 기버 행위를 하지 않았다면 송연주가 나에게 좋은 정보를 줄 확률은 0퍼센트다.

박홍일이라는 슈퍼개미는 나에게 무상으로 10억이 넘는 돈을 벌어주었다. 나는 이 형이 하려는 사업이 있으면, 모두 무상으로 돕는다. 마케팅을 무료로 해주고, 팀을 꾸려 붙여주고, 디자인도 우리 팀을 이용하여 '비서' 역할을 한다. 뿐만 아니라, 좋은 정보가 있으면 서로 무한대로 퍼주려고 노력한다. 나는 이를 '기버 모드'라고 한다.

사업 거래의 경우 '내가 준 만큼 상대에게 준다'는 심리가 작동한다. 하지만 서로 기버 모드가 되면, 상대가 잘되게 돕기 위해 내 정보를 모두 퍼줄 수 있는 상태가 된다. 원래 좋은 정보는 경쟁심 때문에, 배가 아파서 오픈하지 않는 게 인간의 본성이다. 하지만 서로 기버 모드가 된 상황에선 무한정 퍼주게 된다.

또 다른 좋은 예가 있다. 인테리어 분야 유튜브 1등이자 인테리어 전문 기업으로 성장한 '아울인테리어' 박치은과 나는 서로 기버 모드 상태가 되었다. 나는 그에게 인스타그램 릴스 마케팅을 무료로 하는 법을 알려줬다. 그 결과 아울인테리어 인스타그램 팔로워는 두 달 만에 1만 명에서 5만 명으로 성장했다. 덕분에 포트폴리오가 전국적으로 퍼져나가면서 인테리어 수주가 한 달에 수십 건이나 늘어났다. 내 간결한 조언 덕에 적어도 매달 5000만 원 이상의 순이익이 발생한 것이다.

아울인테리어 박치은 대표도 나에게 무한정으로 퍼준다. 자신이 만나는 조 단위 회장님들과 저녁 약속을 잡아주기도 하고, 나보다 급이 높은 사업가들을 소개해줌으로써 내 인맥을 넓혀줬다. 좋은 대기업 마케팅 건수가 있으면 어떻게든 엮어서 나에게 소개해주려 한다. 나를 좋은 자리에 데려가려 하고, 좋은 사람을 소개해주는 행위는 나에겐 1~2억으로도 환산할 수 없는 값진 경험이다. 보통 관계라면 이런 인맥을 소개해주는 것을 아까워할 수밖에 없다. 하지만 우리 둘은 기버 모드이기 때문에 서로 이해타산 없이 퍼주는 관계가 되었다. 이것이 기브 앤 테이크를 넘어서는 기버 관계의 힘이다.

다만 하나, 받은 만큼만 갚는 매처나 받기만 하는 테이커를 잘 구별해서 피해야 한다. 겉모습만으로는 이들을 분명히 알아내기 힘들 때가 많다. 잘못하다간 테이커한테 계속 잘못된 선심을 쓰게 된다. 피라미드 맨 아래 칸에 바로 '바보 같은 기버'가 있다는 사실을 명심해라. 그동안 관찰한 바로는 테이커나 매처는 공감 능력이 떨어지거나, 자기합리화가 심하거나, 남에게 피해를 입히는 등의 비윤리적인 행동을 곧잘 하곤 했다. 자신보다 약한 상대를 어떻게 대하는지 보는 것도 좋다.

종종 판단하기 애매할 때 내가 하는 간단한 방법이 있다. 상대에게 퍼주는 행위를 먼저 한 후, 상대방이 기버 행위를 하는지 보는 것이다. 상대가 받는 것을 당연시한다면 탈락, 기버 모드가 보인다면 현명한 기버로 확신하고 좋은 관계를 유지하면 된다. 당신의 레벨이 높을 때는 주변에 기버들이 넘쳐날 것이다. 레벨이 낮다면 매처, 테이커들이 즐비해 있을 것이다. 초기에는 사람을 보는 눈이 없으므로 일단 기버가 되는 연습을 하고, 다양한 사람들을 만나봐야 한다. 아래 2가지 연습을 통해 기버에 한 발 더 가까워지자.

○ **지난 1년간 자신이 어떤 기버 행동을 했는지 기억해보아라. 책을 덮고 10분간 산책을 나가서 생각에 잠기는 것도 좋다.**
○ **최근에 본인 인생에 가장 큰 영향을 준 사람에게 카카오톡 선물하기를 통해 선물을 보내거나 돈을 송금하라. 혹은 상대가 어려워보이는 점이 있다면 나름대로 해결책을 적어서 보내주어라.**

## 확률 게임_ 역행자는 확률에만 베팅한다

인간은 이득보다 피해에 대해 과도하게 생각하는 경향이 있다. 앞서 설명했듯 심리학에서는 이를 '손실 회피 편향'이라 부른다. 쉽게 말해, 월 1억 원을 벌던 사람은 1억 5000만 원을 벌게 되어도 크게 기뻐하지 않는다. 하지만 월 9000만 원씩 버는 상황이 되어버리면 불안해지고, 심리적으로 타격을 입게 된다. 만약 수입이 반 토막이 난다면, 실제로는 경제적 자유에 큰 이상이 없지만 뇌에서는 비상사태를 선포한다. 즉 인간은 이득보다 손실에 대해 훨씬 더 민감하게 반응한다는 말이다. 이 또한 진화와 관련이 있다. 음식이 풍요로운 상황에서 더 넉넉한 상황으로 변하는 것은 생존에 영향을 주지 않는다. 하지만 점차 음식이 줄어드는 상황이 발생하면 생존과 번식이 불리해지기 때문에 두뇌가 불안이라는 스트레스를 받는다. 손실 회피 편향은 인간이 가진 너무나 당연한 심리기제인 것이다.

현대 사회에선 사실 손실 회피 편향이 별로 필요 없다. 유전자 오작동에 불과하다. 어차피 우리는 굶어죽을 일 따윈 없지만 원시 본능은 겁을 주며 어리석은 판단을 하도록 유도한다. 포커 게임을 예로 들어보겠다. 포커 게임을 잘하는 방법은 간단하다. 감정을 배제하고 확률에 베팅하면 된다. 예를 들어, 승률이 55퍼센트라면 손실에 대한 본능적 두려움을 이겨내고 베팅하면 된다. 철저히 기댓값만 계산해서 베팅하면 특정 판을 질 수 있지만, 장기적으론 반드시 게임에서 이기게 된다. 인생도 마찬가지다. 승률이 있으면 손실 회피 편향을 이겨내고 베팅하라. 만약 실패하더라도 '난 잘한 거야, 확률상 어쩔 수 없었지'라고 생각하면 그만이다.

당신은 인생을 무엇이라고 생각하는가? 나는 인생을 일종의 게임으로 본다. 이 책이 역행자의 인생 공략집이라는 콘셉트를 갖고 있는 것도 그 때문이다. 다만 인생이라는 게임은 좀 독특하다. 인생 게임은 태어날 때 로그인한 후 죽을 때에야 로그아웃하는 초장기 게임이다. 중간에 마음대로 그만둘 수도 없고, 갑자기 팀을 바꿀 수도 없다. 누군가 초반에 크게 성공하는 것 같다가도 몇십 년 후엔 완전히 망하기도 한다. 나처럼 그 반대인 경우도 있다. 그렇기 때문에 재미있고, 그래서 어렵다.

초장기 게임인 인생에는 몇 가지 특징이 있다. 주변의 다른 게이머들과 끊임없이 무언가를 주고받으면서 게임을 계속해나가야 한다는 것이다. 또 어느 한쪽이 다른 한쪽의 것을 일방적으로 빼앗는 것이 아니라, 경우에 따라 둘 다 윈윈하기도 하고 때론 둘 다 망하기도 한다는 점도 특징이다. 이런 게임은 논제로섬non-zero sum 반복 게임이라 불린다. 쉽게 말해서 상대와 나의 게임 결과가 어떻게 될지 당장 알기 힘든, 길고 복잡한 게임이라는 뜻이다.

인생을 살면서 늘 의사 결정이 어렵다. 결과를 확실히 알 수가 없기 때문이다. 그렇기에 '기버 이론'과 함께 말하고 싶은 것이 바로 '인생은 확률 게임'이라는 점이다. 확률 게임 이론은 매 순간 역행자가 올바른 선택을 하게 해주는 도구다.

스물일곱 살 때 형 친구들과 포커를 쳤다. 포커를 치던 첫날, 형들에게 큰 패배를 경험했다. 수학여행에서 친구들과 쳤을 땐 내가 다 이기곤 했는데 치욕스러운 패배였다. 자존심에 상처를 받은 나는 경쟁심에 불타 도서관에서 포커 관련 책을 3권 봤다. 어린 시절 친구들과 게임을 할 때 몰래 공략집을 봤던 것처럼, 또 공략집을 공부했다.

그리고 나서 형들과 다시 붙었고, 당연히 이겨버렸다. 형들은 포커를 5년 넘게 치던 사람들인데 초짜인 내가 이긴 것이다. 책의 위력을 실감할 수 있었다. 비결은 뭘까? 간단하다. 감정을 개입시키지 않고 포커 지식에 입각해 확률로만 상황을 바라본 것이 승리의 비결이었다. 예를 들어보겠다. 대부분의 사람들은 포커를 할 때 다음과 같은 실수들을 저지른다. 인생에서 실수를 하는 패턴과 매우 비슷하다.

○ 괜히 사람들에게 쪽팔리기 싫어서, 상대 코를 납작하게 만들려고 베팅을 끝까지 해버린다(자의식 보호).

○ 이 판을 이기면 돈을 크게 딴다는 것만 생각하고, 잘될 것만 같은 상상에 휩싸인다. 안 될 경우를 상상하지 않는다(소망적 사고의 오류).

○ '내가 지금까지 계속 졌으니까, 이번에는 이길 거야'라고

**착각한다(도박사의 오류).**

○ **여러 번 지고 화가 나서, 이성적으로 확률을 계산하지 않은 채 감만 믿고 베팅한다(확률 게임이 아닌 감정 게임).**

어떤가? 우리가 늘 잘못된 판단을 할 때와 비슷하다. 형들이 이런 감정에 휩싸여 잘못된 베팅을 할 때, 나는 전체 패를 보며 확률만 계산했다. 예를 들어 승률이 55퍼센트 정도라면 그냥 베팅을 한다. 확률상 당연히 상대가 이길 때도 많다. 만약 지더라도 나는 동요하지 않는다. '난 잘 베팅했어'라고 생각한다. 이기더라도 크게 좋아하지 않는다. 그냥 내가 냉정하게 베팅한 것을 칭찬하면서 마인드를 다잡을 뿐이다. 그러면 나머지는 시간이 해결해준다. 카지노가 겨우 0.1퍼센트 앞서는 승률로 큰돈을 벌듯이, 나 역시 작은 차이지만 조금씩 앞서나갈 수밖에 없다.

인생도 마찬가지다. 남들보다 아주 조금이라도 의사 결정력이 높으면, 인생에서 내려야 할 수백 번의 의사 결정에서 좋은 선택을 할 확률이 높아진다. 그리고 반복적으로 의사 결정을 잘한 사람과 그렇지 못한 사람의 차이는 하늘과 땅처럼 벌어지게 된다. 단 5퍼센트만이라도 남들보다 좋은 결정을 할 수만 있다면, 그 인생은 성공으로 향할 수밖에 없다. 인생은 끝없는 반복 게임이기 때문이다. 우리도 어떤 의사 결정을 할 때마다 분노, 소망, 자존심, 본능의 방해를 받는다. 인간은 사실상 동물에 가깝다. 매우 감정적이다. 인간이 미래를 계산하는 뇌를 갖게 된 지는 얼마 안 됐다. 특히 급박한 위기 상황일 때 원시의 유전자는 감정적인 행동을 부추긴다. 예를 들어 주식장이 폭락하는 상황이라고 하자. 이성의 뇌는 "이때만 버티면 돼. 기다려!" 하고 말한다. 하지만 그보다 강하게 파충류의 뇌가 명령을 내린다. "야, 지금 팔지 않으면 인생 망해! 빨리 팔아!" 그리고 결과는 늘 우리가 겪는 대로다. 주식 창을 보지 않고 신경을 끄는 게 맞는다는 걸 알면서도 우리는 기어이 손절매를 한 후에 두고두고 후회할 것이다.

인생도 이성적으로 결정해야 결국 승리한다. 내가 앞에서 자의식을 해체하고 뇌를 최적화해야 한다고 강조한 것도 그 때문이다. 우리 유전자는 손실에 유난히 민감하게 반응하도록 세팅돼 있다. 그런 클루지 때문에 잘못된 판단을 하지 않도록 자신을 냉정히 돌아봐야 한다. 인간의 뇌로 파충류의 뇌, 포유류의 뇌를 억눌러야 한다. 인생이란 끊임없는 선택과 결정의 연속이기 때문이다. 인생에서 확률 게임의 예시는 수없이 들 수 있다.

**확률 게임 예시 1**

나는 자퇴하기 전까지 2년간 22전략으로 책 읽기와 글쓰기만 했다. 이 행위가 토익 공부보다, 취업 공부와 학과 공부보다 '기댓값'

이 높다고 생각했다. 모든 자수성가한 사람들은 이 2가지 행위가 뇌를 복리로 발전시키는 방법이라 생각했다. 물론 항상 주변 사람들이 "왜 토익 공부 안 하고 책만 읽느냐"고 물을 때마다 불안했다. 하지만 나는 확률에 베팅하기로 했고, 결국 책을 읽기 시작한 지 4년 만인 25세 때 친구와 함께 월 3000만 원씩 벌어들일 수 있었다. 확률 게임을 통해 본능을 역행한 결과다.

### 확률 게임 예시 2

유튜브를 시작할 당시 걱정이 많았다. '악플러들의 조작된 정보에 의해 회사에 대한 안 좋은 소문이 나면 어쩌지? 나는 직원들을 평생 책임져야 하는데⋯⋯ 내가 이룬 모든 것이 저격으로 인해 무너지면 어쩌지?' 하지만 아무리 계산해도 유튜브를 시작하면 '손실보다 이득'이 훨씬 컸다. 내 계산대로 유튜브 덕분에 나와 비슷한 성향의 사람들을 모두 만날 수 있었고, 한 차원 높은 리그에 진입하게 되었으며, 작은 기업에 수많은 인재가 몰리는 이익을 얻었다. 본능적 두려움이 유전자의 오작동임을 이해하고, '확률 게임'에 베팅한 결과다.

### 확률 게임 예시 3

나는 얼마 전 2주간 터키 여행을 다녀왔다. 현재 책임지는 직원이 100여 명에 이르기 때문에 마음이 무거웠던 게 사실이다. '혼자 논다고 생각하면 어쩌지? 대표가 일 안 한다고 생각하면 어쩌지?' 하지만 이런 고민은 인간의 '평판 예민성' 때문에 벌어지는 일이라 생각했다. 인간은 100명 내외의 집단사회로 진화했기 때문에 '내부의 평판'이 극도로 중요하다. 그래서 왕따를 당하면 자살충동이 들고, 악플을 받으면 심리적으로 큰 상처를 입게 된다. 나는 이런 사실을 알았기에 '내가 더 발전해 오면 된다', '더 기가 막힌 아이디어를 내면 된다'고 생각했고, 결국 평판 하락보다 '발전의 기댓값'이 더 높다고 생각했다. 그래서 훌쩍 터키로 떠났다.

확률 게임을 잘하기 위해서는 '역행자 7단계 모델'이 전제되어야 한다. 본인의 불편한 감정이 자의식 때문은 아닌지, 자신의 현재 마음이 유전자의 오작동 또는 갇혀버린 정체성 때문은 아닌지 고찰해봐야 한다. 그리고 승률이 높다고 생각되면 '베팅'을 하고 결과값에 초연해져야 한다. 만약 베팅에 실패했다 하더라도 스스로를 칭찬하라. 당신이 무엇을 선택했다면 확률적으로 지는 것에 연연해할 필요는 없다. 게임을 이어가며 본성을 역행하는 데 집중하라. 그리고 당신이 확률 게임을 진행한다면 아래와 같은 질문을 기억하라.

## ○ 최근에 했던 의사 결정이 확률 게임을 따른 것인가? 아니

면 손실 회피 편향의 영향을 받은 것인가?

○ 당신의 인생에서 성공적이었던 확률 게임으로는 어떤 것이 있었나? 3~4줄 정도 적어보자.

## 타이탄의 도구_유전자에 각인된 장인 정신을 역행하라

챕터1에서 말했듯이, 나는 어디 하나 잘난 구석 없이 열등했다. 그럼에도 경제적 자유를 얻었다. 비결이 뭘까? 그건 바로 '일'에 대한 인간의 본능을 역행했기 때문이다. 인간은 본래 제대로 배운 일 하나를 죽을 때까지 하도록 설계되어 있다. 과거의 대장장이는 사는 내내 그 일만 했고, 농사꾼도 이미 한 번 체득한 지식으로 평생을 살아갔다. 그걸로 충분했다. 하지만 현대는 하나의 일만 하라는 뇌의 명령에 역행해야 자유를 얻을 수 있다. 하나의 일 대신 3~4개의 얕은 기술들을 습득해야 한다. 나는 스콧 애덤스의 『더 시스템』을 읽으면서 그 비결을 알아냈다.

스콧 애덤스는 수없이 실패를 거듭해온 사람이었다. 그러다 만화 〈딜버트〉로 메가 히트를 치게 된다. 세계 2000여 개의 신문에서 연재될 정도였다. 어떻게 이런 성공이 가능했을까? 그림 실력이 좋아서? '딜버트'로 검색해보면 알겠지만, 엄청난 그림 실력이 필요한 만화가 아니다. 그냥 직장생활을 풍자한 신문 만화다. 그러면 운이었을까? 아니다. 만화를 보면 알겠지만, 직장인이라면 낄낄거릴 수밖에 없도록 현실을 아주 잘 잡아낸다. 그게 핵심이다. 애덤스는 그림을 제일 잘 그리는 사람도 아니고 그렇다고 직장에 평생 뼈를 묻었던 사람도 아니다. 그가 가진 능력들은 고작 B 정도에 해당하는 레벨이었다. 이것들이 합쳐지면서 그는 '직장 만화의 신'으로 거듭난다. 『더 시스템』의 원서 제목은 '대부분의 일에서 실패하고도 큰 성공을 이루는 법How to Fail at Almost Everything and Still Win Big'이다.

적당한 그림 실력+단련한 유머+직장 및 사업 경험
=0.01퍼센트의 특별한 존재

여기에 바로 인생 공략의 비밀이 있다. 어떤 분야에서 상위 1퍼센트가 된다는 건, 타고난 재능에 노력이 합쳐져야 가능한 일이다. 하지만 상위 20퍼센트 정도, B 정도의 실력은 누구나 노력만 하면 얻을 수 있다. 이 B 정도의 무기를 몇 가지 수집하면, 대체불가능한 사람이 된다. 우리는 공부로 0.1퍼센트에 들 수 없다. 운동이나 예술로 0.1퍼센트가 될 수도 없다. 그곳은 천재들의 영역이다. 하지만 평범한 사람도 타이탄의 도구들을 모으면, 상위 20퍼센트의 실력 몇 가지를 합쳐서 0.1퍼센트를 이길 수 있는 괴물이 된다.

내 경우를 볼까? 나는 전문 작가만큼 글을 잘 쓰진 못한다. 대기업 회장님들처럼 사업을 잘하지도 않는다. 100만 구독자 유튜버들처럼 유튜브 운영을 잘하는 것도 아니다. 얼굴도 예전에 비해 훨씬 나아지긴 했지만, 엄청 잘생긴 건 아니다. 몸도 적당히 좋은 정도지 헬스 트레이너나 모델에 비할 바가 아니다. 이런 조건임에도 불구하고, 최소한의 영상으로 자기계발 유튜브에서 16만 구독자를 찍었다. 세상에는 나보다 사업을 잘하고, 돈 많고, 똑똑하고, 말 잘하는 사람이 많았지만, 이 애매한 능력을 골고루 갖춘 채 자기계발 및 비즈니스 유튜브를 했던 사람은 드물었기 때문이다.

내 유튜브의 초기 영상 중에 '타이탄의 도구'라는 것이 있다. 이 영상에서 나는 유튜브를 시작하는 이유에 대해 설명한다. "저는 유튜브가 뭔지 모르고, 디자인도 할 줄 모르고, 촬영도 할 줄 모른다. 다만 유튜브를 해보는 행위만으로도 상위 1퍼센트만 시도하는 유튜버가 된다. 그리고 편집을 해보는 행위 하나만으로도 전 국민 중 동영상 편집을 할 수 있는 사람 1퍼센트에 도달하게 된다."

결국 나는 유튜브라는 타이탄의 도구를 모았다. 이게 내 기존 도구들과 결합되면서 '라이징 유튜브 컨설팅', '유튜디오'(유튜브 편집 회사) 등 2개의 회사를 만들게 됐다. 나는 이 책을 출간하고 나면 스마트스토어와 제조업 등으로 사업 영역을 확장해볼 생각이다. 그저 고만고만한 돈을 벌기 위해서가 아니다. 새로운 무기들을 모아 기존 지식과 결합하면 어마어마한 시너지를 낸다는 걸 알기 때문이다.

타이탄의 도구는 2~3개일 때 힘이 발휘되는 게 아니라 5개 이상 모일 때 몇 배씩 증폭된다. 아래에 당장 도움이 되는 타이탄의 도구들을 소개한다. 배우면 당장 돈이 될 것들이다. 물론 꼭 이것들이 아니어도 된다. 아르바이트를 10가지 넘게 경험하거나, 동대문에서 일을 해봐도 도움이 된다. 단, 앞서 말했듯이 자신이 아르바이트하는 분야와 관련된 책을 읽거나, 22전략을 실천한다는 전제가 필요하다.

## ▎1. 온라인 마케팅

어떤 온라인 마케팅이 있는지만 알고 있어도 큰 도움이 된다. 사업을 하다 보면 반드시 자신의 상품을 판매해야 하는 시점이 오는데, 이때 대표적인 온라인 마케팅 방법들을 알고 있는 것만으로도 사업을 확장하고 좋은 아이디어를 얻을 수 있다. 가장 좋은 건 관련 책들을 읽어보는 것이다. 별로 시간도 안 걸린다. 만약 이 시간조차 아깝다면 구글에서 '온라인 마케팅'을 검색해보라. 내가 쓴 글도 나올 텐데(이상한마케팅 웹사이트), 그것이라도 읽어두면 도움이 된다.

## a. 블로그 마케팅

나는 대부분의 사업들을 광고비 한 푼 들이지 않고 블로그 마케팅만으로 성공시켰다. 아트라상과 이상한마케팅 모두 블로그 마케팅만으로 매출 1억 원씩을 만들었다. 콘텐츠 사업이다 보니 매출 대부분이 순수익이다. 정말 답답한 것은 사람들이 블로그를 '한물간 것'으로 취급한다는 점이다. 나만큼 유튜브 마케팅으로 돈을 번 사람은 드물 것이다. 유튜브 컨설팅 회사와 유튜브 편집 회사를 창업하고, 유튜브 알고리즘에 관한 책까지 썼다. 하지만 이런 나도 블로그가 여전히 최고라고 생각한다. 예를 들어 내가 대표로 있는 이상한마케팅은 병원과 변호사 사무실 100여 곳의 블로그 마케팅을 진행한다. 이들은 월 400만 원 이상 마케팅비를 지불하지만 97퍼센트 이상 재계약을 한다. 비용 대비 이득이 훨씬 크기 때문이다. 나의 친척 동생 또한 4년 넘게 월 수익 600만 원을 돌파하지 못하는 사업자였다. 하지만 블로그 마케팅의 세계를 이해한 이후 월 4000만 원씩 벌고 있다. 그는 나에게 고맙다며 매달 600만 원 이상 보내고 있다.

블로그 마케팅에 대한 공부법은 별것 없다. 관련 책을 10권 읽어라. 나도 10권 읽으면서 그 책들이 공통으로 강조하는 것을 모두 흡수했다. 황당하게도 그게 끝이다. 만약 그럴 시간이 없으면 자청 클래스101 강의에서 블로그 부분을 듣거나, 클래스101 사이트에서

'김 팀장'을 검색하면 된다(이상한마케팅의 초창기 멤버다). 혹은 여러 온라인 강의 플랫폼에도 블로그 강의가 있으니 들어볼 것을 추천한다. 정말정말 시간도 없고 돈도 없어서 이것마저 못 하겠다면, 마지막으로 이 팁 하나만 주겠다.

○ **제목에 당신이 잡고 싶은 키워드를 써라. 예를 들어 당신이 '안산 헬스장'을 운영한다면, 이 단어를 블로그 제목에 넣으면 그만이다. '안산 헬스장'이 바로 키워드다.**
○ **당신이 공략하고 싶은 키워드를 다섯 번 반복해서 블로그 본문에 써라. 이게 끝이다. 정말 이거면 된다.**

블로그 하나만 잘 운영해도 자영업자들은 월 1000만 원씩 벌거나 동네 1등 가게가 될 수 있다. 피트니스 센터, 필라테스 센터, 마카롱 숍, 마사지 숍, 휴대전화 수리 전문점 등 수없이 많은 업종이 여기에 해당한다. 서비스나 품질로 경쟁하는 동네 가게들이 물론 있지만, 거의 대부분의 가게는 블로그 마케팅을 생각조차 못 하기 때문이다. 이런 경우 '키워드 다섯 번 반복'만으로도 경쟁 가게를 앞지를 수 있다. 좀 더 자세한 팁은 나의 블로그에 적어두었다.

## b. 인스타그램과 유튜브

앞과 마찬가지다. 관련 강의를 듣고 책을 읽어서 '이런 시스템으로 굴러가는구나'를 꼭 이해해둘 필요가 있다. 팔로워와 구독자를 늘리는 콘텐츠 만드는 법, 스폰서 광고, 유튜브 광고 등을 검색해서 알아둬야 한다. 당장 운영할 생각이 없더라도 미리 알아두는 것만으로도 대박 아이디어가 순간적으로 튀어나올 수 있다. 이런 지식은 습득해두면 1~2년 안에 다른 지식들과 결합해 아이디어가 팡 튀어나오게 된다. 관련 오프라인 강의를 신청하거나, 관련 책을 몇 권 훑어봐라. 처음엔 모든 것이 이해가 안 가겠지만, 그래도 한 번 훑어보게 되면 점차 관심이 생기면서 이해도가 높아진다.

## c. 네이버 스마트스토어

스마트스토어에 대해서도 많이 알 필요는 없다. 관련 강의, 책, 유튜브를 보고 따라해보면 된다. 물론 이렇게 한다고 해서 곧바로 돈을 벌 가능성은 없다. 다만 이렇게 타이탄의 도구를 모으는 과정에서 응용 가능한 아이디어가 생길 것이다. 스마트스토어 강의는 정말 많다. 클래스101에는 무수히 많은 전문가가 강의를 찍어두었다.

## ▎2. 디자인

디자인도 아주 가성비 좋은 기술 중 하나다. 너무 광범위하다면 웹 디자인 쪽을 추천한다. 웹 디자인을 배워두면 PPT, 섬네일, 인스타그램, 블로그, 상세 페이지, 웹 사이트 등 정말 많은 곳에서 유용하게 쓸 수 있다. 내가 만약 20대 초반이라면 웹 디자인 학원에 다닌 후에 크몽 등 재능 플랫폼을 통해 몇 개의 상품을 팔면서 전문성을 키웠을 것이다. 디자인을 한번 배워두면, 여러모로 쓸모가 있다.

실제로 내 무자본 창업 강의를 본 사람 중 1명이 디자인으로 대박을 냈다. 디자인을 전혀 모르는 20대가 무자본 창업 이론을 따라해서 이젠 월 3000만 원의 순수익을 거두고 있다. 크몽 2020년 대상을 받은 '그리다'라는 업체다.

또 다른 사례로, 스티커를 팔며 힘겹게 사업을 하던 스물다섯 살의 여성이 있었다. 나는 이 친구에게 "당신은 디자인 실력이 있으니 로고 회사를 창업해봐라" 하고 알려줬다. 그녀는 로고 회사를 창업해 1년 만에 15명이 넘는 직원과 월 3000만 원의 순수익을 거두는 디자인 에이전시를 만들었다. '헤루'라는 업체다. 이외에도 종종 내가 운영하는 카페나 바에 찾아와 "로고 사업으로 자유를 얻었습니다. 정말 고맙습니다"라고 말하는 20대들이 많다.

왜 디자인 업계에서 이런 성공 사례가 나올까? 본격적인 사업가

들은 잘 들어오지 않는 분야이며, 디자이너들은 뇌구조상 대다수
가 사업가 성향이 별로 없기 때문에 경쟁자가 없다. 그래서 약간의
디자인 실력과 사업 수완만 있다면 대박이 날 수 있다. 전형적인 'B
레벨 3개 모으기'가 통하는 시장이다.

## ▌3. 동영상 편집 기술

영상 편집 기술도 광범위하게 활용될 수 있다. 이 기술 역시 긴
시간을 투자할 필요 없이 2~3일 정도만 편집 앱을 통해 가볍게 경
험해보아도 좋다. 나는 키네마스터라는 앱으로 간단히 편집을 해
보면서 타이탄의 도구를 모았다. 만약 시간이 된다면 1~2주 정도
단기 속성으로 배워보는 것도 좋다. 좀 더 확실하게 익히려면, 스스
로 유튜브를 운영해보거나 지인의 유튜브를 돕는 것도 방법이다.
나중에 전문가에게 맡기게 되더라도 본인이 어느 정도 알아야 한
다. 나의 경우 '일요일에 점심 먹고 2시간만 공부하자'는 계획을 세
웠고, 딱 3일을 공부했다. 그러면서 편집에 대한 감을 잡았고, 대행
을 맡길 때도 디테일하게 요청할 수 있었다. 그 결과 자청이라는 유
튜브가 대박이 났다.

## ▌4. PDF 책 제작과 판매

최근 들어 PDF 책 제작 붐이 일고 있다. 나의 회사인 '프드프'에

서는 29만 원짜리 책을 판매해 매월 5000만 원의 이득을 보고 있다. 지금은 각기 다른 분야에서 총 6권을 판매하고 있다. 29만 원짜리 책 6권이 하루에 2권씩 팔리면 어떻게 될까? 한 달 평균 1억 원의 순수익이 남게 된다. 『초사고 글쓰기』라는 PDF 책은 하루 만에 2억 원의 매출을 올렸다. 이 글쓰기 책은 입소문만으로 하루 10권씩 판매되면서 월 1억씩 벌어다주는 효자상품이 되었다. 지금은 몇 번의 업데이트 끝에 더 완벽한 PDF 책이 되었다. 일반적인 출판물이었다면 꿈도 꿀 수 없는 수익이다.

일반적으로 출판사를 통해 책을 판매하면 정가 1만 5000원의 10퍼센트인 1500원이 작가에게 돌아간다. 무명 작가라면 인세율은 더 낮아진다. 그러나 PDF 책을 만들어 직접 판매하는 경우 1만 원짜리를 하루 10권만 팔아도 매달 300만 원의 순수익이 생기게 된다. 물론 절대 쉬운 일은 아니다. 다만 누구나 시도해볼 수는 있고 수익률도 높다는 장점이 있다.

이런 장점들 덕분에 최근 PDF 책 판매와 구매가 유행하고 있는데, 홍보와 결제가 무척 불편한 상황이었다. 나는 이런 불편함을 없애기 위해 PDF 책 플랫폼 프드프를 만들었다. 이 역시 '오목 이론'과 '타이탄의 도구'를 염두에 두고 시작한 사업이다. 전자책 플랫폼 프드프는 출판사까지 설립해 컨텐츠 회사로 진화하고 있다.

238

## ┃ 5. 프로그래밍

내가 가장 한이 되는 것 중 하나는 컴퓨터 프로그래밍을 배우지 못했다는 점이다. 이 글을 쓰면서 '나도 몇 개월이라도 배워볼까' 생각했을 정도다. 프로그래밍은 타이탄의 도구들 중 최고 수준의 무기다. 구독자 모임에 가면, 20대 초반인데 매달 수천만 원의 순수익을 얻는 친구들이 있다. 이들의 공통점은 프로그래밍을 할 수 있다는 점이다.

이 점은 21세기 신흥 부자들만 봐도 알 수 있다. 시가총액 최고 수준의 신흥 기업들은 모두 IT 기반 기업들이다. 창업자들은 모두 프로그래밍을 할 수 있었다. 프로그래밍 능력이 강점을 갖는 이유는 무한 복제 덕분이다. 제조업에는 원자재 구매, 재고 관리, 직원 관리, 생산 관리 등 수많은 문제가 영원히 계속된다. 제품에 문제가 생기면 물리적인 리콜도 해야 하고, 판매가 늘어도 앞의 과정들이 수익을 깎아먹기 때문에 이익률이 기하급수적으로 늘기 어렵다. 하지만 IT 사업의 경우 이 모든 단점이 사라진다. 게임 산업이나 핀테크 산업이 보여주는 놀라운 수익률이 가능해지는 것이다. 아, 방금 글을 쓰면서 결심했다. 코딩을 조금이라도 배워서 타이탄의 도구를 하나 더 모아볼 생각이다.

지금까지 소개한 사기급 무기들에 대해 겁먹을 필요는 없다. 나라면 '오프라인 교육 플랫폼' 앱을 설치하고(온오프믹스 등), 단기 속성 과외를 한 번 받으러 갈 것 같다. 하루 강의도 좋고, 주 1회 4주 간 진행되는 교육도 좋다. 혹은 네이버 카페 '황금지식'에서 이와 관련된 스터디를 모집해보는 것도 좋다. 이상한마케팅에서는 무료에 가까운 특강을 진행하고 있으니 이를 통해 연습해봐도 좋다. 한번 시도해보는 것과 해보지 않는 것은 천지 차이다.

## 메타인지_주관적인 판단은 순리자들의 전유물이다

대부분의 사람들이 자유를 얻지 못하는 이유는 '판단력'이 흐리기 때문이다. 자아로 인해 대부분 주관적으로 판단하는데, 이 또한 결국 본성에 휘둘리며 운명의 흐름대로 사는 결과다. 이번에는 역행자의 지식들 중에서 가장 핵심인 '메타인지'에 관해 얘기해볼까 한다. 어느 정도 교양이 있는 사람이라면 요즘 '메타인지'라는 단어를 꽤 많이 접했을 것이다. 몇 년 전까지만 해도 아는 사람이 거의 없던 이 개념이 왜 갑자기 유행을 타게 됐는지 궁금하다. 그런데 말만 많지, 사실 이걸 제대로 정의하는 사람도 드물고, 무엇보다 이 능력을 키우는 방법에 대해서 구체적으로 말해주는 사람이 없다. 그 개념과 중요성이 이제 막 소개되는 국면이라고 할 수 있다.

쉽게 말해 메타인지란 자신의 현재 상황을 객관적으로 아는 능력이다. 예를 들어 본인이 연봉 1억을 받을 만한 가치가 있는 사람이라고 하자(객관적인 사실). 그런데 사람마다 각기 판단이 다를 수 있다. 누군가는 '난 연봉 2억은 받아야 하는데?' 하고 착각할 수도 있고, '난 5000이면 되는데 과분하게 받고 있어'라고 생각할 수도 있다. 자신이 연봉 1억을 받고 있는데 '내게 이 정도가 맞아'라고 판단한다면, 좋은 메타인지 능력을 갖고 있는 것이다. 이렇게 자신에 대해 객관적으로 판단할 수 있는 능력, 이걸 메타인지라고 부른다.

그러니까 메타인지란 좀 묘한 능력이다. 수학이나 암기나 운동 등을 잘하는 능력이 아니라, '자신의 능력을 아는 능력'이기 때문이다. 그래서 메타인지가 그 어떤 지능보다 중요하다는 말들을 많이 한다. 왜냐하면 메타인지는 획득하기 매우 어려운 복합적인 능력이기 때문이다. 이게 가능하려면 높은 지능, 자의식 해체, 유전자 오작동 피하기, 실행을 통한 시행착오, 분석력 등 종합적인 능력이 필요하다. 어디서 들어보지 않았나? 바로 역행자가 가진 능력들이다.

일반적으로 메타인지를 설명할 때 '내가 뭔가를 아는지 모르는지 아는 능력'이라고 정의한다. 내가 생각하는 메타인지란, 이 범위를 더 크게 잡아서 '자신을 객관화할 수 있는 능력'이다. 이렇게 자기 객관화가 잘되면 의사 결정력이 전반적으로 높아진다. 본인에게 무엇이 부족한지 알기 때문에 이 부분을 보완하려고 애쓰게 되어 저절로 발전이 이루어진다. 굳이 애써서 동기부여를 받을 필요가 없고, 엉뚱한 데에 헛힘 쓸 일도 없다. 훌륭한 운동선수 옆에 좋은 코치가 붙어 있듯이, 본인에게 부족한 점들을 착착 찾아서 연마하는 데 인생이 발전할 수밖에 없다.

하지만 대부분의 순리자들은 정반대다. '나는 이미 다 알아'라며 착각하거나, '난 해도 안 돼'라며 스스로를 과소평가한다. 이게 바로 유명한 '더닝-크루거 효과Dunning-Kruger Effect'다. 머리가 나쁘고 지식이 얕은 사람일수록 자기가 뭘 모르는지 몰라 자신만만한 반면 꽤 실력이 있는 사람은 오히려 지나치게 겸손한 현상을 말한다. 나도 20대 중반까지는 메타인지력이 많이 낮았다. 20대 중반부터 후반까지는 어느 정도 메타인지력이 갖춰졌지만 그래도 부족했다. 그러니 망하거나 사업을 뺏겼던 것이다. 극도의 고난을 넘어 서른 살이 되어서는 메타인지가 높아짐에 따라 거의 실수가 사라졌고, 거의 모든 의사 결정이 옳았다. 내 경우처럼 메타인지는 단기간에 업그레이드될 수 있는 영역이 아니다.

그렇다면 메타인지는 어떻게 개발할 수 있을까? 나도 이 부분이 궁금해서 정말 많은 책과 자료를 찾아봤지만, 메타인지를 높이는

| 더닝-크루거 효과 |

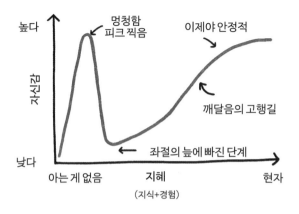

방법으로 제시된 것들은 너무 모호했다. 그래서 내 의견을 얘기해 볼까 한다. 메타인지를 높이기 위해선 2가지가 필요하다. 바로 독서와 실행력이다.

여기까지 읽은 사람은 '또 책 읽기야?'라고 할 테니까, 짧게만 말하겠다. 책은 아무리 강조해도 지나치지 않다. 독서는 각 시대에 지적으로 가장 훌륭했던 사람들과 만나는 것이라고 말했었다. 그래서 책을 읽게 되면 저절로 겸손해지고 내 수준을 잘 알게 된다. 무지함에서 비롯된 자신감의 봉우리에서 빨리 내려올 수 있다. 내가 뭘 알고 뭘 모르는지를 가장 확실하게 알려주는 게 독서다. 자의식 과잉인 사람이 책을 안 읽는 경우, 스스로를 잘났다고 생각하고 오만에 빠지게 된다. 그런 사람의 판단은 대부분 어리석고 아무런 성취도 이뤄내지 못한다. 겸손함이 없는 이유는 간단하다. 본인의 상상 속에서 '난 똑똑해'라고 무한 합리화를 하는 것이다.

메타인지력을 높이는 또 하나의 방법은 실행이다. 아무리 책을 많이 읽어도 본인이 세상에서 어떤 위치에 있는지는 실행을 하지 않는 이상 알 수가 없다. 책을 읽다 보면 근거 없는 자신감이 생겨나기도 한다. '이 정도 지식을 아는 사람은 나밖에 없어' 같은 망상이 드는 것이다. 책만 수천 권 읽은 헛똑똑이들이 탄생하는 이유다. 책을 읽으면 지식이 많아지고 생각이 깊어지기는 하지만 현실적인 판단력이 바로 높아지진 않는다. 그래서 실행을 통해 자신의 판단이 맞는지 가설 검증을 해봐야 한다.

자, 어떤 사람이 트렌드 책들을 읽고 생겨난 자신감을 바탕으로 사업을 벌이면 어떻게 될까? 초기엔 모든 지식을 흡수하여 자신만만한 상태가 된다. 당연히 대부분 실패한다. 그제야 자신이 얼마나 어리석고 멍청한지를 알게 된다. 이때의 충격은 메타인지력을 높인다. 예를 들어 스물한 살에 처음 책을 읽고 공부를 시작했을 때 나는 황당한 목표를 세웠다. 모든 과목이 5~6등급인 상황에서 서울대 사회과학대에 들어간다는 목표였다. 몇 달 동안 수백 권의 책을 읽고서 내가 최고라고 착각했기 때문이다. 결과야 뭐 아는 대로다. 왜 수백 권의 책을 읽어도 가난한 사람이 있는지 생각해봐야 한다. 실행과 도전 없이 책만 읽는 것은 의미 없는 행동이다. 코치에게 피드백을 받지 않은 채 혼자 운동하는 것과 같다.

내가 사업을 좋아하는 이유는 돈 때문만이 아니다. 사업은 내 판단력을 눈으로 확인할 수 있는 방법 중 하나이기 때문에 너무나 재밌다. 철학을 배우며 학교를 다닐 때는 그게 안 돼서 무척 답답했다. 아무리 토론을 진지하게 해도 상대가 큰소리를 치면서 방어기제를 펼치면 내가 이겼는지 졌는지 알 수가 없고 심판도 없었다. TV에서 〈100분 토론〉을 보다 보면 '그래서 누가 이긴 거야?' 싶을 때도 많았다. 심리학이나 철학에는 정답이 없다. 서로 우기고 정신 승리를 해도 그만이다.

하지만 사업은 다르다. 'A라는 아이템으로 B라는 마케팅을 하면 1억이 벌릴 거야.' 이 생각이 맞는지 검증해볼 수 있다. 내가 예상한 게 정말 맞는지 현실의 결과로 드러난다. 결과는 어떤 변명도 통하지 않는다. 예상이 틀렸다면 '내가 아직 모자라는구나' 하고 스스로 반성할 수 있는 계기가 된다. 이 과정에서 메타인지력이 상승한다. 현실의 사업은 내 생각이 망상인지 아닌지 준엄하게 판정해준다.

꼭 사업을 하라는 얘기가 아니다. 본인이 어떤 시험에 도전하거나 현재 직장에서 맡은 일이 있다면 목표를 세우고 결과를 예측해보라는 것이다. 그냥 머릿속으로만 자신만만해하지 말고, 구체적인 목표를 세운 다음 실행해봐라. 시험에 100퍼센트 합격할 거라 장담했는데 실패했다면 시험 준비 과정에서 뭐가 잘못됐는지 점검하면 된다. 직장인이라면 자기가 목표하는 바를 주변 사람들에게 알리고, 목표 달성을 향해 정진한다. 목표를 초과 달성했든 실패했든, 실제 결과가 나오는 일을 실행해보면 메타인지가 상승하게 된다.

책과 인터넷에 나온 '메타인지 높이는 법' 따위는 잊어라. 직접 부딪치는 과정을 통해 본인이 얼마나 보잘것없는 존재인지 인지하면서 뇌를 최적화해야 한다. 단순히 책에만 빠져 관념 속에서 살아가는 게 아니라 실행을 통해 실패하며 자신의 위치를 정확히 파악해야 한다. 이것이 메타인지력을 높이는 최선의 방법이다.

## 실행력 레벨과 관성

나는 실행력에도 레벨이 있다고 생각한다. 물론 유난히 강한 실행력을 갖고 태어나는 사람들이 있다. 이들은 제어 장치가 고장 났기 때문에 아무런 생각 없이 뭐든 바로 실행해버린다. 하지만 99퍼센트의 사람들은 다르다. 실행력을 레벨 1부터 천천히 높여나가야만 한다. 앞서 여러 번 설명했듯이 유전자와 본능 때문에 인간은 익숙하지 않은 것을 해보는 걸 두려워한다. 원시 유전자는 끊임없이

"서툰 짓 하다간 넌 죽고 말 거야"라고 속삭인다. "실패 사례가 얼마나 많은데! 지금 이대로도 충분히 괜찮잖아?"라며 오작동한다.

내가 이렇게 실행력을 강조하는 건, 역설적으로 뭔가를 실행하는 사람이 거의 없기 때문이다. 앞서 클루지를 설명할 때 말했듯이, 인간은 그렇게 진화했다. 그러니 본인에게 실행력이 부족하다고 좌절할 필요는 없다. 인간으로서 당연한 것이다. 특히 유튜브나 잡지에 나오는 사람들을 보면서 '저렇게 적극적인 사람이 많은데 난 뭘 하는 걸까' 하고 기죽을 필요는 없다. 그런 사람들은 유난히 나대길 좋아하는 사람들일 뿐 평균이 아니다. 때로 광대 같고, 저속해 보일지라도 그들은 실행력이 최상위권이다. 이미 성과를 거둔 사람들이기 때문에 그들과 나를 비교해선 안 된다.

사실 나도 실행력이 아주 떨어지는 사람이다. 뭔가를 하고 싶어 하면서도 그 일을 계속 미룬다. 나 또한 원시 유전자에 지배받는 인간이기 때문이다. 그럼에도 유전자의 오작동을 스스로에게 일깨웠고, 실행에 나섰고, 결국 인생의 지름길로 들어섰다. 그리고 돈, 시간, 성공으로부터 완전한 자유를 얻었다.

다음은 내가 1년쯤 전에 블로그에 쓴 글이다. 이 글엔 실행력을 키우는 법이 들어 있다. 실제로 이 글을 보고 난 뒤 1만이 넘는 구독자를 갖게 된 유튜버들이 많다.

**인생이 너무너무 쉬운 이유를 1분 만에 입증해보겠다.**

내가 1분 만에 당신의 인생을 변화시켜보겠다. 자신 있다.

결국 인생을 행복하게 사는 방법을 알아내면, 돈은 자동으로 따라온다는 게 내 신념이다. 가장 중요한 것은 실행력이다.

사람들은 돈을 벌기 어렵다고 말한다. 하지만 내 관점에선 매우 쉽다. 그리고 인생에서 남들보다 앞서가는 방법은 진짜 쉽다. 이제부터 내가 내는 3개의 과제를 해라. 각각 길어야 20분밖에 안 걸리는 일이다. 이것만 해낸다면 당신 인생은 크게 바뀔 거라 장담한다.

1. 블로그를 개설해서 아무거나 하나의 글을 써라(정확히 20분 타이머를 켜고 시작해라).
2. 유튜브를 개설해서 자신의 폰에 있는 영상을 아무거나 하나 업로드해라(이것 역시 정확히 20분의 타이머를 켜고 시작해라).
3. 1, 2번이 싫다면, 최근에 본인이 관심을 갖고 있던 일 중 아무거나 하나를 해라(독서 20분 하기 등).

자, 했는가? 아마 안 했을 거다. 놀라운 일이 아니다. 100명이 읽어도 99명은 단 하나의 항목도 하지 않는다. 이게 뭘 의미하는지 알겠는가? 겨우 20분 걸리는 일을 시켜도 사람들은 하지 않는다. 그래서 인생이 진짜 쉬운 것이다.

100명 중 99명은 돈에 의해, 혹은 누군가의 감시와 처벌 때문에 움직인다. 본능과 유전자의 명령대로만 살아가기 때문이다. 그래서 대부분의 사람들은 평범함에서 벗어나지 못한다. 가난하고, 불행하다. 능동적으로 뭔가를 실행하는 사람은 극소수다. 그래서 실행력이 높은 사람이 인생이라는 게임에서 쉽게 경제적 자유를 얻는다. 진정한 자유를 얻는다.

100명 중의 이 한 사람은 늘 능동적으로 움직인다. 이 사람은 시키지 않아도 무언가를 실행한다. 이 결단과 실행이 10번, 100번 반복되어 관성을 얻으면 인생이 참 쉬워진다. 한번 추진력을 얻은 관성은 반복적인 실행을 낳는다. 당신이 아침에 일어나서 세수하러 가고 머리를 감듯, 실행 자체가 습관이 된다.

아까 말한 3가지를 실행해라. 작은 실행을 했다고 해서 1년 안에 당신의 삶이 극적으로 변하지는 않을 거다. 하지만 맨 처음 바퀴를 돌리는 최소한의 실행도 없으면 평생 그대로일 뿐이다. 처음 한 번이 어렵다. 이것조차 실행하지 않는 사람이 99퍼센트이기 때문에, 하나만 해봐도 당신은 가장 어려운 첫발을 떼는 것이다. 그리고 상위 1퍼센트의 추진력을 얻게 되는 것이다.

자, 이제 어떤가? 그나마 이 글 덕분에 100명 중 3~4명은 더 움직이게 되었을 거라 생각한다. 하지만 이 글을 보는 대다수는 여전히 '경제적 자유를 얻는 법은 없어', '나중에 하지 뭐……', '나는 안 돼……' 하며 건성으로 훑어보고 있을 것이다. 자의식이 새로운 생각의 흡수를 방해할 것이다.

'내 주변에도 블로그랑 유튜브를 해본 사람들이 많지만 여전히 가난하던데?'
'지금 당장은 좀 그렇고…… 내일 해야지.'
'사기꾼 아니야? 난 네가 정말 부자인지 믿지 못하겠어. 그래서 안 할 거야.'

제발 이런 헛소리로 합리화를 하지 말자. 그렇게 본성의 꼭두각시로 살아갈 것인가? 입 닫고 좀 해라. 나에게 고맙다며 보답을 하고 싶어 하는 사람들의 공통점은 단순하다. 그들은 그냥 내가 하라는 걸 별 변명 없이 실행한 사람들이다. 해봤자 20분이면 하는 일들인데 무슨 말이 그렇게 많나? 본인이 현재 실력이 없다면 입은 닫고 시간이 많이 걸리지 않는 일을 무조건 '실행'해보는 습관이 필요하다. 경제적 자유를 얻고 싶은가? 그렇다면 오늘은 무슨 일이 있어도 앞서 블로그 글에서 말한 3개의 과제 중 하나를 해라. 실행한 사람과 하지 않은 사람은 전혀 다른 길을 걷게 될 것이다.

"잠자는 동안에도 돈이 들어오는 방법을 찾지 못한다면 당신은 죽을 때까지 일해야 할 것이다."

_워런 버핏

# CHAPTER 7

# 역행자
# 6단계

# _경제적
# 자유를 얻는
# 구체적 루트

자, 이제 돈을 벌 차례다. 앞서 말한 기본기가 없다면, 아무리 돈 버는 방법론을 알려줘도 소용이 없다. 자의식이 방해하고, 지식을 습득할 지능이 안 받쳐주며, 유전자의 오작동에 속아 반복적으로 확률 게임에서 실패할 테니까. 이제 모든 기초 근육을 갖췄다면 '실전'에 돌입할 차례다. 아무리 머리가 뛰어나고 마인드가 좋더라도 '기술'을 모른다면 자유에 이르는 시간이 늦춰질 수밖에 없다.

이쯤 되면 "아니 그래서 대체 돈 버는 법은 언제 말해줄 건가요?", "그냥 떠먹여주면 안 돼요?"라는 말이 나올 것 같다. 내가 보기에 그런 질문은 아무런 근력도 없는 사람이 "오늘 당장 100킬로그램을 들어 올리게 해주세요!"라고 말하는 것과 비슷하지만, 이번 챕터에선 그 방법을 알려줄 생각이다. 구체적으로 경제적 자유를 얻는 방법은 무엇인지 공식을 제안할 생각이다. 당신이 대기업 임원이든, 무스펙 노동자든, 백수든 상관없다. 모든 경우의 수를 고려하여 '경제적 자유에 이르는 테크트리'를 알려줄 생각이다.

호날두, 메시 등 최고의 축구선수들은 어린 시절부터 최고의 재능을 갖고 있었다. 하지만 이들의 전성기가 꽃피우는 시점은 '축구를 시작한 지 1년 후'가 아니라 '축구를 시작한 지 15년쯤 후'다. 이들처럼 축구를 잘하려면 방법은 다음과 같다.

1. 기본 근력을 다진다.
2. 축구 기술을 15가지로 나누고, 이를 매일 연습한다.
3. 실제 축구경기를 뛰면서 자신의 훈련법이 맞는지 확인한
   다(실행). 게임에서 반복적으로 패배하면서 자신의 한계를
   확인한다(메타인지).
4. 1번으로 돌아간다. 이를 몇 년 반복하면, 실력이 지속적
   으로 향상된다.

경제적 자유를 얻는 과정도 위와 다르지 않다. 만약 누군가 "아무 연습 없이 단번에 축구선수가 될래요"라고 말한다면, 이 말을 믿겠는가? 근력의 성장 없이, 연습 없이 갑자기 축구를 잘하게 될 확률은 0퍼센트다. 돈을 버는 행위도 마찬가지다. 아무 노력 없이 축구선수가 되는 방법은 '기록'을 조작하는 것 말곤 없다. 돈의 세계에서도 갑자기 돈을 버는 방법은 '사기' 말고는 존재하지 않는다.

챕터7에선 경제적 자유를 얻는 공식에 대해 이야기한다. 사업과 투자 등에 대해서 깨달은 것들을 말해줄 생각이다. 그리고 본인이 어떤 처지에 있든 걸어볼 만한 인생 알고리즘도 제시한다. 사람들이 수도 없이 물어보는 질문이기에, 이참에 한번 정리해보려고 한다. 그리고 맨 마지막에, 구체적으로 돈 버는 아이템들을 알려줄 계획이다.

# 돈을 버는 근본 원리

돈 버는 일은 엄청 복잡하고 어려워보이지만, 근본적인 원리는 간단하다. 돈을 버는 모든 활동은 아래의 두 가지로 수렴된다. 이 원칙을 무시하면서 돈을 벌려고 하면 사기꾼이 되거나, 그 어떤 성취도 이루지 못하게 된다.

○ **상대를 편하게 해주기**
○ **상대를 행복하게 해주기**

어떤가? 너무 간단한가? 겨우 이게 돈 버는 근본 원리라니까 허탈한가? 그렇지 않다. 이 2가지야말로 사업과 투자의 시작이자 끝이다. 이 기본을 잊은 사업이나 투자는 오래 지속될 수가 없다. 이 원칙을 무시하고 돈을 벌려고 하는 사람은 다음과 같은 일을 하게 된다.

○ **주식 작전을 통해 주가를 조작한다. 급등주에 반응하는 개미들을 유인해 수십억 원의 이득을 챙긴다. 겉으로 보기에 분명 이들은 돈을 벌었다. 그런데 어떤 원리로 벌었나? 이들은 사람들을 편하게 해주었을까? 행복하게 해주었을까? 아**

니다. 오히려 상대를 불행하게 만들었다. 상대에게 가치 있는 걸 주지 않고 속여서 빼앗았을 뿐이다. 그래서 이 행위가 범죄인 것이다. 보이스피싱 같은 것도 마찬가지다.

○ 범죄는 아니지만 아무짝에도 쓸모없는 제품을 생산하는 경우다. 빚을 10억이나 지게 된 작은 샴푸 회사 사장이 있었다. 제품 개발을 소홀히 한 채 회사를 운영하니 결국 빚만 잔뜩 생겼다. 마음이 급해진 나머지 허위 광고를 하게 된다. 검증되지 않은 효과를 홍보하고 후기를 조작한다. 마케팅에 속아 이 샴푸를 산 사람들은 실망을 하고 다신 구매하지 않는다. 이걸 산 사람들은 돈을 잃었다. 그리고 제품에 대해 실망만 했다. 쓰레기 처리 비용이 증가했다. 즉 고객과 세상에 그 어떤 이득도 주지 못했다. 이런 기업은 결국 무너질 수밖에 없다. SNS 광고를 보다 보면 이런 괴상한 사업자들이 의외로 많다. 돈 버는 법을 알려주겠다며 쓸모없는 강의를 파는 경우도 마찬가지다. 범죄까지는 아니더라도 약속한 가치를 주지 못하는 사업은 결국 망한다.

결국 돈을 버는 핵심은 '문제 해결력'에 있다. 사람들이 어떤 것에 불편함을 느끼는지, 어떤 것에 행복을 느끼는지 알아내야 한다. 그리고 어떻게 불편함을 해결해 행복감을 줄 수 있을지 아이디어를 내고, 실제로 해결책을 마련하면 된다. 그러면 돈이 벌린다.

문제 해결력을 레벨업한다는 것은 말이 쉽지, 누구나 할 수 있는 것은 아니기 때문에 누구는 가난하고 누구는 부자가 된다. 사업이란, 그냥 대충 부모님한테 돈 받아서 임대하고 카페 만드는 그런 허접한 행위가 아니다. 카페라는 사업을 벌인다면 문제 해결력이 있어야만 성공할 수 있다. 일반적으로 망하는 카페는 사장에게 문제 해결력이 없기 때문에 망하는 것이다. 모든 사업에는 문제가 있고, 이를 해결한 사람이 돈을 번다. 카페는 어떤 문제가 있을까?

## 카페가 잘 안 되는 이유

1. 카페 주변에 사람이 없다. 500가구밖에 없다. 이걸로는 순수익이 월 250만 원밖에 남지 않는다.
2. 카페 인테리어는 내가 예쁘다고 생각하는 것으로 고른다.
3. 다른 카페 음악은 다 별로니까 내가 평소에 좋아하던 센스 있는 음악으로 선곡한다.
4. 카페 알바가 말을 안 듣는다. 불친절하다. 이런 MZ세대 같으니.
5. 나는 손님을 친절하게 응대한다고 생각하지만, 후기를 보면 불친절하다는 평가가 많다.

6. 카페 식자재가 비싸다. 이걸로는 돈이 많이 남지 않는다.

이외에도 무수히 많겠지만, 이 6가지 문제를 풀어낸 카페 사장은 돈을 벌 수밖에 없다. 사업은 '돈 벌기 게임'이 아니라 '문제 해결 게임'이라는 걸 명심해야 한다.

**1. 카페 주변에 사람이 없다. 500가구밖에 없다. 이걸로는 순수익이 월 250만 원밖에 남지 않는다.**
> → 주변 손님 외에도 타 지역에서도 손님이 오게 하면 좋다. 네이버지도에서 '○○동네 카페'를 검색하면 상위에 노출되게 하고, 인스타그램을 관리해서 하루 2명씩 외부 손님이 방문하게 한다.

**2. 카페 인테리어는 내가 예쁘다고 생각하는 것으로 고른다.**
> → 전국의 개인 카페 중에 내 카페 규모와 비슷하면서 대박난 곳을 돌아다니며 시장조사를 한다. 그 공통점을 잘 조합해 인테리어 업자에게 맡긴다.

**3. 다른 카페 음악은 다 별로니까 내가 평소에 좋아하던 센스 있는 음악으로 선곡한다.**

→ 자의식에 갇혀 본인 머리를 믿지 말아야 한다. 마찬가지로 장사가 잘되는 개인 카페를 모두 돌면서 어떤 장르의 음악을 틀고 있는지 관찰한다.

**4. 카페 알바가 말을 안 듣는다. 불친절하다. 이런 MZ세대 같으니.**
→ 알바생의 업무 능력은 사장에게 달려 있다. 남 탓만 하는 건 순리자들이나 하는 짓이다. 내가 운영하는 욕망의 북카페에는 알바생으로 휴식 중인 아이돌이나 연예인 연습생들이 지원한다. 알바생이 많고 친절한 다른 카페를 참고해도 좋다. 알바생 모집 공고글을 어떻게 올렸는지 한번 찾아보라.

**5. 나는 손님을 친절하게 응대한다고 생각하지만, 후기를 보면 불친절하다는 평가가 많다.**
→ 전국에 있는 망한 카페 사장들도 그렇게 생각할 것이다. 내가 손님을 응대할 때, 어떤 모습인지 영상을 찍어서 스스로 피드백해보자. 이 영상을 가족이나 친구에게 보여줘서 개선점을 물어보자. 피드백을 받을 때는 자의식을 발동시키기보다는 겸허한 마음으로 받아들이자.

**6. 카페 식자재가 비싸다. 이걸로는 돈이 많이 남지 않는다.**

→ **처음 카페를 시작할 때, 그냥 이전 카페 사장이 준 유통 업체 번호에 전화를 걸어 계약한 건 아닌가 돌아보자. 카페 사장들이 모인 네이버 카페에 들어가서 정보를 모으거나 유통 업체 20군데에 전화를 걸고 미팅을 해서 비교해보자. 차라리 쿠팡의 제품들이 더 저렴할 수 있는데, 가격 비교를 해서 최적화를 하자.**

세상에서 돈을 버는 모든 행위에는 '머리'가 개입된다. 문제를 풀어낸 사람은 돈을 번다. 문제가 뭔지도 모르고 해결 능력이 없는 사람은 가난해진다. 이제 "문제 해결력은 어떻게 키우나요?"라는 질문이 자동으로 나올 것이다. 이 부분은 누누이 얘기했다. 22전략을 통해 책 읽기와 글쓰기를 하는 것 말고 뇌 근육을 키울 수 있는 방법은 없다. 뇌 자동화를 한번 세팅해두면, 점점 지능이 향상되고 문제 해결 능력이 좋아진다. 그리고 그 결과는 '돈'으로 나타난다.

문제 해결력이 좋아지면 사람들이 고민하는 여러 가지 문제들을 해결할 수 있다. 또 더 좋은 아이디어를 덧붙여서 효율성을 높이고 규모의 경제를 일으킬 수 있다. 이걸 혼자서 해낸다면 월 1000만 원 자동 수익도 가능하다. 더 큰 문제를 여럿이 모여서 해내게 되면 그게 바로 회사고 기업이다. 어떤 경우든 '남의 문제를 해결해주는 것', 이게 사업의 본질이고 수익의 원천이다. 그러면 구체적으로 어떤 사례들이 있을까?

상대를 편하게 해주는 일은 아래처럼 생각해볼 수 있다.

1. 매번 밥을 짓느라 번거롭고, 남은 밥이 상할까 걱정된다. 햇반으로 이 문제를 해결한 회사는 큰돈을 벌었다.
2. 와이셔츠를 세탁소에 맡기거나, 매번 빨래를 하고 옷을 정리하는 게 귀찮다. 다른 사람과 얼굴을 마주하는 것도 부담이 된다. 최근 문밖에 내놓은 세탁물을 수거해 세탁한 다음 개어서 배달해주는 비대면 서비스가 인기를 끌고 있다.
3. 택배로 가구가 오곤 한다. 스스로 조립하도록 설명서가 같이 오지만 조립은 귀찮고 어렵다. 혼자 사는 경우 큰 가구는 조립이 어렵다. 이런 집에 출장을 나가 대신 조립해주는 사람은 돈을 벌 수 있다.

상대를 행복하게 하기 위해 사람들은 이런 일을 하고 있다.

1. 연예인은 자신의 외모와 재능으로 사람들을 행복하게 해줌으로써 돈을 번다.
2. 웃긴 영상을 기획해서 유튜브에 올리면 돈을 번다.

3. 넥슨은 전 국민에게 재밌고 새로운 게임을 제공해 돈을 벌었다.

4. 넷플릭스는 전 세계인에게 재미있는 드라마를 제공해 돈을 벌었다.

아무 생각 없는 사람들은 단순하게 생각한다. '햇반을 만든 건 타이밍이 좋았네.' '넷플렉스는 영상을 온라인으로 팔아서 떼돈 벌었네.' 사업을 하는 내 입장에서는 너무 1차원적인 사고로 보인다. 햇반을 만들기까지 정말 많은 문제 해결력이 필요했다. 그들이 맞닥뜨린 문제는 아래와 같다.

○ 밥의 유통기한을 어떻게 늘리지?
○ 유통기한 때문에 화학조미료를 첨가하면 건강이 나빠질 수 있는데?
○ 이 문제가 언론에 노출되면 회사가 존폐 위기를 겪는데?
○ 굳은 밥을 데웠을 때, 전기밥솥 밥보다 맛없는 문제는 어떻게 해결하지?
○ 제품 생산시 공장과 어떻게 협상해야 하지?
○ 유통할 때 비효율은 어떻게 하지?

이러한 문제 해결을 반복했기 때문에 햇반을 만든 기업은 돈을 벌 자격이 생겼다. 햇반같이 대기업이 다루는 제품은 너무 어렵다고?

나는 오늘 아침에 창문닭이로 "3일 작업하고 1년치 연봉 버는 35살" 영상을 보았다. 이 남성이 떼돈을 버는 방식은 내가 『역행자』 부록에 서술한 방식 그대로였다. 이 남성이 문제 해결을 한 방법은 간단했다. '창문닭이'를 찾는 건물주들은 많지만, 정보를 얻기 힘든 문제를 블로그로 해결했다. 건물주들은 창문닭이를 찾으려 해도 전단에 박힌 전화번호에 전화하는 것 말곤 방법이 없었을 것이다. 블로그에 후기와 포트폴리오를 쌓아두면, 아무 정보도 모르는 업체보다 상대적으로 믿음이 갈 수밖에 없다. 블로그에 '부산시 창동 창문닭이' 등의 블로그 글을 써두었을 것이고, 건물주들이 일일이 창문닭이를 찾는 번거로움을 해결했다. 그렇기에 이 사람은 하루 일당으로 50~100만 원씩 벌어들이고 있다. 사람들의 불편한 점을 문제 해결력으로 해소해주었기 때문에 돈을 버는 것이다.

사례들을 보면서 '나는 할 수 없어'라는 생각이 자동으로 들 것이다. 예시는 말 그대로 예시일 뿐이다. 어차피 역행자 7단계 모델을 반복하다 보면, 다른 창의적인 아이디어가 자동으로 떠오를 수밖에 없다. 아래는 내가 돈을 벌었던 방법이다. 아이디어를 고민하는 사람들에게 도움이 되길 바란다.

## 내가 돈을 번 방법 1

이별로 괴로워하는 사람들이 많다는 사실에 착안해 이들에게 무료 칼럼을 제공하고, 10년간 1만 건을 상담한 사례를 이론화해서 알려주었다. 수년간 트레이닝을 받은 상담사를 통해 연애 문제를 상담해준다. 고객은 이 문제로 몇 개월 이상 불행함을 느껴왔거나, 사랑하는 사람을 잃을 수 있다는 두려움을 안고 있다. 상대를 다시 만나게 해주거나, 이별의 이유를 알려줌으로써 고통을 현격히 줄여준다(보통 이별의 고통은 이유를 알 수 없어서 발생한다). 또한 연애에 대한 지혜를 급격히 업그레이드시켜준다. 결국 고객은 행복을 되찾고, 나는 한 달에 1억씩 벌어들인다.

## 내가 돈을 번 방법 2

마케팅으로 고민하는 전문직 종사자나 사업자들이 있다. 이들은 자신의 좋은 서비스가 알려지기를 바라지만 방법을 모른다. 사기꾼에게 속았거나 마케팅의 효과를 보지 못한 경험이 있다. 자청의 이상한마케팅은 이 분야에 특화된 마케팅 노하우를 통해, 500만 원을 지출하면 1500만 원 이상을 벌어준다. 따라서 97퍼센트의 전문직 종사자와 회사들이 재계약을 한다. 이처럼 전문직 종사자나

기업들의 불편함을 해소하고 광고 효과를 일으킴으로써 전문직 마케팅 분야에서 국내 1위 기업이 된다. 이외에도 이상한마케팅은 거의 전 분야를 마케팅하는데, '불만족 시 전액환불'이라는 특이한 제도를 갖고 있다. 일반적으로 마케팅 회사들은 영업할 때 성공시켜줄 깃처럼 밀하고, 잘 풀리지 않으면 나 몰라라 한다. 이런 상황이니 기업들은 마케팅을 믿고 맡기기 불안할 수밖에 없다. 이것을 해결한 제도가 '전액환불제'다. 마케팅 회사에서 절대 할 수 없는 제도지만, 이상한마케팅은 문제 해결력이 높은 사람들이 모인 집단이기 때문에 가능한 제도다. 결과적으로 기업들의 불안감을 해소했기에 이상한마케팅은 국내 최고 규모의 회사가 되었고 지금도 매년 급성장하고 있다.

## 내가 돈을 번 방법 3

역행자 7단계 모델을 만들어 공유함으로써, 운명의 순리자로 살고 있는 사람들이 인생의 오작동을 바로잡고 체계적으로 능력을 갈고닦을 수 있도록 도왔다. 쓸데없는 시행착오를 줄여주고 분명한 방향을 제시함으로써 경제적 자유에 이르는 시간을 단축시켰다. 이 부가가치는 훗날 어떤 방식으로든 돌아오게 되어 있다. 편리하게 해주기, 행복하게 해주기, 이 2가지를 선사하면 돈은 부가적으로 따라오게 되어 있다. 역행자가 40만 부나 팔리면서 나는 지금까지 10억 원을 벌었다. 비록 판매 수익금은 전부 기부하지만 말이다.

**내가 돈을 번 방법 4**

나는 유튜브 자청 채널을 통해 '내가 경제적 자유를 얻은 방법'을 공유했다. 책 추천을 하면서 '책을 읽지 않으면 삶은 변화하지 않는다'라는 메시지를 전달했다. 유튜브를 시작한 이유는 돈을 벌기 위해서가 아니라 사람들에게 '시궁창 같은 삶도 변할 수 있음'을 전달하고 싶어서였다. 적어도 전국 5만 명 이상이 책 읽는 습관을 가지게 되었을 거라 추측한다. 그 덕분에 유튜브를 은퇴하고 진행했던 클래스101의 '무자본 창업 강의'는 35억 이상 판매되었다. 지금은 사실상 무료로 정보를 풀어두고 있다.

**내가 돈을 번 방법 5**

강남에 사는 사람들은 북카페에 가고 싶어 한다. 하지만 강남은 땅값이 비싼 데다 자연을 느낄 수 있는 장소가 많지 않다. 내가 운영하는 욕망의북카페는 강남 한복판 중에서도 매우 조용한 언덕에 위치하고 있어 기막힌 뷰를 제공한다. 루프톱에서 햇살을 맞으며 책을 읽을 수 있다. 자청의 북카페는 공간을 통해 사람들에게 편의성과 행복감을 준다. 이런 방식으로 위스키바 인피니, 청담동 레스토랑 W라보 등 오프라인 사업을 확대했다.

이쯤에서 '저는 전문 지식도 자본도 없는데 어쩌죠?'라는 물음이 나올 것 같아, 아무 전문 지식 없이 무자본으로 창업하는 방법을 '부록'에 실어두었다. 이 부분은 맨 뒤에 있으니 참고하자. 자, 이제부터는 보다 현실적인 돈 버는 방법을 이야기해볼까 한다.

## 경제적 자유라는 성을 함락시키는 방법

인간은 태어날 때부터 인간관계, 가족, 사랑, 돈, 시간 등 수많은 것들에 자유를 속박당한다. 이런 제약을 한 번에 해결하거나 급격하게 줄여주는 것이 바로 '돈'이다. 돈이 모든 것을 해결해줄 수는 없지만 사실 거의 모든 것을 해결해주기도 한다. 혹은 바로 해결되지 못하더라도 소요되는 시간을 급격히 줄여줄 수 있다. 그렇기에 누구나 '경제적 자유'를 꿈꾼다. 경제적 자유라는 성을 함락시켜야 자유라는 천하를 평정할 수 있는 기틀을 갖게 된다.

경제적 자유라는 성에는 100만 명의 병사가 주둔하고 있다. '병사'인 당신이 이 성을 차지하기 위해서 시간당 1명의 병사를 처치할 수 있다고 가정했을 때, 1년간 하루도 쉬지 않고 병사를 처치한다

| 경제적 자유라는 성을 함락시키려는 병사 |

경제적 자유라는 성

면 8700명 정도를 처치할 수 있다. 10년이면 8만 7000명이다. 즉 죽을 때까지 성을 완전히 함락시킬 수 없다는 말이다.

반면에 시간당 돈을 벌긴 하지만, 비교적 큰돈을 버는 사람들도 있다. '장수'다. 의사, 변호사, 고액 강사 같은 고소득 전문직이나 대기업 임원 등이다. 이들은 힘이 강력하여 시간당 5명에서 10명을 처치하기도 한다. 병사보다 아주 큰 장점을 갖고 있지만 단점도 있다. 본인이 잠을 잘 때는 성 함락을 위해 대신 싸워줄 사람이 없다는 것이다. 장수 또한 경제적 자유라는 성을 함락하기 위해선 여전히 많은 시간이 걸리며, 이 과정에서 어떤 자유도 존재하지 않는다. 자유를 얻었을 때는 이미 노인이 되어버렸다.

마지막으로 단순히 시간당 수익을 거두는 게 아니면서도 수많은 병사를 보유한 사람들도 있다. '부대지휘자'다. 부대지휘자는 수많은 병사를 지휘한다. 잠을 자는 시간에도 병사들은 지시한 대로 '경제적 자유라는 성'을 함락하기 위해 나가서 싸운다. 여기서의 병사는 단순히 직원을 의미하는 게 아니다. 건물주는 여행을 간 순간에도 저절로 집값이 올라가며 돈을 번다. 책을 쓴 저자는 해외를 다녀온 사이에도 돈이 벌린다. 이와 같이 '성을 함락하기 위해 절대적으로 싸워주는 병사'를 갖고 있는 사람을 부대지휘자라고 부른다. 기업의 사장, 책 저자, 유튜버, 온라인 강의 판매자, 주식 투자자, 부동산 투자자, 건물주 등이 이에 해당한다. 이들은 시간당 임금을 받으며 직접 돈을 벌기보다는 다른 수단을 통해서 간접적으로 돈을 번다. 작은 가게의 사장님이라고 하더라도 온전히 자신의 시간을 바쳐 돈을 벌고 있다면? 부대지휘자가 아니라 장군이나 병사라고 할 수 있다.

**병사** 시간제로 돈 버는 사람. 일평생 경제적 자유라는 성을 함락할 확률이 낮다.

**장군** 시간당 많은 돈을 버는 사람. 경제적 자유라는 성을 함락할 수 있지만, 젊음을 다 바쳐야 한다.

**부대지휘자**　병사와 장군을 지휘해 돈을 번다. 여기서 지휘 대상은 사람만이 아니다. 자신을 대신해서 싸우는 병사는 부동산, 책, 사업체일 수도 있고, 유튜브나 주식 수익일 수도 있다. 잠을 자고 있어도 자동으로 돈을 번다. 전통적으로 보통 돈을 잘 버는 사람들은 부동산, 주식, 사업을 하는 사람들이다. 이들이 돈을 잘 버는 이유는 부대지휘자로서 잠을 자는 사이에도 병사들을 출전시켜 돈을 벌기 때문이다.

우리가 경제적 자유에 이르기 위해서는 일단 병사에서 벗어나야 한다. 이왕이면 장수부터 되면 좋다. 병사가 되어 시간당 노동으로 돈을 버는 데는 한계가 있기 때문이다. 장수가 되면, 나아가 부대지휘자가 되면 잠을 자는 순간에도 병사들이 앞으로 나가 적을 무찌른다. 만약 부동산을 사두었다면, 온라인 강의를 판매하고 있다면, 주식 투자를 하고 있다면, 내가 신경 쓰지 않는 순간에도 병사들이 나를 위해 싸우면서 수익을 낸다. 이런 부대를 많이 가지면 가질수록 경제적 자유라는 성을 빨리 함락시킬 수 있다. 사업을 시스템화하는 경우, 좋은 아이디어를 현실화할 경우, 이런 부대가 눈덩이처럼 불어나 일을 하지 않아도 돈이 벌리기 시작한다. 투자자의 경우엔 돈이 돈을 버는 구조가 완성된다.

　이런 말을 하면 아마 "그건 좋은 대학을 나와 좋은 회사를 다니는 머리 좋은 사람에게만 가능한 이야기잖아요" 하는 말이 나올 것이다. 나 또한 10년 전이었다면 딴 세상 이야기로 치부했을 것이다. 하지만 낙심할 것 없다. 성제성 이론을 떠올리길 바란다. 우리 주변엔 말단 병사에서 시작해 부대지휘자에 오른 수많은 사람이 있다. 일용직 노동자였던 사람(유튜버 냉철), 지방 공장에서 숙식을 했던 소녀(켈리 최), 서른 살까지 밤무대 밴드 일을 한 사람(송사무장), 이 셋은 어떻게 변했을까? 현재는 수백억 원대의 자산가가 되었다. 뿐만 아니라 지방대 출신 백수로서 서른여섯 살까지 생계가 어려웠던 또 다른 사람은 3년 만에 부대를 만들어, 추정컨대 월 1억씩 벌고 있다(유튜버 김작가). 그럼 이들 유튜버의 병사는 누구일까? 영상 촬영과 편집을 맡아주는 직원들? 그럴 수도 있다. 하지만 내가 보기엔 1000여 개에 이르는 업로드 영상이 모두 병사다. 이 1000여 개의 영상은 유튜버들이 잠을 자고 여행을 가더라도 구독자들의 문제를 해결하고 행복감을 주는 전투를 계속한다. 구독자들이 원하는 것을 주고 관심과 클릭을 얻는 데 성공한다.

　이러면 누군가 또 이런 말을 한다. "그 사람들은 초절정 인기 유튜버잖아요. 좋은 콘텐츠를 만드는 특별한 재능이 있다고요." 그럼 나의 친한 친구이자 내 유튜브 구독자인 정승호를 보자. 이 친구는 7년간 회사를 다니면서 돈을 버는 족족 다 써버렸다. 그러다 어떤 계기로 투자를 공부하며 2년간 종잣돈을 모았다. 종잣돈으로 좋은 부동산을 사려 했는데 돈이 부족했다. 그래서 낡고 입지 좋은 곳에 스터디카페를 만들었다. 이 무인 스터디카페가 크게 성공하자 2년 만에 13개로 확장, 현재 월 1억 이상 수익을 내고 있다. 더 궁금하다면 '탐험가 정승호'를 검색해봐라. 이런 사례는 차고 넘친다. 평범하게 직장을 다니면서도 부동산 투자를 통해 경제적 자유를 이룬 사람들은 셀 수 없이 많다. 유튜버 부동산읽어주는남자, 너나위, 아는선배, 렘군 역시 직장에 다니면서 부동산 투자로 성공한 케이스다. 이들은 부동산이라는 병사를 하나씩 모은 결과 수십억 자산가가 될 수 있었다. 이들에 대해선 다시 다루겠지만, 이들은 여지없이 역행자 7단계 모델을 따라 레벨업하며 결과를 얻었다.

나에게도 많은 부대가 있다. 다양한 사업을 하는 만큼 병사가 좀 더 다양하다고 할 수 있겠다.

1. 이상한마케팅과 아트라상에서 각각 순수익이 1억씩이 발생한다.

2. 클래스101의 무자본 창업 강의를 제작한 지 2년이나 지났지만 지난달에만 1억 원의 순수익이 발생했다.

3. 프드프라는 전자책 플랫폼에서 6권의 PDF 책이 팔리고

있다. 월 6000만 원씩 순수익이 발생하고 있다.

4. 30억 이상의 주식이 굴러가고 있다. 매년 최소 수익률 20퍼센트를 바라보고 있다.

5. 그밖에도 부동산, 욕망의북카페, 위스키바 인피니, 청담 동 레스토랑 W라보, 여러 지분을 가진 사업체 등에서 자동 수익이 발생한다.

이 책 또한 나의 병사 중 하나가 될 것이다. 만약 베스트셀러가 된다면 잠자는 동안에도 나를 위해 일하게 될 것이다. 책 자체로는 수익이 크지 않겠지만 내가 벌이는 사업들에 좋은 평판을 가져다줄 것이다.

나는 개인적인 아이디어를 내 블로그에 기록하고 있다. 블로그 에 유튜브를 3배 성장시키는 법, 무료 전자책 만드는 법, 사업을 시 작하는 법, 돈 버는 법, 직원 관리 하는 법 등을 꾸준히 기록하고 있 다. 이 책이 마음에 들었다면, 반드시 한 달에 한 번은 내 블로그에 서 인사이트를 가져갔으면 한다. 앞으로도 계속 부대지휘가자 되 는 팁을 블로그에 업데이트할 예정이다.

갑자기 매월 수천만 원씩 벌어들이는 장수, 부대지휘자가 될 순 없다. 월 30만 원, 100만 원, 아니 5만 원도 좋다. 작은 병사들을 만 들어서 경제적 자유라는 전투에 참전시켜라.

# 당신이 직장인이든 백수든 열아홉이든 쉰이든

경제적 자유라는 성을 함락하기 위해선 반드시 병사라는 도구를 써야 한다고 말했다. 그러면 이 병사라는 도구를 갖고 성을 공략하는 전략에는 무엇이 있을까? 크게 보면 2가지가 있다. 직장생활로 시작했든, 일용직 노동자로 시작했든, 경제적 자유에 이르는 전략은 결국 2가지로 귀결된다.

첫 번째는 사업, 두 번째는 투자. 당신이 직장인이든 백수든 상관없다. 여기서 출발한 사람들도 결국 이 두 방향으로 가게 되어 있다. '쫄지' 마라. 말이 어려워보일 뿐이다. 그냥 훑어 읽어라. 지금은 자신이 없고 거부감이 들어도 괜찮다. 마음속에 각인되어 당신은 점차 변화할 것이다.

나는 그동안 경제적 자유를 얻은 사람들을 면밀히 조사해봤다(돈을 아무리 많이 벌었더라도 시간적 자유가 없는 사람은 제외). 자유를 얻은 사람들의 시작은 각기 달랐지만 그들의 공통점은 투자를 시작했다는 점이었다. 아, 이 책을 읽는 독자 중에 50대 이상도 계실 테니까, 내 어머니 얘길 해보겠다. 어머니의 경우, 쉰 살이 다 되도록 공부란 걸 해본 적이 없었다. 어머니는 상업고등학교를 졸업하고 대학을 가지 않았다. 그리고 평생을 보험 영업, 대출 영업, 이마트 아르바이트를 전전하며 지냈다. 그러다 빚밖에 없는 집안에는 답이 없다고 생각하고 공인중개사 공부를 시작했다. 그때가 마흔여덟이었다. 부동산 중개업 자격증을 턱걸이로 딴 후에야(커트라인이 60점인데 60점을 맞았다) 적극적으로 투자를 시작했다. 어떻게 됐을까? 10여 년 만에 수십억 원을 불렸다. 쉰 살까지 무일푼 빚쟁이로 살던 분이 투자를 통해 10년 만에 수십억 자산가가 되었다. 어머니는 좋은 머리를 타고난 분이 아니다. 머리가 좋았다면 48세까지 어떻게 빚밖에 없었겠는가? 우연히 부동산 중개업을 시작하며 투자에 눈을 떴는데, 그 방법이 좋았던 것이다.

여기까지 읽었다면 알아챘겠지만, 투자는 수많은 병사를 거느릴 수 있는 좋은 방법이다. 앞에서 말한 부동산 유튜버들도 다 직장인이었지만, 1000~5000만 원으로 부동산 투자를 시작해 수십억대 자산가가 될 수 있었다. 부동산 투자는 돈을 주고 산 물건이 다시 돈을 버는 식으로 경제적 자유라는 성을 함락한다.

나를 비롯해 20~30대에 경제적 자유를 이룬 사람들은 사업을 한다. 사업도 수많은 병사를 모으기에 좋은 방법이다. 예를 들어 고깃집 하나를 운영하더라도 시스템만 잘 갖춰둔다면 나 없이도 싸우는 병사들이 생겨난다. 경영, 마케팅, 인사 관리 등에 신경을 써서 잘 굴러가게 하면, 다른 점포 3~4개를 더 경영할 수 있다. 본론으로 돌아가 사업은 투자와 성격이 조금 다르다. 사람들에게 보다 직접적으로 제품이나 서비스를 제공해서 문제를 해결해주고 만족감을 준다('투자'는 '사업'에 돈을 대는 것이다). 사업은 내가 좀 더 적극적으로 아이디어를 내고, 제품과 서비스를 개발하고, 회사를 운영하는 재미가 있다. 또한 좋은 중간관리자를 뽑으면 그 병사가 장수가 되어 다른 병사들을 훈련시킬 수도 있다. 사업 아이템을 잘 골라 적절한 고객에게 적시에 판매하면 투자를 능가하는 큰 레버리지를 일으킬 수 있는 것 또한 사업의 재미다. 본인이 아이디어가 많고 이런저런 제품이나 서비스를 만들어 시장에 내놓는 것에 재미를 느낀다면 사업 쪽으로 구상해보는 게 좋다.

말이 어렵다고? 어렵게 생각할 것 없다. 앞서 말한 대로 뇌 자동화를 통해 문제 해결력이 높아지면, 문제를 보지 않으려 해도 자동으로 보인다. 그리고 이에 대한 해결책이나 아이디어가 자동으로 나오고 그 결과 돈이 벌린다. 똑똑한 사람들은 그저 하루를 보내다 보면 좋은 아이디어를 내곤 하는데, 같은 이치다.

나는 25세까지 22전략으로 4년간 뇌를 훈련했다. 어느 날 나는 이별의 고통을 겪었고, 이 문제를 해결하는 공식을 발견했다. 이별이라는 문제는 세상 모든 사람이 겪는다. 하지만 나는 이때 아이디어를 얻었다. 의도한 게 아니라 그저 자동으로 나온 것이다. 자세한 건 부록에서 다루겠지만, 기본기를 쌓으면 자동으로 돈을 벌 수 있게 된다.

자, 이제 당신의 자의식은 이런 말을 꺼낼 것이다.

"저는 배달 아르바이트를 하고 있는데 어떻게 해야 할까요? 투자할 돈도 없는데……."

"저는 직장인인데 어쩌죠? 창업 자금을 모으려면 너무 많은 시간이 걸립니다."

"저는 자영업자인데 하루 벌어 하루 먹기 바쁩니다."

그렇다. 다들 자본이 없고 시간이 부족하다고 말한다. 그런데 앞에서 말한, 악조건 속에서 성공한 사람들이 당신보다 조건이 나았을까? 조건은 같다고 본다. 아니, 더 솔직히 말하면 그들이 훨씬 더 최악의 상황이었다. 그저 당신의 무의식이 변화하지 못한 것뿐이고, 뇌 최적화가 안 된 것뿐이다. 당신이 직장인이든 백수든, 열아홉 살이든 쉰 살이든 상관없이 다음 방법으로 투자와 사업을 준비하는 게 최고의 방법이라 생각한다.

## 경제적 자유를 위한 5가지 공부법

젊은 나이에 자수성가한 부자들 수십 명에게 질문하며 '공통적인 공식'을 찾아보려 했다. 마침내 5가지로 방법이 좁혀졌으며, 이 방법론을 행했을 때 경제적 자유에 도달할 수 있다는 것을 알게 되었다. 테니스를 잘하려면 옳은 방법으로 꾸준히 연습하는 길밖에 없다. 마찬가지로 경제적 자유에 도달하는 길은 '옳은 방법'으로 '오래 연습'하면 그만이다. 일반적인 사람들은 옳은 방법 자체를 모르며, 돈을 버는 것이 연습으로 될 수 없다고 생각한다. 그래서 로또나 일확천금이라는 극단성에 의지한다. 그런 경우는 절대 순리자의 삶을 벗어날 수 없다. 이제부터는 역행자가 된 수십 명의 자수성가 부자들의 5가지 공통점을 소개하겠다.

## ▎1. 정체성 변화

부동산 투자자이자 『월급쟁이 부자로 은퇴하라』의 저자 너나위는 경제적 자유를 부정하던 대표적 인물이었다. 9년 동안 대기업에 다니면서 3000만 원을 모았던 너나위는 서점에서 재테크 코너를 지나칠 때마다 '저건 패배자나 보는 것', '투기꾼들의 이야기'로 치부했다고 한다. 그러던 어느 날 상사가 해고당하는 모습을 보고 충격을 받는다. 본인도 언제 해고당할지 모른다는 두려움에 평소 싫어했던 부동산 투자 관련 책을 읽었고, 그걸 계기로 생각이 완전히 바뀌었다. 그래서 직장을 다니며 소액으로 부동산 투자를 시작했다. 3년 후 너나위는 순자산만 20억 원을 모으게 된다.

너나위의 이야기는 정체성 변화가 매우 필요하다는 것을 보여준다. 돈을 벌 마음을 가졌다면 너나위와 같은 생존 위기를 겪어야 하는데, 이런 경험을 하기 위해선 일단 밖으로 나가야 한다. 뭔가를 벌여야 한다. 현재에 안주해선 생존 위기를 겪을 일이 없다. 의도적으로 일을 벌이거나, 부업을 시도해보거나, 모임에 참가해 보잘것없는 자신의 모습을 확인하며 '인생 참 짜증나네'라는 감정을 겪어야 한다. 이미 당신이 경제적으로 자유롭다면 이런 행동을 할 필요는 없다. 하지만 현실에서 자유롭지 못한 상황이라면 의도적으로 이런 정체성 변화를 주려는 시도가 필요하다.

또한 너나위의 사례는 부정적인 자의식이 사람의 가능성을 얼마나 가로막는지 잘 보여준다. 돈에 관해 이야기하거나 부의 축적에 관심을 보이면 사람들이 이상한 눈으로 보던 것이 불과 몇 년 전이다. 지금도 여전히 '돈 버는 것'이라고 말하기보다는 '경제적 자유'라는 완곡한 표현을 쓰는 게 사실이다. 그래서 내가 계속 역행자 7단계 모델을 강조하는 것이다. 너나위가 이 모델을 알고 실천했다는 말이 아니다. 내가 만든 역행자 7단계 모델이 이렇게 수많은 자수성가형 부자들의 사례에서 추출한 공통점과 나의 경험으로 검증한 것이라는 말이다.

## | 2. 20권의 법칙

나는 사업이란 돈이 많은 사람이나 하는 거라고 생각했다. 아니면 머리가 똑똑한 엘리트나 고학력자들이 하는 거라고 생각했다. 그러다 영화 〈소셜 네트워크〉를 보고 자본 없이도 창업이 가능하다는 걸 깨달았다. 그때 지한이와 창업을 준비하면서 내가 가장 먼저 한 것이 마케팅 책 20권을 쌓아두고 읽어나간 것이다. 돈도 경험도 없던 나에게 독서야말로 내실 있게 창업을 준비할 수 있는 좋은 방법이었다. 쌓아두고 읽고 또 읽다 보니 깨우쳐지는 게 있었다. 온라인 마케팅은 물론 무의식 마케팅에 대해 이해할 수 있었다. 그리고 온라인 사업을 시작하는 방법을 알게 되었다. 이렇게 얻은 모든 지식을 새 사업에 적용했고, 곧바로 이별 상담 사업은 대박을 치게 되었다.

책을 20권 쌓아두고 읽으면 어떤 일이 벌어질까? 당신의 머리는 온통 그 내용으로 꽉 차게 된다. 망치를 든 사람에게는 모든 게 못으로 보이듯이, 마케팅 책만 20권 읽으면 세상 모든 게 마케팅 사례로 보인다. 머리가 저절로 그쪽으로 돌아가고, 정체성이 바뀌기 시작한다.

당신이 만약 카페를 차린다면, 카페에 관한 책 20권을 사서 읽어라. 자신 있게 말하건대 거의 모든 카페 사장은 아무 책도 읽지 않고 자신의 직감이나 머리만 믿고 카페를 시작한다. 과잉된 자의식을 가진 채, 자기 생각대로 흘러갈 거라 생각한다. 결과는 어떨까? 대부분 망할 것이고 몇몇은 우연히 성공한다. 길게 보면, 다들 반드시 망한다. 하지만 우노 다카시가 쓴 『장사의 신』 같은 책을 여러 권 읽은 카페 사장은, 그 동네에서 1~2등을 할 수밖에 없다. '책 읽어도 소용없어. 어차피 내 생각대로 될 테니까'라는 생각은 얼마나 오만한가? 얼마나 과잉 자의식인가? 이렇게 본성과 유전자의 꼭두각시가 되면 결국 패배할 수밖에 없다(물론 타고나길 똑똑한 사람들은 책 없이도 잘될 수 있다). 이루고 싶은 게 있다면, 관련 분야 책을 10권씩만 꺼내서 훑어보라. 패배할 가능성이 현저히 떨어진다.

## ▎3. 유튜브 시청

아무래도 영상은 책 읽기보다는 뇌 최적화 측면에서나 학습 측면에서나 효율성이 많이 떨어진다. 대신 뇌를 덜 써도 된다는 장점이 있다. 책 읽고 글 쓰는 게 너무 지겹다면 투자 혹은 사업을 다룬 유튜브를 보는 것도 방법이다. 기왕 유튜브를 본다면, 창업, 기업 경영, 부동산 투자나 경매, 주식 투자 등 다양한 분야의 인터뷰를 보는 것이 좋다. 하루에 3개 이상 필기를 하면서 봐라. 그리고 다 본 후에는 블로그에 느낀 점이나 깨달은 점, 내용 요약 등을 정리해두는 것이 가장 좋다.

그런데 유튜브 채널들을 돌아다니다 보면 사기꾼 같다는 댓글이 달려 있는 경우가 있다. 대부분은 질투심에 적어놓은 헛소리일 때가 많다. 유튜브 알고리즘으로 초보자에게까지 추천될 정도의 유튜버라면, 투자나 사업에 관해서는 본인보다 훨씬 높은 레벨일 것이다. 배울 점이 있으면 배우고, 공연히 시빗거리를 찾지 마라. 특히 배우는 초기에는 비판 의식을 잠깐 꺼두고 최대한 많은 정보를 받아들이는 것이 좋다. 물론 내가 보기에도 유튜브에는 사기꾼도 많고, 소위 '알맹이 없는' 강의팔이들도 많다. 그러나 그들에게조차 배울 점은 분명히 있다. 현재 월 1000만 원 이하로 벌고 있다면, 편식 없이 모든 정보를 받아들였으면 한다. 내가 스무 살 겨울에 200권 넘는 책을 읽었을 때, 지금 내 기준으로 보면 그중 95퍼센트는 수준 미달이었다. 그래도 그 책들의 저자들은 당시 내 수준보다는 압도적으로 뛰어났다. 멍청한 저자라도 책을 한 권 낸다는 건 상당한 자신감과 실행력 그리고 소재가 있어야 가능한 일이다. 적어도 당신보다는 레벨이 높다는 말이다. 유튜브든 책이든 강의든 마찬가지다. 현재 자신의 수준보다 높다면 뭐라도 배울 게 있을 것이다. 배울 것을 배우는 데에 핑계를 달지 않길 바란다.

## ▎ 4. 글쓰기를 통한 초사고 세팅

22전략에서 말했듯, 글쓰기는 뇌를 발달시키는 최적의 방법이다. 나는 주변 사람들이 아무리 뭐라 하고 불안감을 조성해도 하루 30분씩 투자했다. 평범한 삶을 사는 사람들의 충고보다 성공한 사람들의 공통된 습관인 '글쓰기'를 하는 게 성공 공식이라 믿었다. 글쓰기는 뇌과학적으로도 뇌의 논리성을 향상시키고, 지능을 높이고, 생각을 정리하는 가장 좋은 방법이다. 15년이 흘렀고, 나의 가설은 정확히 들어맞았다. 나는 내가 꿈꾸던 인생보다 훨씬 이상적인 삶을 살고 있다.

글쓰기는 인생역진을 돕는 창의성, 집중력, 사고력 등 전방위적으로 뇌를 발달시킨다. 책의 내용, 평소에 떠오른 아이디어나 잡념들을 블로그에 반드시 정리해두어야 한다. 간단한 과제를 주겠다. 지금 읽고 있는 '경제적 자유를 위한 5가지 공부법'이라는 제목으로 블로그 글을 적어보아라. 적다 보면 복습이 되고, 생각이 정리된다. 자청이나 『역행자』에 대한 비평이나 비판도 좋다.

글을 읽다 보면 다 이해했다고 착각하지만, 막상 적으라고 하면 막막할 것이다. 이는 뇌에서 정리되지 않았으며, 이해가 안 되었다는 뜻이다. 글을 쓰다 보면 빈약한 정보와 논리를 스스로 채우려 하게 되고, 그 과정에서 최상의 학습을 하게 된다. 글로 정리를 하면, 정보가 장기기억화되어 응용 가능한 지식으로 변환된다. 지식을 실생활에 쓸 수 있게 된다. 우리는 글쓰기를 할 때 뇌 전체를 사용하게 되는데, 이때 뇌세포가 증가하면서 지능이 향상된다.

난 주로 블로그에 글을 쓰지만, 꼭 블로그가 아니더라도 어디든 본인이 원하는 매체에 글을 써두자. 몇 개월이나 1년 뒤, 혹은 10년 뒤에 자신의 글을 보면서 뿌듯함을 느낄 수도 있고, 복습을 할 수도 있다. 나는 종종 과거에 읽었던 책을 복습하고 싶으면, 수년 전에 썼던 책 리뷰 글을 펼쳐본다. 책을 다시 읽지 않더라도 3분 만에 복습을 할 수 있어 효율적이다.

○ **혹여나 글쓰기가 막막하다면 "체험판 초사고 글쓰기"를 검색해 PDF를 무료로 다운받자. 이것만으로도 무슨 글을 써야 할지 감이 올 것이다.**
○ **자청이 위와 같은 방식으로 13년 전에 쓴 글이 궁금하다면? 자청 블로그 blog.naver.com/smjsomang에 접속해보자.**

### ▌5. 온라인을 넘어 오프라인 학습으로

이제까지 말한 책 읽기, 유튜브 영상 시청, 글쓰기는 혼자만의 싸움이다. 이제 유전자의 오작동을 역이용할 차례가 됐다. 무료 온라인 강의를 넘어, 유료 온라인 강의에 뛰어들어야 한다.

온라인 강의를 결제하면, 아무래도 매몰비용이 생기게 된다. '나는 투자 혹은 사업 강의에 돈을 쓴 사람'이라는 정체성이 생긴다. 무의식적으로 사업과 투자에 대해 생각하게 된다. 자신도 모르는 사이에 관심도가 높아지고, 관련 영상을 보게 되고, 자료를 찾게 된다. 이른바 뇌 자동화가 이루어지는 것인데, 강의를 통해 구체적인 정보를 얻는 것 못지않게 이것도 중요하다. 뭐든 배울 때 돈을 좀 써야 하는 이유다. 만약 여유가 있다면 딱 50만 원 정도만 투자해보았으면 한다. 나 또한 이런 강의를 찾을 때마다 '돈 버는 법을 배우려고 돈 내는 건 좀 아깝다'라는 생각이 절로 든다. 심지어 창업 강의로 억대 가장 많은 수익을 낸 사람 중 하나임에도 이런 마음이 드는데, 다른 사람들은 오죽할까? 나는 이럴 때마다 '20여 만 원의 투자가 수천만 원의 이득으로 돌아올지도 모르니 기댓값에 베팅하자. 확률 게임을 하자'라는 생각으로 결제하곤 했다.

오프라인 강의도 찾아다녀야 한다. 오프라인 강의를 들으려면 반나절은 비워야 하지만, 그럴 만한 가치가 있다. 강의에 가면 자신과 관심 분야가 같은 사람들, 그리고 강의를 하는 사람이 존재한다. 이때 발동하는 유전자 오작동이 우리에게 이롭다(앞서 말한 '정체성 만들기'와 '클루지' 역이용).

두뇌는 내가 속한 집단이 따르는 생각을 가치 있게 여긴다. 오프라인 경매 강의를 듣는 것만으로도 '나는 경매 강의를 들으러 간 사람'이라는 정체성이 생긴다. 또한 그 집단 안에서는 경매를 잘하는 사람을 가장 존경스러운 사람으로 인정하기 때문에, 본능에 따라 저절로 경매에 대한 관심과 평가가 높아진다. 경매 책 한 권을 읽으면 무의식이 약간 변화하지만, 집단무의식에 조종되면 변화가 훨씬 쉬워진다. 한편 같이 강의 듣는 사람들끼리 정보를 교환하거나

친분을 쌓다 보면 성공한 사람이 나오기 마련이다. "그 사람 ○○
해서 성공했대", "그 사람 ○○해서 얼마 벌었대" 같은 소리를 듣는
것 역시 큰 자극이 된다. 온라인에 비해 오프라인 강의가 집중도가
높기 때문에 학습력이 높아지는 것도 장점이다. 온라인 시대에도
오프라인 강의를 듣는 사람들이 많은 건 이 때문이다. 그들은 바보
가 아니다.

앞서 말했듯이 정체성을 바꾸거나, 최초의 실행이 중요하다. 오
늘 당장 온라인 강의와 오프라인 강의를 하나씩 신청해보자. 딱 한
번의 시도와 도전이 어려운 법이다. 반드시 아래 내용을 실행해보
길 바란다.

- **온라인 강의: 클래스101, 탈잉, 라이프해킹스쿨, 클래스
유 등 정말 많은 사이트가 있다. 한 번 둘러보며 '이런 공간들
이 있구나'를 느껴보자.**
- **오프라인 강의: 나는 과거에 온오프믹스 등 앱을 이용하여
오프라인 강의에 참석했다. 5년 전쯤 마케팅 대행사 만들기,
인스타그램 홍보하기, 작가 되기 등 강의를 들었고 정체성 변
화에 큰 도움이 되었다. 오프라인 강의를 어디서 하는지 서칭
해보고, 참여해보자. 이상한마케팅 아카데미도 오프라인 강
의의 일종이다. 이외에도 소모임, 문토, 당근마켓 등으로도**

강의들을 찾을 수 있다.

## 젊은 부자들은 어떻게 공부했을까

5가지 공부법을 정리한 후, 30대 전후로 경제적 자유를 얻은 30여 명의 친구들에게 전화를 돌렸다. 그리고 여러 매체에 등장하는 사람들이 경제적 자유를 이룬 과정을 면밀히 분석했다. 그들은 아래 3개의 범주에 들어갔으며, 예외는 없었다.

### ▮ 1. 좋은 유전자와 환경을 타고난 경우

타고난 머리가 좋은 그룹이 있다. 두뇌와 실행력이 '넘사벽'인 사람들은 일정 시간이 지나면 경제적 자유에 이른다. 역행자 7단계 모델이 태생적으로 갖춰진 사례라고 할 수 있겠다. 혹은 타고난 환경이 아주 좋은 경우가 있다. 강남 8학군 출신이거나 좋은 대학에 들어가 뛰어난 친구들과 함께 일찍부터 사업 또는 투자에 눈을 뜨는 케이스다. 본인이 아주 머리가 좋진 않더라도 어려서부터 돈을 버는 법을 배우고 자연스럽게 토론하고 성공 사례를 접할 수 있는 행복한 경우다.

만약『부의 추월차선』, 『나는 4시간만 일한다』, 『부자 아빠 가난한 아빠』 등의 저자에게 자식이 있다면, 이 아이들은 끊임없이 돈에 대해 배우거나 관심을 가질 수밖에 없는 환경에서 생활하게 되는 것이다. 그러나 이와 같은 환경이나 유전자를 타고나는 경우는 매우 드물다. 무엇보다 개인이 선택할 수 없는 영역이므로, 대부분의 사람에게 해당 사항이 없다.

## 2. 주말 세미나형

혼자서 자기계발서만 읽는 사람들에겐 별다른 발전이 없다. 읽고 배운 것을 어떤 형태로든 시도해보면서 시행착오를 거쳐야만 한다. 배운 것과 행한 것이 선순환을 하며 피드백되지 않으면 자칫 뜬구름 잡는 상태에 머물 수 있다.

월 4000만 원 이상 버는 여성 지인들과 간단한 인터뷰를 했다. 이들은 모두 주말을 이용했다는 공통점을 갖고 있었다. 물리치료사, 반영구 화장 강사, 23세 무스펙 워킹맘 등 다양한 배경을 가진 사람들이지만, 시간 관리라는 측면에서 공통점이 있었다. 이들은 평일에는 본업에 충실하고 주말에 재테크 강의를 들으러 다녔다. 그것도 1~2개월 정도가 아니라 1년 이상 꾸준히 말이다.

앞서 말했듯이 오프라인 강의를 들으면서 비슷한 관심을 가진 사람들과 끊임없이 접촉하는 일을 1년 이상 한다면, 그 사람의 정체성은 완전히 바뀌게 된다. 경제적 자유에 이르기 위해서 365일 24시간 내내 뭔가를 해야 한다고 겁먹는 사람들이 있다. 하지만 위의 사례에서 보듯이 주말만 잘 이용해도 충분하다. 주말 세미나를 통해 머리를 이렇게 전환해두면 평일에 본업을 할 때에도 계속 사업과 투자에 대해 생각하게 된다. 시간 관리라는 측면에서 상당히 현실적인 방법이라고 할 수 있다.

나 또한 아끼는 스킬이 하나 있다. 이를 '일요일 2시간 전략'이라 부른다. 발전하고 싶을 때 나는 일요일 오후 1시에 밥을 먹은 뒤 딱 2시간 동안 하기 싫은 일을 한다. 토요일은 확실히 놀아줘야 하지만, 일요일 오후 1시에서 3시 사이는 적당히 편안하면서도 애매한 시간이다. 이때 평일에는 선뜻 하기 부담되던 새로운 도전을 해본다. 예를 들어, 2019년은 이상한마케팅이 한창 바쁠 때였다. 그런데도 나는 그때, 유튜브에 도전해보고 싶었다. 하지만 도무지 평일에 시작할 엄두가 나지 않아서 '일요일 딱 2시간만 유튜브에 힘을 쓴다'라고 다짐했다.

그 주 일요일이 되자 정확히 타이머를 맞춘 뒤 2시간을 유튜브 제작에 할애했다. 30분 촬영 세팅, 30분 대본 쓰기, 30분 촬영하기, 30분 동영상 파일 정리 및 편집자에게 전송하기. 이렇게 2시간에 걸쳐 해야 할 일을 모두 마쳤다. 딱 2시간 걸렸다. 앞서 말했듯 새로운 시도는 유전자의 오작동 때문에 지속적인 방해를 받는다. 하지만 '역행자의 행위'를 '일요일 2시간 전략'으로 실행한 결과 나는 수십억 이상의 부가가치를 얻을 수 있었다. 이후에도 괜히 미뤄뒀지만 반드시 해보고 싶은 활동은 '일요일 2시간 전략'으로 실행했다. 1주일에 2시간씩을 매진한 결과 수년 후에는 순리자들과 비교할 수 없을 만큼 차이가 벌어진다.

## ▎3. 책 덕후형

이들은 직장을 다니거나 자기 사업을 하거나 대학을 다니면서 끊임없이 책을 읽었다. 주식을 하는 경우엔 주식 관련 책을 독파하고, 부동산 투자를 하는 경우엔 부동산 서적을 죄다 읽었다. 사업을 하려는 사람들은 마케팅과 경영 등 관련 분야 책들을 탐독했다. 아무리 바빠도 독서를 미루지 않았다.

독서의 중요성에 대해서는 앞에서 여러 번 얘기했으니 중언부언하진 않겠다. 재미있는 것은 이들이 학교 다닐 때는 책을 별로 읽지 않은 경우가 많았다는 것이다. 나도 그랬지만, 원래는 책을 멀리하던 사람들이 돈에 관심을 가지면서 다독하는 경우가 많다. 이때 독서는 책을 완전히 달달 외우는 식이 아니다. 정독해야 한다는 강박에서 벗어나, 잘 모르겠다 싶은 부분은 넘기면 된다. 나도 책의 3분의 1 정도만 읽을 때도 많다. 처음엔 내용이 어렵더라도 그 분야의 내공이 높아지면 나중에 다시 읽으면 된다. 처음에 잘 읽히지 않는 것은 자연스러운 현상이다. 어떤 분야를 처음 접한다면, 정말 쉬운 책부터 읽으면서 점차 난이도를 높여갈 것을 추천한다. 예를 들어 내가 화학에 대해 처음 공부하려고 한다면 『만화로 읽는 화학』이나 『청소년을 위한 화학 이야기』 같은 걸 고를 것이다.

경제적 자유를 얻은 이들은 위의 3가지 유형에 무조건 속했다. 타고나는 유형, 주말 세미나형, 독서형, 셋 중에서 당신이 택할 것은 2가지 경우밖에 없다.

## 경제적 자유로 가는 알고리즘 설계

"전 백수라 안 될 거예요."
"저는 무스펙 노동자라 안 돼요."
"전 투잡할 수 없는 대기업에 다녀서 안 돼요."
"전 중소기업에 다니는 중이라……."

이런 헛소리는 더 이상 통하지 않는다. 여기서는 인생의 경우의 수를 크게 4가지로 나누고, 각 상황별로 경제적 자유를 얻는 방법에 대해 이야기할 것이다. 단순히 이론적인 이야기가 아니라, 성공 사례들을 충분히 나열할 예정이다. 주의할 점이 있다. 당신의 루트만 편식해서 읽지 마라. 전체 루트를 읽어보는 걸 추천한다. 인간은 누구나 아래 4가지 그룹에 속해 있다.

**① 직장인 그룹: 대기업 직원, 중소기업 직원, 공무원 등**
**② 무스펙 그룹: 일용직 노동자, 경력 단절 구직자, 백수 등**
**③ 전문직 그룹: 의사, 변호사, 디자이너, 마케터, 부동산 중개인, 심리상담사, 에어컨 청소 기술자 등**
**④ 사업자 그룹: 자영업자, 무자본 창업자, 유자본 창업자 등**

이 네 그룹은 처한 현실이 다르기 때문에, 이후에 선택할 수 있는 인생 알고리즘도 다르다. 아래에선 각각의 경우 내가 생각하는 최선의 루트를 이야기해보겠다.

## ▎1. 직장인 그룹

### a. 대기업에 다닐 경우

대기업에 다니고 있다면, 사실상 아래와 같은 루트를 타는 건 어렵다.

취업 → 대기업 → 사업 → 투자

물론 대기업에 다니면서 사업을 준비해 성공하는 경우가 있긴 하다. 하지만 아주 예외적이다. 아무리 요즘 워라밸이 좋아졌다고 해도 내기업에 다니면서 투잡을 가진다는 것은 굉장히 어려운 일이다. 또 겸직 금지 조항에 위배되기 때문에 직장에서 징계를 받을 수도 있고, 무엇보다 그럴 만한 시간이 되지 않는 게 현실이다. 따라서 당신이 대기업에 다니고 있다면 표준적인 테크트리는 이렇다.

취업 → 대기업 → 투자 → 사업

내 친구 승호는 대기업에 다니던 프로그래머였다. 3년 차까지는 돈을 버는 족족 다 썼고, 스물여덟 살에 종잣돈을 약간 모았으나 주식으로 다 날렸다. 서른 살에야 문득 미래를 대비해야 한다는 생각이 들어 돈을 모으기 시작했다.

승호가 8년 차 프로그래머가 되었을 때 실수령액은 400만 원이었다. 그는 매달 150만 원만 쓰면서 2년간 월 250만 원씩 6000만 원을 모았다. 그리고 투자가 답이라 생각해 경매를 공부하기 시작했다. 처음에는 종잣돈이 적었기 때문에 좋은 물건을 살 수 없어, 20년 넘은 인천 빌라를 낙찰받았다. 돈이 없어 도배와 장판 등은 인터넷으로 배워서 직접 했다. 이렇게 꾸민 집은 1000만 원을 더 붙여서 팔 수 있었다. 빌라는 아파트와 다르다. 아파트는 일정한 시세가 있지만, 빌라는 건물과 방의 컨디션에 따라 가격 차이가 컸다. 그래서 회사에 다니면서도 주말에는 집을 보러 다녔다. 이런 식으로 몇 건의 거래를 반복해서 1억을 더 모았다. 이때부터 부동산 관련 강의를 듣기 시작했다. 천안 아파트를 경매로 두 채, 매매로 두 채 샀다. 1.6억, 1.45억 하던 아파트가 시간이 흐르자 2.5억, 2억으로 올랐다. 자본금이 모이기 시작하면서 승호는 상가 투자를 생각했다. 열심히 공부를 하니 상가 보는 눈이 생기고, 상권 분석 능력이 쌓였다. 하지만 쓸 만한 상가는 7억 전후였고, 사고 싶은 상가는 10억대였다. 아직 그 정도 자본금은 없었다.

'어떻게 하면 돈 없이도 자본을 더 굴릴 수 있을까?' 고민 끝에 승호는 비싼 상가를 매입하는 것보다 차라리 그곳에서 사업을 하는 것이 좋겠다고 생각했다. 자본금이 훨씬 덜 들었기 때문이다. 이것이 스터디카페의 시작이었다. 무인 스터디카페여서 자동화가 쉬웠다. 2년도 안 돼서 스터디카페는 13개까지 늘어났고, 각 지점마다 평균 1000만 원 전후의 수익이 생겼다. 동시에 토지를 매입해 홍대 와인바 '햄릿'을 만들었다. 이때 승호의 나이는 서른네 살이었다.

승호가 잘한 것은 직장을 다니면서 투자를 공부하고 실행했다는 점이다. 투자를 하면서 타이탄의 도구를 모았고, 지식이 쌓이면서 뇌 최적화가 일어났다. 이후에는 그냥 돌아다니기만 해도 상권을 분석하는 능력이 생겼다. 점차 오목을 완성할 수 있는 루트가 많아졌고, 두는 수마다 성공할 수 있었다. 회사를 다니면서 기본기를 다졌던 덕분에, 불과 2년 만에 부대지휘자가 되었다. 경제적 자유라는 싱을 함락시킬 수많은 병사들이 생겨났다. 무인 스터디카페는 승호의 병사들이었다. 승호는 역행자 7단계 모델을 하나씩 밟아나간 고전적인 케이스다.

앞서 말했듯 너나위도 비슷한 경우다. 9년 차 대기업 직장인이었지만, 좋아하던 선배가 정리 해고되는 것을 보고 자의식이 해체된 경우다. 그전까지는 재테크 책을 쳐다도 보지 않았다고 한다. 9년간 모은 돈은 고작 3000만 원이었는데, 이후 3년간 회사에 다니며 재테크로 20억을 모으게 된다. 너나위 역시 자의식 해체, 꾸준한 독서, 정체성 변화, 투자 공부, 창업 등 꼭 필요한 행동들을 착착 해나간 케이스다. 그래서 단기간에 큰 부를 이룰 수 있었다.

승호와 너나위의 성공 요인 중에서 '대기업 짬밥'도 무시할 수 없다. 이들은 7년 이상 대기업에서 일했다. 그 과정에서 일반적인 일 처리 능력과 치열한 경쟁력, 기획력 등을 단련할 수 있었다. 그런 레벨업 상태에서 투자를 공부했기 때문에, 일반적인 경우보다 훨씬 빨리 좋은 결과를 얻을 수 있었다.

이런 루트는 한둘이 아니다. 내가 최근에 알게 된 31세 여성 부세 또한 대기업에 다니며 종잣돈을 모았다. 스물여섯부터 부동산에 관심을 갖기 시작해 서른한 살이 되었을 때 순자산이 30억에 달했다. 물론 2021년 부동산 가격이 폭등한 행운도 있었지만, 이게 없었다 하더라도 회사를 다니며 10억 정도는 어렵지 않게 모았을 것이다. 부세도 대기업 → 공부 → 투자 → 사업 루트를 그대로 밟고 있다. 최근에 퇴사해, 사업 소득을 늘리기 위해 유튜브 채널도 개설한 상태다.

### b. 중소기업에 다닐 경우

중소기업과 대기업의 차이점부터 알아보자. 대기업은 연봉이 많은 대신 다양한 업무를 배우기가 어렵다. 커다란 조직에서 정해진 특수 분야의 일만 하다 보니 전체를 보기 어렵고 능동성이 떨어질 확률이 높다. 반대로 중소기업은 연봉이 적은 대신 몇 년 만에 임원으로 승진하는 일도 불가능하지 않다. 정해진 일 외에 다양한 일을 해야 하기 때문에 일반적인 경험치가 높아지고, 능동성과 자율성도 길러진다(단순 반복 업무에 종사하는 경우는 제외). 이때 본인이 직장 일과 잘 맞고, 평가도 좋게 받는 경우라면? 첫 번째로는 임원을 거치는 루트를 생각해볼 만하다.

취업 → 중소기업 → 임원 → 사업 → 투자

중소기업에 다니면서 역행자 7단계 모델을 실천하여 레벨업한다
면 다른 구성원에 비해 압도적으로 좋은 성과를 보여줄 수 있을 것
이다. 대표에게 본인의 사업 기획을 제안하는 등의 루트도 비교적
열려 있어서, 쾌속 승진이 가능한 것도 중소기업의 장점이다(재회 상
담 사업을 함께 시작했던 윤주와 규동은 현재 우리 회사 임원이 되었다). 그렇게
해서 임원이나 간부가 되면 사업 전체를 관장하게 되고, 실제 사업
체를 독립시켜 나가는 경우도 많다. 삼성전자 부장이 휴대전화 사
업을 하기 위해 독립하는 경우는 없다. SK에너지 임원이 주유 사업
을 하겠다고 퇴사하는 경우도 없다. 하지만 대다수 중소기업 임원
들은 곧잘 독립하며 실제로 그런 기회들이 존재한다.
　반면에 스스로 생각해도 자신이 현재 회사에서 임원이 될 가능성
이 없다면 대기업 루트처럼 가면 된다.

취업 → 중소기업 → 평사원 → 투자 → 사업

다만 중소기업은 대개 월급이 대기업보다 적기 때문에 종잣돈
을 모으기 어려울 수 있다. 개인적으로는 아래와 같은 루트를 추천
한다.

## 취업 → 중소기업 → 사업 → 투자

31세 김다은이라는 친구가 있다. 그녀는 물리치료사로 일하면서, 경제적 자유라는 꿈을 포기하지 않았다. 스물네 살부터는 일을 하면서 주말마다 재테크 강의를 들었다. 1년간 사업 설명회, 경제 세미나, 각종 재테크·다단계 사업·반영구 화장 강의 등을 수강했다. 뿐만 아니라 부업에 대한 강의도 들었다. 2년 후 퇴사할 때쯤에는 이미 피부 관리업을 시작할 수 있는 상태였다. 스물일곱 살에 뷰티 프랜차이즈 '거꾸로가는시간'을 창업했고, 3년 만에 120개 지점으로 확장되었다. 폐업률은 제로에 가깝다. 다은이는 완전한 자유를 얻게 되었다.

또 다른 예가 있다. 30세 고은이는 서양화를 전공한 지극히 평범한 사람이었다. 고은이는 대학을 다니면서 미대 입시 지도 아르바이트를 했다. 스물여덟까지는 뷰티 아카데미에서 직장생활을 했다. 그러면서 주말마다 창업 관련 강의를 들으러 다니고, 업체 대표들이 멘토로 붙는 프로그램에 가입하고, 시간당 10만 원이 넘는 고액 강의를 들으러 다녔다. 뷰티 아카데미 원장을 보면서 자기도 그런 사업자가 되기로 결심했다. 퇴사와 동시에 뷰티숍을 차렸다. 그녀는 이미 사업의 모든 구조를 이해하고 있었다. 승호와 고은은 금수저가 아니었다. 하지만 이들은 주말을 이용했다. 사실 이 친구들은 직장생활을 할 때도 적극적이고 능동적인 사람들이었다.

종종 바보들은 열심히 일하면 사장만 배부르게 한다는 망상에 빠져 '적당히' 일한다. 레벨업하지 못하는 것이다. 직장이 있다는 건, 돈을 받으면서 학원을 다니는 것과 같다. 리스크는 사장이 지게 하면서 본인은 무엇이는 시도해볼 수 있는 말도 안 되는 기회다. 앞선 2명의 여성은 직장에 다닐 때, 자기 사업처럼 열심히 하며 리스크 없이 사업을 간접 경험해볼 수 있었다. 그래서 쉽게 독립할 수 있었고 손쉽게 경제적 자유를 얻을 수 있었다.

## ▌2. 무스펙 그룹

당신은 취업을 하기에 나이가 너무 많을 수 있다. 혹은 20대 초반의 나처럼 완전히 무스펙이라서 취업이 불가능한 상태일 수도 있다. 이직이나 육아 휴직 등으로 경력이 단절된 상태일 수도 있다. 배달 대행, 대리 기사 등 무스펙 노동을 통해 종잣돈을 모으고 있는 경우도 여기에 해당된다.

여기 해당하는 사람은 스스로 경제적 자유를 이룰 수 없는 상태라고 느낄 것이다. 나도 그랬으니까 그 마음 잘 안다. 이 경우를 취재하기 위해 나는 무스펙 노동 상태에서 수백억 원대의 자산가가 된 세 분에게 전화를 걸었다. 아래는 그분들의 사례.

**사례 1**

송사무장은 4년 넘게 나이트클럽에서 무명 밴드로 일했다. 주변 사람들은 그가 돈과는 영영 멀어진 것처럼 말했지만 그는 포기하지 않았다. 아무런 스펙이 없었기에 딱 3가지만 했다. 경제 신문 보기, 강의 듣기, 책 보기였다. 나이트클럽 대기실에서 신문이나 책을 보고 있으면 주변 사람들이 비웃기 일쑤였다. 하지만 끝없이 투자를 공부했다. 그러다 마침내 부동산 투자로 돈을 벌기 시작했고 사업 → 투자를 거쳐서 수백억대의 자산가가 되었다.

**사례 2**

유튜버 냉철은 고교 졸업 후 체대에 들어가고 보니, 세상에는 괴물 같은 육체를 타고난 사람이 많았다. 반면 자신은 특별함이 없다고 생각했다. 심각한 가난에 시달리며 사회에 대한 불만이 쌓여, 누군가가 째려보거나 시비를 걸면 여지없이 폭력을 행사했다. 그러다 안 되겠다 싶어, 부자가 된 사람들을 연구했다. 결국 모든 부자들은 부동산과 주식으로 부를 이루었다는 결론에 이르렀다. 그 후 도서관에서 주식 책을 읽기 시작했다. 배달 일을 하면서 1000만 원을 모아서 주식을 시작했다. 30대 초반이 되었을 때 자산 30억을 확보했다. 그는 이제부턴 망할 일이 없다고 생각하고 꿈에 그리던 세계여행을 시작했다(현재 수백억대 자산을 보유한 것으로 추정).

『젊은 부자들은 어떻게 SNS로 하루에 2천을 벌까?』의 저자 안혜빈. 스물한 살에 결혼해 아이 둘을 낳고 나니 스물넷이었다. 스펙은 없었고, 아이 둘을 낳으며 경력이 완전히 단절된 상태였다. 이제 아르바이트는 신물이 났고, 제대로 돈을 벌고 싶다는 생각을 했다. 이때부터 마케팅 강의를 듣기 시작했다. 브랜딩과 세일즈에 관한 책을 100여 권 읽었다. 1년간 돈 버는 방법에 대한 공부를 지속했다. 그리고 10개가 넘는 아르바이트를 하면서 모은 돈으로, 40대 이상의 사람들 틈에 끼어서 고액 강의를 들었다. 그로부터 4개월 만에 돈을 벌기 시작해 월수입이 500~1000만 원에 이르렀다. 몇 년 후 2권의 책을 내고 사업체를 키우면서 스물여섯 나이에 월수입 2000만 원을 넘기고 돈으로부터 자유로워졌다.

어떤가? 대기업 루트, 중소기업 루트와 마찬가지로 무스펙 노동으로 시작한 사람들도 책을 읽고 세미나를 듣는 과정을 거쳤다. 여기까지 읽은 독자들 중에는 '정말 그게 다라고? 진짜 비결은 왜 안 알려주는 거야!'라고 생각하는 사람이 있을 것이다. 하지만 정말 이게 전부다(물론 구체적으로 돈을 버는 방법은 부록에 담아두었다).

대부분의 인간은 돈 버는 방법을 배운다는 것에 대해 혐오감을 느낀다. 자의식이 가로막기 때문이다. 하지만 앞의 성공 사례에 나온 사람들은 이미 역행자가 되기에 충분히 준비된 상태였다. '나는 돈이 없다. 그리고 돈이 필요하다'라고 인정함으로써 이미 자의식 해체가 끝나 있었다. 그래서 자신보다 대단한 사람들을 찾아 나서서 돈을 내고 배우려고 했다. 돈을 버는 방법이 있다는 것을 믿고, 미래 가치에 투자했다. 또한 그들은 의식하지 않았지만 7단계 모델을 따랐다는 공통점이 있다.

무스펙이라 생계가 어렵다면? 일단 뭐든지 해라. 배달 알바든 일용직 노동이든 뭐든 좋다. "내가 이 일 하려고 대학 간 줄 알아?" 같은 헛소리를 내뱉는 건 순리자나 하는 짓이다. 자존심을 내려놓는 건 오히려 자의식을 해체하는 어떤 방법보다 핵심적인 행동이다. 본능을 역행해야 한다.

어떤 일이든 좋다. 모든 일에는 나름의 배움과 세상의 이치가 담겨 있다. 나는 영화관 아르바이트를 하면서 인생의 터닝 포인트를 얻었다. 영화관에서 일하면서 기본 매너, 상하 관계, 손님 대하는 법, 동료와 대화하는 법 등 사회화에 필요한 많은 것을 배울 수 있었다. 또한 심리학 책을 독파하면서 '영화관 사람들과 고객의 심리'를 배울 수 있었다. 내 인생의 가장 큰 변화였다. 그러니 '개이득' 아르바이트만 찾는다면 그 일을 하는 동안은 정말 시간 낭비가 될 것이다.

적극적인 태도로, 무슨 일이든 해보라. 내가 만약 어리다면, 할 수 있는 경험은 거의 다 해볼 것 같다. 집 안에 처박혀서 2년 동안 창업 준비를 하는 것보다, 평일에 3~4일 아르바이트를 하는 게 낫다. 저녁에는 대리 운전, 마켓컬리 새벽배송, 쿠팡맨 등을 할 것 같다. 번듯한 직장에 들어가지 않더라도 겸손한 자세로 뭐든 배우려고 들면 온갖 기회가 눈에 띌 것이다. 큰 부자가 된 사람들 중에는 무스펙으로 고생하던 시절 키운 강단이 위기 시에 큰 도움이 되었다고 말하는 경우가 많다. 책과 함께라면 세상 어디든 배움터가 된다. 아무 생각 없이 아르바이트를 하고 술을 먹는다면? 삶이 변화할 가능성은 0퍼센트에 수렴한다. 공을 차지 않는데 어떻게 축구를 잘할 수 있을까?

**❘ 3. 전문직 그룹**

전문직 → 고임금 → 창업 → 투자

여기서 말하는 전문직이란 의사, 변호사에 한정된 뜻이 아니다. 디자이너, 에어컨 수리기사, 심리상담사, 창문닦이 기사 등 전문 기술을 가진 모든 직종을 말한다. 솔직히 말해, 전문 지식이 있고 7단계만 잘 따라간다면 무조건 잘될 수밖에 없다고 호언 장담한다.

전문 지식이 있는 경우, 마케팅만 보강된다면 손쉽게 성공할 수 있기 때문이다. 하지만 대다수의 전문직 종사자들은 자의식이 강하여 새로운 것을 받아들이기 어려워한다. '내가 변호사인데 싼 티 나게 마케팅이란 걸 해야 하나?', '내가 장인인데 알아서 찾아와야지'라고 생각하는 것이다. 이런 곳에 엄청난 기회가 있다. 내가 창업한 이상한마케팅은 종합 마케팅 회사로, 현재 직원이 100명 규모인 회사로 성장했다. 이상한마케팅은 전문직 마케팅으로 초기에 크게 성장했다. 지금은 변호사, 의사 마케팅 전국 1위를 유지하고 있다. 클라이언트가 마케팅을 의뢰하더라도 까다롭게 진행 여부를 결정하기 때문에 3개월 이상 기다려야 한다. 종종 사업가들로부터 "아는 병원장이 3번이나 의뢰했는데 탈락했다고 하더라. 어떻게 안 되겠냐"는 청탁도 1주일에 한두 번꼴로 받곤 한다.

　나는 이상한마케팅에 전액환불제도를 도입했을 정도로 자신감이 충만하다. 어떻게 이럴 수 있을까? 이런 전문 직종은 마케팅을 하기만 하면 대부분 쉽게 성공한다. 왜냐하면 대다수의 장인이나 전문직들은 이상한 고집과 업에 대한 집착이 강해 마케팅을 멀리하기 때문이다. 어떻게 보면 이 고집이 전문성을 만든 것이기도 하다. 완전히 비어 있는 시장이라 마케팅을 조금만 해도 큰 효과를 볼 수 있어 이 전문가 그룹에는 엄청난 기회가 있다. 증거 있냐고? 내가 이상한마케팅을 설립하면서 마케팅했던 첫 실험 대상이자 지인이었던 조아무개 변호사는 완전한 경제적 자유를 얻었다.

오늘 아침에 유튜브에서 창문닭이로 "3일 작업하고 1년치 연봉 버는 35살"이라는 영상을 봤다. 나는 이 영상을 보지도 않은 채 이렇게 예측했다. '블로그 마케팅을 했구나. 『역행자』 부록에 있는 과정과 유사하게 했구나.' 실제로 영상을 훑어 봤는데, 내 예상이 정확히 맞았다. 그는 블로그 마케팅으로 이 지역 주문을 선점했다. 창문닭이 일을 하는 사람들은 대부분 마케팅에 관심이 없다. 그렇기에 조금만 마케팅을 하더라도 하루 50~100만 원을 버는 건 어렵지 않다. 그래서 전문직 그룹은 상대적으로 쉬운 분야라고 생각한다.

아래는 또 다른 사례다.

30세 남성인 내 친척 동생은 몇 년째 휴대전화 대리점을 운영하고 있었다. 월 1000만 원까지 수익이 났던 적도 있지만, 코로나와 경쟁 업체의 등장으로 월 600만 원까지 수익이 줄어들었다. 수익은 3년 넘게 월 600만 원에 멈춰 있었다. 불안했던 동생은 어느 날 술을 먹고 우리 집을 찾아왔다. 그리고 고민을 털어놓으며 새로운 사업으로 성공하고 싶다고 했다. 나는 이렇게 말했다. "너는 정신 머리가 있는 거냐? 너는 영업도, 설명도 잘해. 7년간 휴대전화 가게를 하면서 전문성을 쌓아 월 600만 원을 벌고 있어. 이게 너의 최대치인데, 여기서 다른 업종으로 바꾼다고? 이건 도피에 불과해. 네가 가장 전문성이 있는 분야에서도 월 600을 벌고 있는데 바꾸면

퍽이나 잘되겠다. 아직 마케팅을 해본 것도 아니잖아? 일단 휴대전화 판매로 월 1500만 원 버는 걸 목표로 해보자. 지금 이걸 포기하는 건 패배자나 하는 짓거리야."

그러고서 과제를 내주었다. 블로그 마케팅을 공부해서 1주일간 글을 쓰라는 것, 그리고 온라인 마케팅과 관련된 책을 읽으라는 것이었다. 1주일 만에 약간의 효과가 나타났다. 블로그 글을 통해 하루에 한 통 정도 문의 전화가 늘었던 것이다. 나는 여기서 가능성을 보았고, 이렇게 제안했다. "현재 네 순수익은 600만 원 수준이다. 내 도움으로 한 달 안에 순수익이 1600만 원 이상이 되면 나한테 20퍼센트를 떼줘라." 친척 동생은 고민 끝에 제안을 받아들였고, 나는 한 달 만에 블로그 마케팅을 통해 2200만 원의 순수익을 만들어주었다. 이후 내 말을 완전히 신뢰하게 된 동생은 추천하는 책들을 다 읽고 열심히 22전략을 실천 중이다. 동네에서 판매를 독점하는 가게가 되었음은 물론이다. 출판 전에 이 책『역행자』를 PDF로 읽었고, 얼마 안 가서 월 4000만 원씩 벌게 되었다. 단 1년 만에 벌어진 일이다.

성공 비결은 간단했다. 오랫동안 휴대전화 영업을 해서 이미 그 분야의 전문성이 있었다는 것. 거기에 나를 만나면서 기본적인 온라인 마케팅(특히 블로그 마케팅)을 배우고 실천했다는 것. 그것뿐이다. 이미 전문성을 가졌다면 이 정도만 추가돼도 좋은 결과가 나온다. 대부분 그 방법을 모를 뿐이다. 나 또한 일정한 전문성을 갖추고 있었기 때문에 첫 사업을 크게 성공시킬 수 있었다.

친척 동생은 일부 사례일 뿐이라고 말하는 사람도 있을 것이다. 그렇게 합리화하면 편하겠지만, 내 친척 동생은 절대 일부 사례에 속하시 않는다. 유튜브 이상한마케팅 채널을 검색해보라. 내가 인터뷰한 수없이 많은 전문 직종의 성공 사례들이 나온다. 기술을 배웠다면 마케팅을 할 차례다. 마케팅 공부는 그리 어렵지 않다. 반드시 해야만 한다.

당신은 회사에 속한 디자이너인가? 우선 역행자 모델을 실천하면서 회사엔 없어선 안 될 존재가 되어라. 하지만 원하는 정도의 임금을 받지 못한다면, 점차 프리랜서로 일을 돌려라. 크몽 등에서 활동하면서 마케팅을 끊임없이 연구하라. 그 후 온라인 사이트를 만들어서 창업하면 된다. 말이 쉽지 성공 사례가 있냐고? 2023년 기준 크몽에 있는 수십 개의 로고 회사 대표, 디자인 외주 회사 대표들은 대부분이 나의 제자다. '그리다', '헤루'를 시작으로 수백 개의 회사가 만들어졌고, 이를 통해 경제적 자유를 이룬 이들은 수없이 많다. 최근 성공 사례 중 기억나는 이름 하나는 '알잘스튜디오'다. 당신이 만약 개업의라면 온라인 마케팅을 공부하는 순간 매출이 몇 배로 뛸 것이다. 변호사도 마찬가지다. 이상한마케팅은 의사, 변호

사 등의 마케팅을 대행하며 월 400~500만 원을 받는데도 재계약
율이 97퍼센트 이상이다. 이 똑똑한 엘리트들이 재계약을 하는 데
에는 이유가 있다. 이런 분야라면 온라인 마케팅의 기초만 배워도
완전히 다른 레벨이 될 수 있다.

　당신이 에어컨 청소 전문가든, 수도 배관공이든 상관없다. 전문
기술 위에 마케팅을 덧씌워라. 당신은 이렇게 반문할 수 있다. "만
약 이 책을 경쟁자들이 읽는다면, 이 방법은 더 이상 통하지 않게
되는 것 아닌가요?" 아니다. 세상 사람들은 대부분 순리자의 삶을
살고 있다. 이 책을 만나도 비웃으며 덮을 것이다. 유전자의 오작동
때문에 새로운 걸 배우려 들지 않을 것이다. 뇌 최적화가 되어 있
지 않아 새로운 책을 읽는 데 매우 큰 어려움을 겪을 것이다. 그러
니 당신은 동네에서 가장 특별한 사업자다. 근처를 독점할 수 있다.
실제로 이상한마케팅에 잠깐 다녔던 인턴 직원은 학습했던 마케팅
기술로 아버지의 자영업을 도와서 대박이 났다. 블로그 마케팅에
대한 설명을 하자면 너무 길어질 수 있다. 그래서 '블로그 마케팅
의 기본'을 글로 정리하여 내 블로그에 공지사항으로 올려둘 생각
이다.

　**과제**　오늘 당장 시간을 내 서점으로 향해라. 그리고 마케팅 관
련 책 20여 권을 들춰보고, 마음에 드는 책 3권을 구매하라.

## 4. 사업자 그룹

사업자란 기업을 경영하는 오너만을 말하는 게 아니다. 자영업자, 무자본 창업자, 유자본 창업자 등 사업자등록을 한 모든 이들을 뜻한다. 이 그룹은 자본금의 유무에 따라서 무자본 창업자와 유자본 창업자로 나눌 수 있다.

### a. 무자본 창업

취업 자체가 안 되는 스펙을 갖고 있거나, 나이가 많아서 취업이 어려운 상태일 수 있다. 이때는 곧바로 무자본 창업, 유튜브 개설, 콘텐츠 생산 등을 준비할 필요가 있다. 물론 취업 중이 아니기 때문에 뭐라도 해서 생계를 해결해야 한다. 나라면 대리운전이나 아르바이트, 일용직 노동 등을 할 것이다. 그러면서 역행자 7단계 모델과 5가지 공부법을 실천한다. 이 루트에도 좋은 사례들이 있어 소개한다.

2020년 4월, 스물한 살의 청년이 갑자기 내 계좌로 1000만 원을 입금했다. "자청님 덕분에 2개월 만에 5000만 원을 벌었습니다"라며. 챕터6에서도 잠깐 언급했듯 이 친구는 내 블로그에 있는 '무자본 창업으로 일요일 하루 만에 창업하여 경제적 자유 얻기'라는 글을 보고 나서 그대로 실행에 옮겨 성공을 거두었다. 입금을 받은 후 5개월이 지나 나는 갑자기 이 친구가 어떻게 살고 있나 궁금해졌다. 혹시 망했을지도 모른다는 생각에 검색을 해봤더니, 로고 제작사들의 격전지인 크몽 플랫폼에서 압도적인 1위를 하고 있었다. 2020년 '크몽 최고 디자인 회사'로 선정되기도 했다. 이 친구는 디자인은 전혀 모르던 사람으로서, 관련 분야에 별다른 지식도, 도와줄 사람도 없었다. 그저 내가 알려준 방식대로 충실히 실천했을 뿐이다. 그는 홍대 미대 출신 직원들을 고용하여 레버리지를 했다. 그럼 이 친구가 읽었다는 내 글은 대체 무엇이었을까? 약간 수정해서 공개한다.

어떻게 무자본 창업이 가능할까? 첫째, 모바일과 인터넷 시대이기 때문이다. 예전에 사업 초보자가 할 수 있는 일이라곤 동네 상가를 임대해 운영하는 동네 장사뿐이었다. 창업 자본금도 5000만 원 넘게 필요했을 것이다. 하지만 2021년 현재는 돈 벌기 가장 좋은 시대다. 무료 홈페이지, 무료 마케팅으로 전국의 수요자를 모을 수 있게 되었다.

무자본 창업이 가능한 두 번째 이유는, 엄청난 노하우가 필요 없기 때문이다. 초보가 왕초보를 도와주면 된다는 게 내 사업 철학이다. 꼭 프로가 초보를 도울 필요가 없다. 저렴한 가격에 도움을 받고 싶어하는 왕초보의 수요는 분명히 존재한다.

이때 도와주는 사람은 초보여도 상관없다. 인터넷이 등장하기 전에는 달랐다. 내가 헤어숍을 창업했는데 근처에 나보다 뛰어난 사람이 등장하는 순간, 나는 폐업하게 된다. 고정비 때문이다. 프로만이 살아남는 세계였다. 하지만 이젠 그렇지 않다. 초보가 왕초보를 도와주면 돈을 벌 수 있는 시대다. 참고로 나는 디자인 재능이 전혀 없으며, 어떤 프로그램도 만질 줄 모른다. 내가 만약 지금 로고 회사를 만든다면 다음과 같은 플로를 따라 월 3000만 원씩 벌 자신이 있다.

1. 무료 홈페이지 제작 플랫폼을 이용해 로고 디자인 사이트를 만든다.
2. 로고의 시장가를 조사한다. 전문가가 만든 로고는 최소 10만 원에서 시작하며, 크몽에선 5만 원에 판매하는 것을 확인했다. 나는 초보이므로 로고 제작가를 2~3만 원대로 책정한다. 로고 회사에 의뢰해서 판매 시스템을 알아본다. 보통 로고 회사는 3개의 시안을 주고 범위를 좁혀나가면서 의뢰자를 만족시킨다는 걸 알게 되었다. 나도 3개의 시안을 준비한다.
3. 로고를 만드는 플랫폼을 이용해 로고를 디자인한다. 아임웹, 윅스, 망고보드 등 수십 군데 해외 사이트에서 30초 안에

로고를 디자인할 수 있게 도와준다.

4. 인스타그램 스폰서 광고를 통해 매일 5000원에서 1만 원 정도의 비용으로 광고를 돌린다. 크몽을 통해 광고를 해도 좋다. 네이버 블로그, 인스타그램, 유튜브 등을 이용한 무료 마케팅도 가능하다. 참고로 난 돈을 들이지 않고 모든 마케팅에 성공했다.

5. 사이트의 신뢰도를 높이기 위해 '6단계 밸런스 이론'을 적용한다(자세한 내용은 이상한마케팅 회사의 홈페이지에 있는 칼럼 코너 참고).

6. 점차 의뢰가 들어오기 시작한다. 한두 달 하다 보면 사람들이 어떤 디자인을 좋아하는지 이해하게 된다. 이때부터 시간은 극도로 단축되고 고객 만족도가 크게 높아진다. 순수익이 월 300만 원에 달하면 다음 스텝으로 넘어간다.

7. 단가를 높여야 하는 단계다. 실무를 하면서 로고 공부를 제대로 하기 시작한다. 디자인 실무에 대한 책을 볼 수도 있고, 업계 1위 회사의 포트폴리오를 분석해볼 수도 있다. 디자인 학원을 다니거나 관련 강의를 듣는다.

8. 점차 입소문과 마케팅에 의해 초과 수요가 생긴다. 만들 수 있는 로고의 양보다 의뢰 양이 많아지는 지경에 이르면, 가격을 점차 상승시켜 수요를 조절한다.

9. 사업 자동화를 위해 직원을 고용하거나 아르바이트생을 교육한다. 디자인 제품을 고급, 중급, 초급으로 나누고 가격을 차별화한다. 매출 규모가 커지면 이제 제대로 회사 형태로 만든다. 이후 경영 서적을 보면서 회사 확장 방법, B2B 시장 개척 등에 대해 공부해나간다.

10. 로고 회사가 안정화되었을 것이다. 로고와 관련도가 높은 주변 사업들(웹디자인, 배너 광고, 홈페이지 제작)로 확장해나간다.

11. 이 성공 경험을 바탕으로, 다른 사업들도 무자본으로 창업해본다.

7번 이후는 기업 형태로의 발전이고, 사실 6번까지만 실행해도 먹고사는 데 큰 지장은 없다.

이 글이 올라간 후, 사람들은 어떤 성과를 거뒀을까?

스물한 살의 청년은 크몽 대상을 받은 '그리다'를 창업했고, 스티커 사업을 하던 스물여섯 살의 여성은 내 컨설팅을 통해 노선을 바꿨다. 내가 무자본 창업으로 로고 회사를 만들라고 조언했기 때문이다. 이후 '헤루'라는 로고 회사를 창업하여 1년 만에 급성장했다. 현재 학동사거리 인근에서 15명의 직원들과 함께 일하고 있다.

오프라인 행사를 하다 보면, "사업으로 매월 1000만 원씩 벌고 있어요. 너무 감사해요"라고 말하며 선물을 주는 사람들을 만나게 된다. 이들은 하나같이 위의 글을 보고서 사업을 시작했다고 말한다. 그러니 "특기가 없다", "자본이 없다" 같은 말은 통하지 않는다. 초보가 왕초보를 가르칠 수 있는 시장은 어디에나 있다. 자기가 평소 관심을 가졌던 분야가 있다면, 실력을 조금 더 끌어올려 초보 수준이 된 후에 바로 창업하면 된다. 앞에서 말한 것이 너무 어렵다고? 또 이보다 쉬운, 건강한 몸만 있으면 시작할 수 있는 사업 아이템들도 있다. 이 아이템들의 창업 요령은 맨 뒤의 부록에서 밝히겠다.

### b. 유자본 창업

유자본 창업은 무자본 창업보다 쉽다. 그런데 아이러니하게도 창업이 쉬운 대신 아무래도 웹 기반이 아니다 보니 큰돈을 벌기는 어렵다.

언뜻 생각하면 이상할 수 있다. 왜 자본금까지 들여서 창업을 하는데 오히려 돈을 크게 벌 수 없는 걸까? 이유를 알아보자. 예를 들어 내가 하는 PDF 책 판매 사업의 경우, 하루 6권을 권당 29만 원에 판매한다. 한 달이면 5000만 원의 순수익이 남는다. 그러나 카페 사업의 경우 아무리 잘 운영하더라도 매장 크기라는 한계 때문에 매달 1000만 원 이상 벌기 어렵다. 또 오프라인 창업은 대개 인건

비나 각종 사용료, 재료비 등 고정비가 크다. 24시간 할 수 있는 업종이 아니면 영업시간의 제한도 있다. 대신 모 아니면 도인 무자본 창업에 비해선 초기에 자리 잡기가 더 쉽다는 장점이 있다. 내가 만약 예전에 1~2억의 자금이 있었다면 간단한 자영업을 해보면서 시행착오를 통해 레벨업을 했을 것 같다. 창업 초기에 중요한 것은 월수입이 아니라 경험이기 때문이다. 유자본 창업의 테크트리는 아래와 같다.

1. 역행자 7단계 모델을 그대로 해본다.
2. 카페를 창업한다면, 카페 관련 서적 20권을 읽는다. 고깃집을 창업한다면 관련 서적과 마케팅 책을 20권 독파한다. 이것만으로도 동네에선 질 수 없는 게임이 시작된다.
3. 인스타그램, 블로그, 유튜브 등 광고할 수 있을 만한 플랫폼에 대해 공부한다. 관련 책을 봐도 좋고, 강의를 들어도 좋다. 큰 기대 없이, 간단히 책에 나온 마케팅 방식들을 조금씩 실행해본다. 내가 쓴 글 중 하나인 '스마트플레이스 밸런스 이론'을 네이버에서 검색해보자.
4. 끝났다. 사실 1, 2, 3번을 실천하는 자영업자는 없다. 이것만 열심히 해도 동네에선 상위 10퍼센트에 들 것이다.
5. 다음 단계가 있냐고? 22전략, 뇌 자동화로 지능을 향상

시켜야 한다. 문제 해결력을 높여야 한다. 자영업은 프랜차이즈화, 직영점 늘리기, 새로운 업종 확장하기 등으로 진화시킬 수 있다.

나는 앞서 언급한 것처럼 최근에 위스키바 인피니와 욕망의북카페를 차렸다. 욕망의북카페는 원래 돈을 벌기 위한 곳이 아닌, 자아실현을 위한 공간이었다. 사람들이 이곳에서 나처럼 좋은 아이디어를 떠올렸으면 하는 바람에서 만든 공간이다. 그런데 조금 운영하다 보니 현재는 유명 카페가 되었다. 강남 카페 중 네이버 평점 1~2위를 다툰다. 얼마 전에는 신문과 방송에 소개되기도 했다. 이런 얘길 하면 꼭 이렇게 반문하는 사람이 있다. "욕망의북카페는 루프톱이 있고 인테리어도 예쁘잖아요."

원래 이 공간은 내가 인수하기 전에도 북카페로 운영되던 곳이다. 두 번 놀러 간 적이 있는데, 한 번은 손님이 나밖에 없었고 또 한 번은 나 외에 한 팀밖에 없었다. 하루 손님이 2~3팀 수준으로, 아예 장사가 안 되는 북카페였다. 나는 그대로 인수했다. 북카페를 다시 열면서 별다른 마케팅을 하지 않았다. 다만 '서울 북카페'로 검색했을 때 맨 앞에 나오게 만들면 된다고 생각했다. 인터넷으로 네이버지도 상위에 노출되는 방법을 검색해보니 원리가 간단해보였다 (이 방법론도 나의 블로그에 작성해두었다).

오픈하자마자 네이버지도에서 1등을 할 수 있었다. 그리고 간단히 인스타그램 정도만 업데이트했다. 한 달 매출 90만 원도 안 되던 공간이, 인수 두 달 만에 월 매출 2000만 원을 찍었다. 정말 이게 다다. 뭔가를 무지막지하게 많이 해야만 장사가 잘되는 게 아니다. 꼭 필요한 일만 하면 된다. 그러면 그 '꼭 필요한 일'이 무엇인지 어떻게 아느냐고? 역행자 7단계 모델로 다시 돌아가길 바란다. 그리고 이번 챕터에서 돈을 버는 2가지 방법에 대해 말한 것을 기억하라. 욕망의북카페는 사람들에게 행복감을 준다(물론 욕망의북카페는 수익성 0을 염두에 둔 곳이다. 수익이 발생할 때마다 커피 가격을 낮추는 등, 수익은 0으로 수렴시키면서 사람들에게 서비스를 제공하는 데 초점을 두고 있다).

## 나를 부자로 만들어준 본질 강화란 무엇인가

시골에 있는 학교 상권이나 문방구에 가면, 10년, 20년이 지나도 그대로인 경우가 많다. 만약 시내에 사업장이 있었다면 경쟁에 밀려 곧바로 폐업을 했을 것이다. 학교 상권은 경쟁이 없기 때문에 아무런 발전 없이 가만히 있어도 생존할 수 있다.

실패한 사업자들은 핑계 대기, 직원 탓하기를 시전하며 아무것도 하지 않는다. 망하는 사업자들은 본질 강화에 대한 개념 자체가 없다. 문제 해결력이 없기 때문에 결국 멍 때리다가 폐업한다.

욕망의북카페를 본질 강화의 예시로 써볼까 한다. 사실 나는 이 카페를 수익을 위해 만들지 않았다. 그러나 인수하자마자 매출이 20배 넘게 뛰었는데, 분명 뭔가가 변했기 때문일 것이다. 그 이유에 대해 본질 강화 관점에서 이야기해보겠다.

욕망의북카페는 인수 당시에 장점이 많았다. 강남 한복판에 위치했으며, 루프톱도 있고, 인테리어가 매우 뛰어났다. 뷰도 좋고 조용해서 북카페로서 안성맞춤이었다. 장점이 컸지만 단점이 훨씬 컸기에, 한 달 매출이 100만 원 남짓이라는 처참한 결과를 맞이하고 있었다.

1. 계단이 감성적이었지만 너무 길어서 올라갈 엄두가 안 났음
2. 테라스 테이블이 좋긴 하지만 바깥 시야를 가렸음
3. 화장실에서 볼일을 볼 때 바깥 사람들에게 소리가 들릴까 걱정이 됐음
4. 루프톱 잔디가 관리되지 않았고, 흙이 파이는 일이 자주 발생했음
5. 간판 위치가 애매해서 사람들 눈에 띄지 않았음

6. 북카페 내부가 조용해 셔터 소리가 날까 봐 셀카 찍을 공간이 없었음

7. 북카페 검색 시 노출이 안 되었음

무능력한 사장일수록 문제가 있을 때 "이건 어쩔 수 없어"라는 말을 한다.

1. 계단이 감성적이었지만 너무 길어서 올라갈 엄두가 안 났음

→ 계단 중간중간 감성적 문구, 명언 등을 붙여서 고객이 읽으며 올라오게 한다. 하나씩 읽으며 올라오기 때문에 심리적으로 '계단이 길다'는 생각을 덜 하게 된다.

2. 테라스 테이블이 좋긴 하지만 바깥 시야를 가렸음

→ 테이블을 없애고 캠핑용 의자를 둔다. 인조잔디를 깔아 내부에서 봤을 때 편안함을 느끼게 한다.

3. 화장실에서 볼일을 볼 때 바깥 사람들에게 소리가 들릴까 걱정이 됐음

→ USB 스피커를 구매해 재즈를 튼다. 이 경우 바깥쪽에서 볼일 보는 소리가 들리지 않고, 안에 있는 사람은 심리적으로 안정되며 불편함이 감소한다.

4. 루프톱 잔디가 관리되지 않았고, 흙이 파이는 일이 자주 발생했음

→ 루프톱 잔디는 모두 인조잔디로 바꿔서 4계절 내내 초록빛이 나게 한다.

5. 간판 위치가 애매해서 사람들 눈에 띄지 않았음

→ 2층 테라스 유리에 '욕망의북카페'를 크게 써두고, 입간판을 만들어서 바깥에 설치한다.

6. 북카페 내부가 조용해 셔터 소리가 날까 봐 셀카 찍을 공간이 없었음

→ 셀카 공간을 바깥 계단 쪽에 배치하여 인생샷을 만들어준다. 이 사진은 자연스럽게 퍼져 마케팅이 된다.

7. 북카페 검색 시 노출이 안 되었음

→ '서울북카페'를 검색하면 1등이 되도록 한다. 네이버지도 1위 노출로 하루 5명씩만 손님이 매일 오더라도 1년이면 1800명이 넘는다. 이들이 입소문을 내거나 네이버 블로그를 남기는 것까지 고려하면, 사실상 마케팅은 이것 하나로 충분하다.


사업으로 돈을 벌고 싶다면 '본질 강화'와 '마케팅', 이 두 가지면 충분하다. 구글이 세계 최고 기업이 될 수 있었던 이유는 수천 명의

프로그래머가 달라붙어 매일 검색 엔진의 본질을 강화했기 때문이다. 다이소의 성장률이 매년 치솟는 이유는 '유통구조'의 비효율을 최적화해 본질을 강화했기 때문이다. 세상 모든 비즈니스는 문제를 갖고 있다. 이미 충분한 돈을 벌고 완벽에 가까운 사업조차 본질 강화를 계속한다.

아이폰을 보자. 아이폰은 매년 수천 명의 개발자가 달라붙어 본질을 강화해 디자인과 기능을 개선한 후 제품을 출시한다. 쿠팡은 전 국민을 편하게 해주는 기업이었지만 최근까지 적자를 면치 못하다 흑자로 전환했다. 비효율 문제를 해결했기 때문이다. 최근 상하차를 로봇으로 대체하고 있는데 이 또한 본질을 강화하는 형태다.

'사업을 하는 것'은 사장이니 유세를 떨어도 된다는 뜻이 아니다. 아무 생각 없이 앉아서 돈 버는 허접한 게임이 아니다. 어떤 비즈니스라도 비효율이 반드시 존재하기에 문제 해결을 해나가며 본질을 강화해야 한다. 여기에 성공한 사람만이 떼돈을 번다. 자의식에 의해 합리화만 해서는 폐업이라는 결과만 기다릴 것이다. 당신이 본질 강화를 기억했으면 한다. 그리고 본질을 강화하기 위해선 문제 해결력이 필요하며, 이 문제 해결력은 지능이 높아야 한다는 사실도.

챕터7에서는 경제적 자유에 이르는 방법론에 대해 이야기했다. 경제적 자유를 얻은 사람들이 어떤 루트를 밟았는지, 모든 인생의 상황별로 경제적 자유를 얻는 알고리즘도 제안했다. 이런 식의 글은 거의 없기 때문에, 처음에는 상당히 낯설 수 있다. 어차피 뭔가를 실행해보지 않으면 크게 와 닿지 않고 금세 휘발될 것이다. 일단 완전한 지식으로 만들기 위해 각 루트별로 요약 정리해 생각을 작성해보자. 주변 사람들을 떠올리며 예시를 써봐도 좋다. 이를 블로그나 기록 장소에 반드시 올려라. 이를 통해 여러 가지 실천을 하면서 다시 읽어본다면 내용이 상당히 다르게 다가올 것이라 자신한다. 다른 건 그만두고서라도 '경제적 자유에 이르는 데에도 명확한 공식이 있구나' 정도만 인식해도 이 챕터의 목적은 달성했다고 본다.

"어리석은 사람의
완벽함보다는
현명한 사람의 실수를
너의 기준으로 삼아라."

_윌리엄 블레이크

# CHAPTER 8

# 역행자
# 7단계

# _역행자의
# 쳇바퀴

# 역행자는 시시포스의 형벌을
# 레벨업의 기회로 만든다

당신이 똑똑한 사람이라면 이런 질문이 나올 수밖에 없을 것이다. "얼마나 부자가 되어야 행복할 수 있을까? 자청은 과연 행복할까? 행복이란 무엇인가?" 나는 이 문제를 해결하기 위해 늦은 나이에 철학과에 입학했다. 행복에 대해 끊임없이 물었지만, 어느 순간 더는 묻지 않게 되었다. 나름대로의 진리를 깨달았기 때문이다. 그 이후부터 더는 어떻게 해야 행복해질 수 있는지 궁금하지 않았다. 왜냐하면 항상 행복했기 때문이다.

그리스 로마 신화에는 '시시포스'라는 인물이 등장한다. 그는 죄를 짓고 영원히 돌을 굴리는 형벌을 받는다. 하데스는 "돌을 산 정상에 올려야 한다"는 명령을 내린다. 정상까지 올린 돌은 다시 굴러 떨어진다. 그러면 시시포스는 이 돌을 다시 정상에 올린다. 또다시 돌이 굴러떨어진다. 영원히. 말 그대로 형벌이다.

우리의 인생도 이와 다르지 않다. '사랑을 완성하고 싶은 사람'이 있다고 가정하자. 이 사람에겐 시시포스와 같은 수많은 과제가 주어진다.

1. 반복적으로 연애에 실패한다.

| 돌을 굴리는 형벌을 받은 시시포스 |

2.  실패 속에서 상처를 받지만 결국 짝을 만나게 된다. 하지만 갈등이 반복된다.

3.  결혼을 하지만 짝과의 갈등이 심화된다.

4.  아이가 생기고 이후 아이를 돌보는 일에 모든 신경이 쓰인다. 다량의 업무가 발생한다.

5.  아이가 성인이 되기까지 학업, 입시, 건강 등 여러 문제가 발생한다.

6.  아이의 독립으로 삶이 공허해진다.

7.  삶의 의미를 찾아나선다.

8.  실패와 성취를 죽을 때까지 반복한다.

당신이 대기업 회장이든, 세계 최고의 축구선수든 상관없다. 반드시 위와 같은 무수한 문제에 직면할 수밖에 없다. 연봉 1억을 버는 사람은 연봉 2억을 원한다. 100억 자산이 있는 사람은 "지금도 괜찮긴 하지만 자산이 300억만 되면 좋겠다"라고 말한다. 우리나라를 제패한 사업가는 "세계를 제패하고 싶다"고 말한다. 세계 최고의 사업가인 일론 머스크는 '화성 이주 계획'을 진행하고 있다. 16세기에 일본 전국을 통일한 도요토미 히데요시는 곧바로 조선을 침략하는 임진왜란을 일으킨다. 물론 노년기에 접어들면 전투성을 띠는 호르몬이 적어지면서 '현재 생활'에 만족하는 경향이 나타나지만, 이 책을 읽는 당신은 다르다.

왜 인간은 만족하지 못할까? 바로 도파민 때문이다. 우리는 목표를 설정하고 이를 이루는 과정에서 스트레스와 쾌락을 같이 얻는다. 결과를 내면 도파민이 분비되면서 행복감을 느낀다. 하지만 이 감정은 오래가지 않는다. 우리의 뇌는 '도파민을 더 얻어야만 해! 새 목표를 만들어!'라고 채찍질한다. 만약 새로운 성과를 내지 못하면 뇌는 채찍을 휘두른다. '불안', '우울', '초조'라는 감정을 인간에게 선사한다.

우리의 인생이 너무 불행한 것 아니냐고? 쇼펜하우어의 말대로 인생은 고통이 아니냐고? 그렇게 생각할 수도 있다. 하지만 우리의 인생은 시시포스와 다르다. 시시포스는 돌을 정상에 올리더라도 곧바로 '초기화'가 된다. 하지만 우리는 목표를 설정하고 실패하는 과정에서 성장한다. 지혜를 얻는다. 더 나은 삶을 얻는다. 그리고 완전한 자유를 향해 나아간다. 즉 시시포스와 다르게, 우리는 레벨업을 통해 '자유'라는 보상을 받는다는 말이다.

나는 책을 읽기 시작한 후부터 지금까지 시시포스처럼 돌을 정상에 올리고 떨어트리기를 반복했다. 그런데 어느 순간부터 돈, 시간, 정신으로부터 완전한 자유를 얻은 상태가 되었다. 지금도 누군가는 나에게 놀면 되지, 왜 일을 하느냐고 묻는다. 지금도 책을 쓰면서 돌을 정상에 올리는 형벌을 받지만 여유롭고 행복하다는 말밖에 나오지 않는다. 하나의 목표를 이루면, 그다음 목표를 설정하고 이뤄내라고 명령한다. 나는 역행자 7단계 모델 덕분에 목표 달성에 딱히 실패하지 않는다. 성장이 멈추지 않고 점차 더 큰 일을 성공시킨다.

인간이 시시포스와 같이 불행해지는 이유는 간단하다.

### 원인 1. 성장하는 방법을 모른다

자의식 해체가 안 된 사람은 반복적으로 성장에 실패한다. 결국 시시포스와 같이 제자리걸음을 하게 된다. 제자리걸음에 결정적 역할을 하는 것은 자의식, 유전자의 오작동, 지능, 방법론의 부재다. 역행자 7단계 모델을 아는 사람은 '정확한 단계'를 이해하고 있기 때문에 이를 반복적으로 밟으며 성장할 수밖에 없다.

## 원인 2. 자원에 대한 압박을 받는다

이성은 "돈은 인생에서 중요한 게 아니야"라고 외치지만, 본능은 "돈을 제발 좀 넉넉히 벌어. 그리고 인생에서 자유도를 최대한 높여"라고 반복적으로 명령한다. 풍족한 자원에 대한 욕구가 충족되지 않는다. 합리화를 반복하지만 한계가 있다. 뇌는 결국 자신이 원했던 도파민을 얻지 못함에 따라 인간에게 채찍질을 한다. '우울감'이라는 처벌을 내린다.

## 원인 3. 성장이 멈춰 열등감이 반복적으로 쌓인다

성장이 멈춘 인간이 할 수 있는 유일한 일은 '사다리를 오르는 옆 사람 끌어내리기'다. 자신이 성장할 가능성이 없다고 느끼기 때문에 누군가 잘나가는 모습을 보면 참을 수가 없다. 어떻게든 흠을 잡아 끌어내리려고 하며, 같은 나이대의 잘나가는 사람을 보면 열등감에 가득 차게 된다. 그리고 나락으로 떨어진 상대를 보면서 유일하게 '행복'이라는 보상을 얻는다. 정체성이 잘 잡혀 있는 사람은 다르다. 누군가 잘나가더라도 '나도 결국 성장할 거야'라는 자신감이 있으면 '끌어내리기' 전략을 사용하지 않는다. 열등감에 상처받지 않으며, 잘나가는 사람에게서 배우려고 한다. 성장을 할 수 없다고

330

느끼는 경우, 열등감이 반복적으로 쌓이고 불행함을 느낀다.

타고난 유전자의 명령에 따라 순리자의 인생을 살아간다면 시시포스와 같은 삶을 사는 것이다. 하지만 시시포스와 같은 평생의 과제가 있어도, 반복적으로 행복을 느끼며 인생의 자유를 얻는다면 인생의 역행자가 될 수 있다.

역행자가 되기 위해선 7단계를 밟아나가면 된다. 역행자 7단계 모델을 한 바퀴 순환할 때 필연적으로 '실패'를 마주하게 된다. 당신이 만약 월 1000만 원을 벌고 있다면, 그다음엔 1500만 원이라는 목표가 생긴다. 하지만 이는 완전히 난이도가 다른 게임이다. 반드시 패배에 직면할 수밖에 없으며, 여기서 인간은 성장한다. 단 한 경기도 패배하지 않은 테니스선수는 없다. 한 번도 패배하지 않은 축구선수는 없다. 세계 최고의 운동선수들은 수천 번의 패배 속에서 성장을 반복한다. 그리고 전성기를 얻는다.

1. 초등학생 때 천부적 재능을 가졌더라도 중고등학생에게는 상대가 되지 않는다. 패배한다.
2. 중고등학생 때 아무리 잘해도 프로 선수들에겐 상대가 되지 않는다. 패배한다.
3. 프로 선수가 되더라도 그 리그 탑급 선수에겐 패배한다.

4. 리그에서 탑이 되더라도 세계로 나가면 패배한다.

5. 세계 최고가 되더라도 이전 자신의 기록에 패배한다. 혹은 새로운 유망주에게 패배한다.

이 과정을 반복하면서 세계 최고의 선수가 된다. 패배를 반복함으로써 운동선수는 '세계 최고'라는 타이틀을 얻게 된다. 역행자 모델에 따라 실패를 반복하면서 일반인은 '자유'라는 타이틀을 얻게 된다.

사실 인생이라는 게임도 별반 다르지 않다. 왜냐하면 '그다음 목표'는 지금까지 상대해왔던 적들보다 수준이 높을 수밖에 없기 때문이다. 실패를 해야만 '레벨업' 버튼을 누를 수 있다. 삶이 안정되면, 도파민은 '새로운 것을 얻어라'라는 명령을 내린다. 이를 얻는 과정에서 고통과 실패를 반복한다. 이때 지름길이 되어주는 것이 역행자 7단계 모델이다. 순리자들은 실패 앞에서 자의식이나 유전자 오작동으로 '레벨업'의 기회를 놓친다.


○ **순리자: "A때문이야", "국가가 헬조선이야", "그다음 레벨에 오른 사람은 사기를 친 것이 분명해. 내 문제가 아니야", "우리 부모님이 못났기 때문이야. 금수저들은 어릴 때부터 교육이 좋았다고"라고 말하며 레벨업의 기회를 놓**

친다.

○ 역행자: "나는 좀 더 높은 목표를 세웠으니 실패가 너무나 당연한 거야. 그래, 이제부터 뭘 보완하면 다음 레벨로 갈 수 있을까? 뇌 최적화부터 할까? 자의식부터 해체할까?"를 고민한다.

부모가 어땠는지, 유전자가 어땠는지, 국가가 어땠는지 따질 필요가 없다. 현재 상황을 직면하고, 이제 뭘 하면 될지를 고민하라. 역행자 7단계 모델을 밟아나가면 최고는 될 수 없어도 적어도 인생의 자유는 얻을 수 있게 된다.

## 어느 순간에 경제적 자유를 얻게 될까?

경제적 자유는 언제 다가올까? 정답을 말해볼까 한다. 당신이 레벨 1이라고 가정해보자. 이때 7단계를 거치면서 실패 지점까지 도달하면 '+레벨 1'이라는 결과를 얻어 레벨 2가 된다. 7단계를 반복하면서 레벨을 높이고, 실행과 실패를 반복하다 보면 어느샌가 레벨 20에 도달한다. 이 지점에 이르기까지 특별한 결과물을 낼 수 없지만, 정신적으로 성숙해진다. 주변 사람들이 유치해지기 시작하고 세상이 완전히 달리 보이기 시작한다. 이전보다 머리회전 속도가 빨라지고, 세상을 읽는 해석 능력이 좋아진다. 처음에 잘 안 읽히던 책이 점차 이해가 된다. 독서 습관이 들고 책에 재미를 느끼기 시작한다.

레벨 20에 도달하면 성과가 나오기 시작한다. 직장인이라면 주변 사람들보다 훨씬 좋은 평을 받게 되고, 돈을 벌기 시작했다면 꽤 많은 수익을 얻기 시작한다. 여기서부터는 관성에 따라 급성장하게 된다. 중간중간 자의식 과잉으로부터 방해를 받지만, 7단계를 계속 반복해 실행하고 실패함으로써 자기 객관화를 해야 한다.

앞서 말했듯이 실행 없이 책을 읽고 망상하는 건 자의식만 강화시킬 뿐이다. 7단계를 계속 반복하다 보면 어느 순간 레벨 50이 되어 있을 것이고, 뒤돌아보면 이미 경제적 자유에 도달한 자신을 확인할 수 있을 것이다. 사람마다 재능이 다르기 때문에 누군가는 몇 년 만에, 누군가는 10년 만에 도달할 것이다. 불평할 필요 없다. 순리자로 본능대로 살아갔을 때보다 적어도 3배 빨리 성과를 낼 테니까.

하지만 그럼에도 매번 실패에 직면할 것이다. 세계 최고의 부자이자 천재라 불리는 일론 머스크도 매일 실패하며 고통받고 있다. 인간은 목표를 이룰수록 더 높은 성취를 원하기 때문에 목표가 높아질 수밖에 없다. 예를 들어 나는 『역행자』를 통해 1년도 안 되는 사이에 40만 부 판매라는 대기록을 세웠다. 다들 부러워하지만, 내 내면에서는 '다음에는 1년 사이에 60만 독자를 만나야지'라는 목표가 생긴다. 당연히 더 어려울 수밖에 없고 실패 확률이 높다. 나는 이것이 시시포스의 형벌처럼 끝이 없다는 걸 알고 있다. 하지만 실패라는 게 오히려 나를 레벨업시키고, 장기적으로 나를 풍요롭게 만든다는 걸 알기 때문에 오히려 심장이 두근거린다.

이게 바로 역행자의 마인드다. 나는 인간의 본성을 알기 때문에 본능적 두려움을 오히려 '행복'이라는 관점으로 전환시킬 수 있다. 다시 한번 말하지만, 실패한다는 건 레벨업을 하고 있다는 뜻이다. 유전자 코드는 나에게 "실패란 죽음과도 같으니 반드시 피해야 해"라고 속삭이지만, 나는 이것이 유전자의 오작동일 뿐이란 걸 안다. 유전자, 무의식, 자의식의 명령을 역행할 때, 완전한 인생의 자유를 얻게 된다.

# 역행자가 되어 완벽한 자유를 누려라

스물한 살 겨울, 한 여자아이를 좋아했다. 안산에서 가장 좋은 고등학교를 졸업했고, 예뻤고, 서울에 있는 명문대에 다니고 있었다. 반면에 나는 여전히 최악의 인생을 살고 있었다. 그녀에게 접근할 방법이 없었다. 그녀가 다니는 교회에 같이 가자고 하면서 어울리려 노력했을 뿐이다.

어느 날 그 친구와 사당역에서 햄버거를 먹으며 행복에 대해 얘기하고 있었다. 그녀가 이렇게 물었다.

"부자로 산다는 건 어떤 느낌일까요, 오빠?"

"돈이랑 행복은 별개야. 재벌이나 부자들도 자살하고 그러잖아. 나는 행복이 돈에 있다고 생각하지 않아. 정신에 있다고 믿어. 그래서 철학이랑 심리학에 관심이 많아."

그녀는 잠시 침묵을 지키다 입을 뗐다.

"오빠, 저희 엄마는 이렇게 말하더라고요. '수아야, 부자가 불행하다는 말은 일단 부자가 되어보고 나서야 할 수 있는 말이란다. 부자가 불행한지 궁금하면 부자가 되어보렴.'"

나는 할 말을 잃었다. 내가 부자가 될 확률은 0퍼센트라고 강하게 믿고 있었기 때문이다.

긴 시간이 흘렀고, 나는 큰 부자는 아니지만 경제적 자유를 이루었다. 그리고 이제 '돈은 행복을 가져다주는가?'란 질문에 답을 할 수 있게 되었다.

'돈이 행복을 보장하진 않는다. 다만 인생의 자유를 보장할 확률은 높다.'

이 책에서 경제적 자유와 돈에 대해 말했다. 하지만 진정 말하고 싶었던 주제는 행복이다. 만약 내가 행복에 대한 책을 썼다면 사람들이 읽지 않았을 거라 생각한다. 그래서 돈이라는 주제를 미끼로 행복해지는 법에 대해서 이야기하고 싶었다. 내가 과거의 고통에서 벗어날 수 있었던 것, 진정 하고 싶은 일에 몰두할 수 있는 것은 어디까지나 경제적 자유를 이룬 덕분이다. 누구도 돈 자체를 위해 살지 않는다. 돈은 행복을 위한 수단일 뿐이다. 역설적으로, 그래서 중요하다.

역행자 7단계 모델을 여러 차례 강조한 것은, 그것이 경제적 자유를 가져다주는 방법인 동시에 나를 행복하게 만들어주는 수단이기 때문이다. 인생이 잘 풀리기 시작한 시점부터 끊임없이 생각했다. '어떻게 나같이 멍청하고 열등했던 사람의 인생이 이렇게까지 바뀔 수 있었을까? 나의 성공을 이론화하면 다른 사람에게도 이 방법을 공유할 수 있을 텐데.' 이런 경험을 스스로 신기하게 여기며, 10여 년간 원인을 분석했다. 그렇게 수없이 고민하여 이론화한 것이 역행자 7단계 모델이다.

특히 1단계에서 자의식을 해체하지 못하면 역시 불행할 가능성이 크다. 발전하고 싶고 성취하고 싶은 건 누구에게나 있는 욕구다. 하지만 지나친 자의식의 노예가 되어버리는 순간, 꼰대가 된다. 자신이 성취할 수 있는 게 없으니, 어린 친구들에게 충고하며 자위하기 바쁘다. 모바일 세상에서 "저건 사기야", "금수저로 타고났으니까 성공한 거지" 등의 댓글을 써대며 다른 사람들의 성취를 깎아내린다. 자기 상처를 피하기 위해 자기 확신만 강한 꼰대가 돼버리는 것이다. 이런 회피가 반복되면 기회를 계속 놓치게 되고, 어린 시절 꿈꿨던 멋진 삶은 점점 멀리 사라진다. 앞서 놓쳤던 기회를 합리화하기 위해 더욱 비뚤어진 인생을 살아갈 수밖에 없다. 역시 행복하기가 어렵다.

4단계의 뇌 최적화 또한 행복에 가까워지는 방법이라 생각한다. 뇌를 최적화하고, 지능을 상승시킨다면? 의사 결정력이 높아진다. 인간이 불행해지는 것은 대개 잘못된 의사 결정을 하기 때문이다. 인생의 갈림길마다 좋은 방향을 선택하고, 최선을 다해 가능성들을 찾아낸다면, 행복해질 확률이 기하급수적으로 높아질 것이다.

이처럼 역행자의 모든 단계는, 돈 버는 법으로 위장되어 있지만 사실은 인생을 행복하게 사는 법에 대한 이야기다. 나는 아직 미숙하고, 큰 성취를 이루지 못했다. 세상엔 나보다 똑똑한 사람, 부자인 사람이 셀 수 없이 많다. 그래서 내가 이런 책을 내는 게 맞나 싶어 2년간 수없이 고민했던 것도 사실이다.

340

하지만 결국 용기를 냈다. 세상엔 과거의 내 모습처럼 사는 사람들이 많다. 나는 그들에게 이렇게 이야기하고 싶다. "세상이 진짜 불공평하고 해도 안 되는 거 같지? 아니야. 방법은 진짜 있어. 공식이 있어. 나도 너처럼 이게 맞나 싶을 정도로 불안하고, 절망도 하고 그랬어. 속는 셈 치고 해봐. 악플 달거나 남을 깎아내리는 그런 삶을 살지 마. 나도 그 마음 알아. 책을 읽어봐. 그리고 꼬이고 꼬인 방어기제를 풀어봐. 삶이 완전히 달라질 거야. 세상은 그 어떤 게임보다 재밌는 공간이 될 거야." 이 대사는 과거의 나에게 보내고 싶은 편지이기도 하다.

난 이제 행복하다. 시간으로부터, 인간관계로부터, 돈으로부터 자유롭다. 매일매일이 기대되고 자신감이 넘친다. 영원히 죽지 않고 이 즐거움을 누리고 싶다. 나는 과거의 나와 같은 사람들이 이 감정을 느낄 수 있게 해주고 싶다. "당신이 절대 넘을 수 없다고 생각하는 그 벽, 사실 별거 아니야!" 하고 말해주고 싶다. 내 이야기는 이걸로 마친다. 언젠가 살다 보면 한 번쯤 우리가 만날지도 모르겠다. 그때 당신도 타고난 운명을 벗어나 본능을 거스르는 역행자가 되어 있길 바란다.

**레벨 1** ★ ☆ ☆

### 독서 입문자가 읽을 만한 책

『**부자의 그릇**』 이즈미 마사토 저 · 김윤수 역 · 다산북스 · 2020년 12월
_책을 단 한 권도 읽지 않은 사람이라면 이 책부터 입문하자. 쉽지만 정말 좋은 책.

『**인스타 브레인**』 안데르스 한센 저 · 김아영 역 · 동양북스 · 2020년 5월
_뇌 효율성 활용이 매우 중요하다. 그중에 가장 쉬운 입문 책.

『**장사의 신**』 우노 다카시 저 · 김문정 역 · 쌤앤파커스 · 2012년 9월
_사업 관련 책 중에 가장 쉬우면서 통찰력까지 있는 책.

**레벨 2** ★ ★ ☆

### 레벨 1을 읽을 수 있는 수준이라면 꼭 읽어야 할 책

『**나는 돈이 없어도 사업을 한다**』 프레이저 도허티 저 · 박홍경 역 · 명승은 감수 · 비즈니스북스 · 2017년 10월
_'슈퍼잼'을 만든 20대 슈퍼리치 도허티의 책. 원제는 '이틀 만에 창업하기48-Hour Start-up'다.

『나는 4시간만 일한다』 팀 페리스 저·최원형, 윤동준 역·다른상상·2017년 10월
_『부의 추월차선』, 『부자 아빠 가난한 아빠』와 함께 '경제적 자유'를 다룬 가장 유명한 책.

『당신은 사업가입니까』 캐럴 로스 저·유정식 역·알에이치코리아·2014년 1월
_여성 사업가인 캐럴 로스가 쓴 책. 이 책을 통해 사업과 장사의 차이를 알 수 있었다. 책에서 알려주는 개념은 내게 큰 영향을 주었다.

『당신의 뇌는 최적화를 원한다』 가바사와 시온 저·오시연 역·쌤앤파커스·2018년 5월
_정신과 의사가 썼으며 최근에 읽은 책 중에 가장 좋았음. 뇌과학 책 중 쉬운 편.

『더 시스템』 스콧 애덤스 저·김인수 역·베리북·2020년 7월
_팀 페리스 『타이탄의 도구들』에 영감을 준 책. 쉽게 읽힌다.

『러쉬!』 토드 부크홀츠 저·장석훈 역·청림출판·2012년 4월
_세계적인 경제학자이자 백악관 경제 담당 비서관을 지낸 저자의 책. 경쟁과 진화에 대해 다루고 있지만 결국은 행복이란 무엇인지 알려준 책.

『미치지 않고서야』 미노와 고스케 저·구수영 역·21세기북스·2019년 6월
_일본의 천재 편집자가 쓴, 돈 버는 방법에 대한 책.

『부의 추월차선』 엠제이 드마코 저·신소영 역·토트출판사·2013년 8월
_경제적 자유를 다룬 매우 유명한 책. 출간된 지 10년 가까이 되었지만 한번쯤 읽어봐야 한다.

『스틱!』 칩 히스, 댄 히스 저·안진환, 박슬라 역·엘도라도·2009년 8월
_수천 년간 구전으로 이어져온 문장들에는 대체 어떤 법칙이 있을까? 사업이나 마케팅에 관심 있는 사람이라면 꼭 봐야 할 책.

『언스크립티드』 엠제이 드마코 저·안시열 역·토트출판사·2018년 1월
_『부의 추월차선』에 이어 5년 만에 출간된 책. 개인적으로 전작보다 더 좋다.

『오래된 연장통』 전중환 저·사이언스북스·2010년 1월
_진화심리학에 입문하려면 꼭 읽어봤으면 한다.

『최강의 인생』 데이브 아스프리 저·신솔잎 역·비즈니스북스·2019년 07월
_실리콘밸리의 괴짜 CEO이자 '방탄커피' 창시자가 쓴 책으로 인생을 해킹하는 방법을 다루었다.

레벨 3 ★ ★ ★

## 레벨 2를 읽는 데 무리가 없다면 꼭 읽어봤으면 하는 나의 인생 책

『뇌, 욕망의 비밀을 풀다』 한스–게오르크 호이젤 저 · 강영옥, 김신종, 한윤진 역 · 비즈니스북스 · 2019년 10월
_인간의 심리 전반과 구매 심리에 대해 알게 해줬다.

『생각에 관한 생각』 대니얼 카너먼 저 · 이창신 역 · 김영사 · 2018년 3월
_행동경제학의 창시자이자 노벨경제학상을 수상한 천재 심리학자의 책. 다소 난이도가 있지
만 한번은 도전해봐야 할 책.

『욕망의 진화』 데이비드 버스 저 · 전중환 역 · 사이언스북스 · 2007년 8월
_이 책만 읽으면 인간의 거의 모든 심리 구조를 이해할 수 있다.

『정리하는 뇌』 대니얼 J. 레비틴 저 · 김성훈 역 · 와이즈베리 · 2015년 6월
_어떻게 뇌를 효율적으로 쓸지 알려준, 나의 인생을 바꿔준 책 중 하나.

『지능의 역설』 가나자와 사토시 저 · 김준 역 · 연필 · 2020년 5월
_지능에 따라 사람의 행동 패턴이 어떻게 달라지는지 알려준다.

『클루지』 개리 마커스 저 · 최호영 역 · 갤리온 · 2008년 11월
_인간의 심리 오류에 대해 알려준 책.

특별부록

곧바로
돈 버는 무자본
창업 아이템

비판론자들은 이런 책에 대해 이렇게 말한다. "부자 되는 방법을 알려준다는 책을 보면 구체적인 방법론은 나오지 않는다!" 나도 동의한다. 그 어떤 베스트셀러를 보더라도 방법론은 나오지 않는다. 그래서 특별히 준비했다. 구체적으로 돈 버는 방법과 흐름을 보여주겠다. 월 1000만 원 넘게 벌 수 있는 사업 아이템과 이걸 사업화하는 방법을 알려주겠다. 내 블로그에 가보면 알겠지만, 내 도움으로 월 3000만 원 이상 버는 사람들이 무수히 많다. 지난달에만 고맙다며 1000만 원씩 보낸 이들이 3명이나 된다. 즉 방법론은 분명히 있다는 말이다.

이 책에 나오는 개념은 단순히 '창업자'들을 위한 것만이 아니다. 당신이 유튜버든 연예인이든 운동선수든 직장인이든 상관없다. 경제생활을 하는 모든 사람에게 도움되는 개념이 역행자 7단계 모델이다. 다음에 나오는 예시는 '무자본 창업'이지만 이 부분은 그저 내 전문 분야이기 때문에 서술한 것일 뿐 이 책을 '사업하는 법에 대한 책'으로 오해하지 않았으면 좋겠다. 예시는 부자 되는 법을 알려주는 게 아니라 '경제적 자유는 진짜 있음'을 증명하는 것이다. 그래서 <부록>으로 넣어두었다.

하지만 대부분의 독자들은 '곧바로 돈 버는 법'을 알려줘도 실천하지 않을 것이다. 왜냐하면 자의식이 이 정보를 걷어차버릴 것이고(챕터2), 당신의 정체성은 "넌 돈 벌 수 있는 사람이 아니야"라고 속삭일 것이다(챕터3). 유전자 오작동이 발동하여 "새 정보를 기피하라"는 명령이 떨어질 것이다(챕터4) 그리고 뇌 최적화가 되어 있지 않기 때문에 정보를 해석할 능력이 없어 이해할 수도 없을 것이다(챕터5). 그래서 반복적으로 역행자 7단계 모델을 순환하는 것이 중요하다. 사실 다른 책의 저자들도 '방법론이 중요한 게 아니'라는 걸 알기 때문에 당신에게 떠먹여주질 않는 것이다. 앞서 설명했지만 뇌를 최적화하면 자동으로 문제가 보이고 문제 해결력이 생긴다. 지능을 높이는 것이 중요하지, 돈 버는 법을 백날 알려주는 건 사실 중요하지 않다. 이건 마치 아무 근력도 없는 초등학생에게 올림픽 선수에게나 필요한 기술을 알려주는 것과 같다. 게다가 곧바로 돈 버는 법을 제대로 설명하기 위해선 책 한 권 분량이 더 필요하기도 하고, 레벨업이 안 된 상태에서 이걸 알려줘봐야 공격적인 순리자들로부터 공격당할 게 뻔하다.

"네가 제시하는 방법은 ○○○해서 문제가 돼! 안 된다고!"
"당신이 실제로 해봤어? 정말 해보고 얘기하는 거야?"
"이미 그 시장은 레드오션이에요!"

순리자들은 안 되는 이유에 대해서만 떠든다. 되는 이유보다 안 되는 이유를 찾아야 본인의 자의식을 다치지 않기 때문이다.

그러나 항상 인생을 역행해야 자유를 얻을 수 있다는 것을 기억하라. 우리의 타고난 원시 본성은 자유로 가는 길과 반대 방향임을 명심하라. 본성과 유전자의 지배를 받는 순리자들의 부정적인 말에 속지 마라.

여기서 제시하는 아이템은 수많은 사업 아이템의 일부일 뿐이다. '이런 방법도 있구나', '이런 과정으로 돈을 버는구나' 정도만 이해하면 된다. 내가 로고 사업 아이디어를 말한 후 경제적 자유를 달성한 수많은 사례들이 나왔듯이, 여기서 제시하는 아이템으로 돈을 버는 사람들도 많이 나올 거라 생각한다. 이 아이템들은 아무 기술력 없이, 돈도 거의 들지 않는 상태에서 시작할 수 있는 것들이다. 나는 이 4가지 아이템들을 1주일 만에 생각해냈다. 아이디어 도출법은 간단하다. '와, 이거 누가 대신해줄 수 없나?' 싶은 걸 떠올리면 된다. 앞서 말했듯이 사람들에게 편리함과 행복을 주면 돈은 벌린다. 내가 창업한 사업들도 모두 마찬가지였다.

재밌는 유튜브 영상을 하나 봤다. 이틀 만에 조회 수가 150만 회나 나온 대박 영상이었다. 썸네일은 "3일 작업하고 1년치 연봉 버는 35살 창문닦이"였다. 이 주인공의 방법론은 안 봐도 뻔했다. 왜냐하면 『역행자』 초판의 부록에서 제시하는 방법론과 같을 게 분명했기 때문이다. 내가 부록에서 첫 번째로 제시하는 것이 '특수 이사 및 조립 출장 서비스'다. 돈, 기술 하나 없이 성공할 수 있는 무자본 창업 아이템이다. 창문닭이도 이와 완전히 일치하는 주제이고, 방법론이 같을 수밖에 없다.

① 창문닭이 출장 서비스를 한 번 불러본다.

② 작업 과정을 살펴보고 무엇을 하는지 지켜보면서 눈대중으로 배운다. 기회가 된다면 전문가에게 무급 제자로 일하게 해달라고 부탁해보거나, 여유가 있다면 컨설팅 비용을 제안한다.

③ 블로그 마케팅 책을 읽거나 강의를 듣고 공부한다. 그리고 '부산 우암동 창문닭이', '부산 문현1동 창문닭이' 등의 키워드를 노출시켜 무료 마케팅을 한다. 예를 들어 안산시라면 고잔동, 와동, 월피동, 중앙동 등 모든 키워드로 블로그를 쓴다(고잔동 창문닭이, 안산 건물 창문닭이 등).

④ 초기엔 최저가 혹은 무료로 서비스를 해야 한다. 실력이 안 되기 때문이다. 자의식으로 "내가 고생하는데 돈은 받아야지!"라는 헛소리 말고, 실력을 키우는 데 집중해라.

⑤ 실행하면서 창문닭이 실력이 늘어난다. 혹여나 실수하거나 클레임을 받았다면 무조건 환불을 해준다. 상대 탓하지 말고, 내 서비스의 문제라고 반성하고 개선 사항을 메뉴얼화하여 본질을 강화시켜라.

⑥ 수요가 높아지면서 초과수요가 발생할 수 있다. 이때 창문닦이 서비스 가격을 높일 수 있다. 가격을 높여도 너무 수요가 많아 내 몸 하나로는 한계에 부딪힌다. 직원들을 고용하여 회사 형태로 확장해나간다.

나는 내가 성공시켜본 방법이 아니면 확신을 갖고 얘기하지 않는다. 나는 지금 한 달에 1억 넘게 버는 사업들을 모두 이 공식으로 성공시켰다. 이별 상담을 할 때, 초기엔 반드시 저가로 시작하고 무조건 환불제도를 두었다. 이상한마케팅 또한 마찬가지다. 아마 위 원리를 보고 유튜브 '창문닦이' 영상을 본다면 분명 놀랄 것이다. 왜냐하면 내가『역행자』에서 말한 원리와 완전히 일치하기 때문이다. 이제 초판 부록에 담겨 있던 '돈 한 푼 없이 돈 버는 방법'을 같이 살펴보자.

## 1. 특수 이사 및 조립 출장 서비스

너무 쉬운 아이템이다. 당장 블로그를 개설해 '논현동 가구 조립 출장', '강남역 가구 조립 출장', '서초동 가구 조립 출장' 등의 키워드를 잡아, 가구 조립을 대신 해준다는 글과 사진을 남기면 된다. 요즘은 가구나 운동기구, 행거 등을 인터넷으로 저렴하게 살 수 있지만, 설치를 직접 해야 하는 번거로움이 있다. 당신은 조립하는 걸 즐길지 모르지만 많은 사람들이 조립이라면 치를 떤다. 공구를 잘 다루지 못하는 사람, 몸집이 작거나 힘이 없는 여성들, 뭔가를 조립하는 걸 두려워하는 사람들이 생각보다 많다. 그들한테 가구 조립은 '귀찮으니까 돈 주고 시킬 수도 있는' 정도가 아니라, 아예 '나는 할 수 없어' 수준이다. 그러니 아주 비싼 가격이 아니라면 가구 조립에 돈을 지불할 것이다. 블로그로 마케팅하고, 2~3만 원에 가구를 조립해주면 된다. (이 과정은 사실 챕터1에서 내가 사업을 성공시킨 방식과 완전히 똑같으니 챕터1을 다시 한번 읽어보길 바란다.)

대부분의 순리자나 사업 경험이 없는 사람들은 내 이야기에 바로 이런 소리를 한다. "그걸 누가 2만 원이나 주고 시켜요?" 장담컨대 내가 이걸 직접 하면 1주일 안에, 매일 10건 이상 조립 신청을 받을 수 있다. 이별 재회 상담 사업을 사람들에게 소개할 때마다 지겹게 듣는 질문이 있다. "이별 상담을 진짜 돈 주고 하는 사람이 있어요?" 안타깝게도 나는 이 사업으로 한 달에 1억 넘게 벌어들인다.

당신이 세상의 중심이 아니다. 세상엔 정말 다양한 사람들이 다양한 니즈를 갖고 살아가고 있다. 어떤 사업에 대해 이야기를 들었을 때 '정말 그런 니즈가 있다고?' 하는 생각부터 든다면, 자의식 방어가 발동하는 건 아닌지 돌아볼 필요가 있다. 대부분의 경우 당신은 그런 니즈 자체를 모르는 것이지, 그런 사업이 안 되는 이유를 정확히 알고 있는 게 아니다.

## 1-1. 운동기구 이사 서비스

이 아이템에 대해서 주저하는 또 다른 이유 역시 자의식 때문일 것이다. 몇몇 순리자들은 이 아이템을 듣고 '아니, 내가 이런 하찮은 일을 한다고?' 하고 생각할 것이다. 내가 3일 전에 겪은 일을 예로 들어보겠다.

나는 최근 양평 시골로 이사했다. 이전에 살던 집에 스미스머신이라는 운동기구가 있었는데, 이삿짐센터에선 이걸 해체할 수 없기 때문에 옮길 수 없다고 했다. 나는 일단 스미스머신을 포기한 채 이사를 했다. 이후 이 운동기구를 가져오기 위해 고민하다가 구매 업체에 전화해봤다. 그랬더니 이전 설치 비용으로 160만 원을 불렀다. 구입가가 100만 원인데, 이전 비용이 더 큰 상황이었다. 나는 고민하다가 포털 사이트에서 '운동기구 이사', '스미스머신 이사'를 검색했다. 놀랍게도 '스미스머신 이사'로 검색되는 이사 업체가 하나뿐이었다. 나는 이를 보고 절망했다. 이 업체는 거의 독점 상태일 게 분명하고 비싼 금액을 부를 게 뻔했다. 바빠서 못 해주겠다는 답을 들을 수도 있었다. 불길한 예상은 적중했다. 전화를 받은 사장은 '고객님 전화다!'라는 반가움의 목소리가 아니었다. '너무 전화가 많이 오네…… 또 왔냐'라는 어투로 귀찮은 듯이 답했다. "예약이 2주 이상 밀려서 당장은 해드릴 수가 없어요."

대부분의 사람들은 모르지만 세상에는 이사할 때 운동기구 때문에 고생하는 사람이 많다. 블로그에 '스미스머신 이사'뿐만 아니라 여러 운동기구 이사 글을 올려 홍보한다면 어떻게 될까? 이 업체는 대박이 날 수밖에 없다. 사업의 요건도 간단하다.

① 건강한 몸
② 무료로 개설할 수 있는 블로그
③ 500만 원짜리 중고 트럭
④ 모든 나사를 풀 수 있는 공구(쿠팡에서 구입하면 된다)

여기까지 말하면 또 반박을 하는 사람들이 나온다.

## a. 중고 트럭 구입비 500만 원도 없으면요?

리스를 해도 되고, 의뢰가 올 때마다 렌트해도 된다. 만약 비용이 부담된다면 다음에 소개하는 다른 무자본 창업 예시를 보도록 하자.

## b. 나사 풀기를 잘 못하면 어쩌죠?

문의 전화가 오면 이렇게 답하라. "다른 곳에 연락해보셔도 어차피 오래 걸릴 거예요. 혹시 모르니 다른 업체에도 예약은 해두세요. 운동기구에 따라 해체가 불가능할 수 있는데, 오늘은 제가 시간이 되니까 가볼게요. 만약 제가 처리를 못 하면 돈을 받지 않을 테니 그 점은 걱정 안 하셔도 됩니다."

상대방 입장에선 거절할 수 없는 제안이다. 상대는 나 때문에 손해를 볼 확률이 없다. 나는 의뢰인의 기구로 연습을 하면 된다. 시행착오를 통해 전문성이 길러질 것이다. 만약 실수를 하면 고객에게 5만 원 정도 건네라. 상대가 정상이라면 "아니 아니 정말 괜찮습니다"라고 답할 것이다. 대부분은 해결이 된다. 성공했을 경우엔 건당 20~30만 원 이상 받을 수 있을 것이다. 이 정도만 받아도 하루 4시간 일하고 월 1000만 원을 벌 수 있다. 처음에 자신이 없다면 10만 원만 받으면서 실력을 늘리면 된다. 만약 더 돈을 벌고 싶다면 전국 단위로 확장하면 된다. 직원을 뽑고 운동기구 이사뿐만 아니라 이사 업체에서 어려워하는 아이템들을 모두 블로그 마케팅 하면 그만이다. 규모가 커지면 이사 업체를 대규모로 운영해도 좋다. 나는 지금 당신에게 시스템화나 사업화를 하라고 말하는 게 아니다. 직원을 고용하는 게 부담스럽다면 일단 혼자 모든 일을 처리하면 그만이다. 일단 월 1000만 원을 버는 데 집중해라.

　나는 한 달 전에 침대를 버릴 일이 있었다. 해체할 엄두도 안 나고 폐기물 처리도 너무 귀찮았다. '강남 침대 폐기물'로 검색을 하자 딱 내가 원하는 업체가 나왔다. 의뢰를 하자 직원 둘이 와서 침대를 분해하고 폐기까지 해주었다. 알아서 폐기물 딱지도 붙여주었다. 위에서 말한 방식 그대로 사업을 진행하고 있어서 놀랐다. 직원 분께 한번 물어봤다. "사장님이 젊으신가 봐요? 사업을 잘하시네요." 의외의 대답이 돌아왔다. "40대 초반의 여성이세요." 당신이 여자라면 위 아이템을 보면서 '나는 할 수 없어'라고 생각했을 것이다. 하지만 이 여성은 완벽하게 이 비즈니스로 돈을 벌고 있었다. '할 수 없어'라는 말을 입 밖에 꺼내지 마라. 일단 해라. 실패하는 과정에서 레벨업이 된다.

　물론 운동기구 이사 사업은 중고 차도 필요하고 기구 해체나 조립의 전문성도 필요하다. 그렇다면 이것조차도 필요 없는 아이템으로, 앞서 말한 가구 조립이 있다.

## 1-2. 가구 조립 출장 서비스

그럼 뭐부터 할까? 사업은 이렇게 짠다. '강남 가구 조립 출장', '논현동 가구 조립 대행', '학동 DIY 출장' 같은 식으로 블로그를 구성하고 출장 조립 사진을 담으면 그만이다. 만약 사업을 크게 할 거라면, 이런 식으로 전국에 있는 동과 구 명칭을 모두 잡아내면 된다. 의뢰가 들어오면 건당 2~4만 원을 받으면 된다. 아직 경험이 없다면, 일단은 1만 원씩만 받으면서 빨리 숙달될 수 있게 하라. 그리고 최대한 많은 문의 전화를 받아라. 경험치가 쌓여 숙련자가 되면 2~3만 원을 받을 수 있다. 하루 8건을 처리하면 웬만한 대기업 직장인 월급보다 많은 돈을 벌 수 있다.

돈을 더 벌고 싶다고? 단가를 높이면 된다. 일단 출장을 나가면 이동에 시간이 드니까, "이것 외에 더 조립해드릴 건 없나요? 추가 요금은 저렴합니다" 하고 제안해보라. 상대가 불편해하는 일을 모두 도와주고 돈을 더 받아라. 어차피 사람을 부른 이상, 추가 금액은 쉽게 지불할 가능성이 크다. 또 일을 하다 보면 고객들의 불편 사항을 이것저것 듣게 될 것이다.

여기까지 읽었다면 "여자들은 집 안에 들어오지 말라고 할 텐데요?"라는 반박을 하고 싶을 것이다. 비즈니스는 아이디어를 내고 모든 문제를 해결하면 된다(그래서 챕터5 뇌 자동화가 중요하다). 고객이 여성이라서 출장 직원을 집 안에 들이기 꺼려한다면 "시간 맞춰서 밖에만 놔두세요. 조립 후에 문자 드리겠습니다. 포장지도 제가 알아서 분리 수거하겠습니다"라고 하면 된다. 이 외에도 여러 애로 사항들을 상품화해서 가격을 정하고 도우면 된다. 이게 어느 정도 쌓이면 당신 업체는 그 구역을 평정하게 된다.

비즈니스는 문제를 해결하는 게임이다. 일을 하다 보면 여러 가지 문제가 터진다. 이 문제를 해결하는 힘은 역행자 7단계 모델을 밟다 보면, 자연스럽게 길러진다. "그렇게 해서 월 1000만 원 벌면 누구나 부자 되게요?" 하고 의심부터 하는 사람, 블로그에 글 2개 올려놓고 "뭐야, 전화 안 오잖아?" 하는 사람, 고객이 무리한 요구를 한다며 불쾌해서 일을 못 하겠다는 사람도 있을 수 있다. 앞서 얘기한 유전자의 오작동을 복습하라. 그리고 챕터2 '자의식 해체'부터 다시 읽어보길 바란다.

## 2. 변기 뚫어주기 출장 서비스

이 아이템은 변기 뚫는 도구만 있으면 된다. 계산을 해보자. 당신이 강남에 살고 있다면, 잠재 고객만 50만 명이다. 지난 1년간 당신 집의 변기가 막힌 적은 없었나? 가정집도 대개 1년에 한두 번은 막힌다. 수많은 사람들이 함부로 쓰는 상가라면 말할 것도 없다. 반면에 변기 뚫는 일은 거의 모든 사람이 아주 꺼리는 일이다. 대략 계산해봐도, 매일 1500명 가까운 강남 사람은 변기 막힘으로 고생한다. 이 중에서 본인 손으로는 죽어도 변기를 뚫기 싫고 남이 대신 해줬으면 하는 마음에 인터넷 검색을 해볼 사람은 얼마나 될까? 아주 보수적으로 100분의 1이라고 계산하면, 하루 15명은 당신에게 전화할 것이다. 건당 2~3만 원을 받는다고 가정하면, 역시나 해볼 만한 무자본 창업이다. 이후 확장할 수 있는 아이템은 셀 수 없이 많다.

어떤 이는 "당신은 너무 낙관적으로 계산했다. 내 생각엔 강남구에서 하루에 3건 이상 의뢰가 들어오지 않을 것 같다"라고 말할 수 있다. 앞서 말했듯이 비즈니스는 '문제'를 해결하는 게임이다. 당신 말이 맞는다면, 서울에 있는 모든 구를 잡으면 되지 않는가? 서울에 25개의 구가 있으니 하루 75번 전화가 온다는 뜻이다. 대중교통을 이용하면 서울만큼 저렴한 비용으로 빨리 이동할 수 있는 도시가 많지 않다. 대중교통으로 전역을 커버할 수 있다.

스쿠터를 탄다면 더욱 좋다. 만약 당신이 차량을 이용한다면 출장 거리에 따라 요금을 달리하는 방법도 있다. 무엇보다 내가 보기에 하루 3건밖에 의뢰가 오지 않는다면 마케팅 부족이다. 앞에서 따져봤듯이 변기 막힘이라는 현상은 어디서나 늘 발생할 수밖에 없는 일이기 때문이다. 블로그 마케팅을 포함해서 여러 온라인 마케팅을 공부해서 최적화하면 해결될 일이다.

## 3. 잠긴 문 열어주기 서비스

앞의 경우들과 비슷하다. 지금 이 시간에도 어디선가 문이 잠겨 고생하는 사람들이 있다. 다만 이 아이템이 앞의 경우들과 다른 점이 있다면, 거의 모든 동네에 이미 관련 업체가 있다는 점이다. 하지만 온라인에서는 그렇지 않다. 대부분의 철물점이나 열쇠 업체 주인들은 블로그 마케팅을 거의 하지 않고, 네이버지도 등록도 무성의하게 해놓는 경우가 많다. 이 부분만 해결한다면, 하루 수십 통의 전화가 오게 만들 수 있다. 하루에 20개씩 문을 따준다면, 한 달에 1000만 원 이상 벌 수 있다.

역시나 당신은 반박하고 싶을 것이다. "열쇠 기술은 어떻게 배우죠?", "문이 간단히 안 열리면 어쩔 건가요?" 내가 앞에서 친척 동생의 휴대전화 가게를 예로 든 것을 기억할 것이다. 그 동생도 원래는 월 400만 원 정도 벌었지만, 내가 블로그 마케팅을 도와주고 나서 6개월 만에 월 4000만 원씩 벌게 됐다. 잠긴 문 열어주기 사업 역시 블로그 마케팅, 네이버지도 상위 노출 등만 신경 써도 많은 돈을 벌 수 있다(자청, 이상한마케팅 유튜브 참고). 네이버지도에 등록할 때에는 자세한 설명을 넣고 사진을 첨부해 신뢰도를 높여야 한다. 또한 앞서 설명한 대로 거의 모든 동네를 블로그로 잡아내야 한다. '자양동 문 잠김', '청담동 열쇠가게', '압구정 열쇠 잃어버림' 같은 식으로 말이다.

문제는 열쇠 기술 부분이다. 나라면 목돈을 어느 정도 모아서 열쇠 업체를 찾아갈 것 같다. 열쇳집 사장님에게 이렇게 제안하라. "사장님, 열쇠 기술을 속성으로 배우고 싶습니다. 1주일만 따라다니면서 배울 수 있을까요? 방해되지 않게 하겠습니다. 대신 수업료로 500만 원 드릴게요. 저는 이 동네에서 차릴 게 아니라 100킬로 떨어진 곳에서 해보려고 합니다."

이 제안을 거절할 사장님은 거의 없다. 열쇠 따는 기술은 이미 어느 정도 알려진 기술이고, 나쁜 짓에 쓰려는 게 아니라 창업을 위해 배우는 것이라는 것만 확실히 어필한다면, 기술을 알려줄 것이다. 왜 이 기술을 배우고 싶은지 A4용지에 글을 써서 제출하라. 안 될 것 같다고? 그럼 20군데를 찾아가보라. 그러면 최소한

한두 곳은 기술을 알려줄 것이다. 세상에 안 되는 일은 없다. 머리가 안 따라줄 뿐이라고 생각하면 쉽다. 뇌 최적화에 신경 써라. 유전자의 오작동과 자의식 해체를 기억하라.

## 4. 쓰레기 처리 대행 서비스

이건 최근에 발견한 아이템이다. 앞서 말했듯이 나는 얼마 전 양평 어느 시골 마을로 이사했다. 50대 이상의 은퇴자들이 살고 있는, 전원주택이 많은 동네다. 나는 이사하면서 나온 여러 가지 쓰레기를 바깥에 내놓았는데, 이상하게도 2주일이 넘도록 쓰레기를 가져가지 않았다. '아니, 내가 분리수거를 잘못해서 쓰레기차가 안 가져갔나?' 이상해서 부동산에 전화해보니 의외의 답이 돌아왔다.

"아, 쓰레기차는 오지 않습니다. 이 동네는 서울이랑 달라요. 재활용품이랑 쓰레기 버리는 곳은 1킬로 정도 떨어져 있어요. 차 타고 가셔야 합니다. 1주일 동안 재활용품과 쓰레기를 모아두셨다가, 목요일 오후에 차에 싣고 가서 버리셔야 해요."

세상에, 이렇게 불편할 수가 있을까? 심지어 차로 쓰레기를 날라야 했다. 우리 집을 청소해주시는 청소 아주머니가 대신 해줄 수도 없는 일이었다. 나는 부동산에 대행 업체가 없느냐고 물었다. 그런 건 없다고 했다. 아니, 이런 기회가!

① 가평과 양평, 남양주에는 고급 주택단지가 셀 수 없이 많다. 대도시에서 은퇴한 부자들이 서울 외곽에 큰 저택을 지어 여유롭게 살아가는 경우가 많다. 이들은 돈은 많은데 쓸 곳이 없다. 그래서 귀찮은 걸 해결하는 데 돈을 쓴다. 단지들이 많으므로 나 같은 불편함을 겪는 사람도 많을 것이다.

② 이는 앞서 말한 온라인 마케팅으로 불가능한 영역이다. 일단 전단을 만들어라. '1주일에 한 번 쓰레기 분리수거 대행해드립니다'라는 주제로 광고 전단을 만든다. 그리고 서울 외곽 고급 주택단지를 돌면서 전단을 뿌린다.

③ 고급 주택은 차고 넘친다. 양평을 끼고 가평, 남양주, 이천, 여주, 하남 등 무한에 가깝다. 5000채는 족히 넘을 것이다. 전단을 돌리면 적어도 200~300곳에서 연락이 올 것이다. 만약 연락이 거의 없다면 전단에 문제가 있는 것이다. 디자인과 문구를 수정해야 한다. 신뢰할 만한 업체임을 증명하는 증명서나 당신의 프로필 사진, 작업 사진, 이력 등을 첨부해서 신뢰도를 높여도 좋다. 전단이 잘 노출되지 않았을 수도 있으니 다른 곳에도 게시해본다. 당신이 은퇴한 사람이고 전단을 받았다면 어떤 의문이 드

는가? 도둑 아닌가? 페이퍼컴퍼니 아닌가? 등등 많은 의심이 들 것이다. 의심을 없애줄 사진이나 활발히 운영되는 블로그를 문자 메시지로 보내주면 된다.

④ 연락이 온 200~300여 곳에서 100여 곳을 추려내라. 동선이 비효율적이거나 너무 먼 곳은 뺀다. 그리고 특정 주택단지에서 유난히 많이 신청했다면, 그곳을 집중 공략한다. 가격은 1주일에 1회, 2만 원으로 책정한다. 한 달이면 4회니까, 100곳의 쓰레기를 버려준다면 월 800만 원을 벌어들일 수 있다. 그리고 서비스가 좋다면, 한번 이용한 거주자들이 입소문을 내줄 것이다. 외곽 주택단지에 사는 사람들은 커뮤니티를 이루고 있어서 소문이 매우 빠르게 퍼진다. 거의 모든 고급 주택단지에 사는 사람들은 같은 문제를 겪고 있을 테니까 업체 홍보가 순식간에 이루어질 것이다.

이게 만약 성공한다면, 이 서비스를 전국으로 확대할 수도 있다. 운이 좋다면 지자체나 건설사와 협약을 맺어서 지정 대행 업체가 될 수도 있다. 현대는 '노동의 종말'이 예고된 시대다. 갈수록 부유한 은퇴자들은 많아질 것이고 예전처럼 자녀들과 대가족을 이루고 도심에 살지도 않으니, 도시 외곽에 거주하는 은퇴자 인구는 늘어날 가능성이 크다. 초반 경쟁에서 빨리 일등 업체가 되기만 한다면 이 분야의 일등 브랜드로 성장할 수도 있다. 개인 사업체를 넘어 번듯한 중견 기업이 될 수도 있다. 현재의 대기업들 역시 초기에는 이런 작은 사업체로 시작했음을 잊지 마라.

자, 이제 당신의 반박을 들어보자.

**a. 전 지역의 수거일이 특정 요일로 정해져 있으면 어떻게 하나요?**

그럴 가능성은 거의 없다. 아파트도 단지별로 수거 요일이 다르다. 쓰레기 수거 업체나 재활용 업체도 한정된 차량과 인원으로 전체를 커버해야 하므로 반드시 요일을 나눠서 수거할 것이다. 특정 요일에 치우쳐 있더라도 수거 요일이 다른 여러 단지를 조합해서 운영하면 그만이다. 동선이 약간 길어질 수는 있겠지만, 수거 업체 역시 최적의 동선을 고려해서 수거할 테니 당신이 커버하기 어려울 정도로 길어지진 않을 것이다.

**b. 월 200만 원만 벌리면 어떻게 하나요?**

레벨업이라 생각하고 일단 해보는 게 중요하다. 여러 번의 실패와 시행착오를 겪으면서 레벨업을 하는 게 중요하다고 누차 얘기했다. 로또를 원한다면 이 책을 쓰레기통에 넣고 복권방에 가라.

## c. 외곽에 살아야 하나요?

나는 비즈니스 경험을 위해, 6개월만이라도 외곽에서 일을 하며 레벨업해보는 게 나쁘지 않다고 생각한다. 외곽 단지 근처에 살면서 자주 오가다 보면 쓰레기 수거 대행 외에도 다른 사업 아이템들을 발견할 수 있을 것이다.

재밌는 이야기가 있다. 『역행자』를 출판하고 4개월이 지났을 때쯤 양평 집에 갔는데 누군가 전단을 붙여놨다. 보통 양평 전원주택에 전단을 붙이는 경우는 드물다. "대체 뭔 정신 나간 놈이 수지타산 안 맞게 시골에 이런 걸 붙였어?"라고 투덜대며 떼어냈다. 그런데 전단을 보자 입이 떡 벌어졌다. 전단에 '분리수거 대행'이라고 쓰여 있었던 것이다. 그리고 그 주에만 2개의 또 다른 업체가 전단을 붙었다. 그렇다. 이 책을 본 몇몇 사람들이 '분리수거 대행'을 실제로 실행한 것이다. 뭔가 오묘한 감정을 느꼈다. 이들의 레벨은 낮기 때문에 이 사업으로 성공할 거라 기대하진 않는다. 그러나 책을 보고 실행했다는 점에서 정말 대단하다고 생

각했다. 이들은 분명히 시간이 지나서 빠르게 레벨업을 할 것이고, 성과를 거두게 될 것이다

앞서 말한 4가지 아이템 말고도 세상에는 무한한 기회가 열려 있다. 이 아이템들은 최근에 내가 이사를 하면서 느꼈던 불편한 점들 중 일부를 사업 아이템으로 생각해본 것뿐이다. 늘 이렇게 기회를 찾는 습관을 붙이면 반드시 좋은 아이템 몇 개는 잡아내게 된다. 주변 사람들의 이야기에 귀를 열어두고, 어디에 가서 무엇을 보든 사업 아이템의 관점에서 생각해보고 질문해보도록 하자. 아마 당신은 "나는 이런 아이디어가 안 나와요……"라고 말할 수 있다. 이 부분은 '정체성 만들기' 부분에서 다뤘으니 다시 들춰보자.

이제까지 말한 것은 예시다. 어떻게 평범한 일상 속에서 사업 아이템을 잡아내는지, 또 그렇게 아이템을 떠올렸을 때 어떤 식으로 사업화할지를 대략 제시했을 뿐이다. 또 앞의 예시들은 건강한 몸 하나만 갖고 사업을 꾸리는 방법만 다룬 것이다. 당신이 만약 특정 분야에 전문성을 갖고 있거나, 프로그래밍 또는 제조 능력 등을 갖고 있다면 이야기는 훨씬 쉬워진다. 내 경우에도 여러 사업을 운영하고 있지만, 특히 3가지 사업을 주력으로 하고 있다. 이별 상담, 온라인 마케팅, 전자책 출판이다. 각각 전문성과

콘텐츠 생산 능력을 기반으로, 이제까지 말한 것과 똑같은 방식으로 확장한 케이스다. 초반에 고생을 좀 하더라도 당신의 아이템이 정말 사람들의 불편함을 해결하고 행복감을 가져다준다면 시장은 반드시 금세 화답할 것이다.

그리고 언제 어떤 단계에 있더라도 역행자 7단계 모델을 숙지하고 레벨업해나가는 것이 중요하다. 다시 말하지만, 레벨이 원인이고 부가 결과다. 만약 돈이 벌리지 않는다면 남 탓, 사회 탓을 하지 마라. 무조건 당신의 레벨 문제다. 역행자 7단계 모델로 돌아와서 다시 처음부터 밟아 나가며 레벨업을 해야 한다.

앞선 아이템으로도 아직 감이 안 잡히는가? 독자들을 위해 이번 확장판에서만 특별히 다른 예와 내가 사업을 성공시킨 과정을 공유하겠다.

우리 회사의 구성원 대다수가 내 영상을 보고 입사했다. 그런데 그중 '미연'이라는 경력직 디자이너는 나를 전혀 모른 채 입사했다. 미연은 가끔 외주를 맡기곤 했는데, 어느 날 외주 회사와 이야기하던 중 "이상한마케팅이면 자청님 회사 아닌가요? 원래 가격은 90만 원인데, 무료로 해드릴게요. 제가 자청님 덕분에 이렇게 사업에 성공할 수 있었거든요. 그 보답이에요"라는 말을 듣게 된다. 같은 주에 영상 촬영과 편집을 위해 외주 업체를 불렀는데, 이 담당자도 우연히 내 '무자본 창업'을 수강한 사람이었다. 그는 시간당 50만 원의 급여를 받는 사람이었지만, 감사 표시라며 촬영비를 받지 않았다. 이들은 어떻게 무자본으로 성공할 수 있었을까? 내가 어떻게 사업을 성공시켰는지 공식으로 하나씩 분석해보겠다.


## 무자본 창업 7단계 공식

① 종목 하나 고르기
② 혼자 시도해보고 배우기
③ 수련 및 무료로 대행하기
④ 역행자 7단계 한 바퀴 돌리기, 뇌 자동화
⑤ 본질 업그레이드하기
⑥ 마케팅하기
⑦ 사람 뽑기 및 자동화

뭘 할지 모르겠다면, '크몽'이라는 사이트에 들어가보아라. 수백, 수천 개의 일이 있다. 이 종목 중에 흥미가 생기는 것을 하나 골라라. '영상 편집'을 종목으로 골랐다고 가정해보자.

1. 종목 하나 고르기
- 영상 편집을 골랐다.

2. 혼자 시도해보고 배우기
- 영상 편집을 독학으로 하다가 학원이나 온라인 클래스를 등록한다.
- 여기서 기본 전제는 뇌 자동화, 22전략을 실행해야 한다는 점이다. 기본적인 지능을 높여놓고 해석 능력을 길러야 한다. 뇌 최적화가 안 되어 있으면 학습이 느릴 수밖에 없다.

3. 수련 및 무료로 대행하기
- 허술한 기술을 팔 수 없으니, 지인 것을 무료로 대행하거나 스스로 유튜브를 운영하며 연습해본다. 만약 내가 의뢰받은 프로젝트를 진행하는 경우라면 반드시 전액환불제도를 도입하라.

4. 역행자 7단계 한 바퀴 돌리기, 뇌 자동화
- 끊임없이 자의식을 해체하고 지능을 올린다. 역행자 7단계를 반복해서 레벨업한다.

5. 본질 업그레이드하기
- 영상 편집을 반복하다 보면 기본적인 편집 기술을 습득하게 된다.

하지만 남들과 비슷한 수준에 불과하다. 이제 반복 작업이 아닌 본질을 업그레이드하자. 어떤 유튜브 콘텐츠가 조회 수가 많은지 보면서 분석·공부한다. 영상 편집은 어떻게 했는지, 썸네일은 어떻게 만들었는지 계속 연구한다. 가로막힐 때마다 자의식을 해체한다.

- 페이가 오르지 않은 채 단순 편집만 하면서 하루 벌어 하루 사는 편집자들도 많다. 그들의 공통적인 특징은 책을 읽지 않는다는 것이다. 당신은 이들과 다르게 계속 책을 읽어라.
- 대체 불가능한 사람이 되어야 한다. 이제 다른 영상 편집자와는 달리 유튜버에게 썸네일 혹은 영상 제목에 대해 조언해보자. 당신의 포트폴리오가 점점 쌓일 것이다.

## 6. 마케팅하기

- 본질이 업그레이드 됐다면, 온라인 마케팅을 공부하라. 책, 모임, 온라인 클래스 등으로 지식을 습득하고, 사람들을 만나라. 이를 통해 문의가 점점 많아질 것이다.
- 마케팅에 따라 과수요가 발생할 것이다. 이제 가격을 점차 높여 나가자.

## 7. 사람 뽑기 및 자동화

- 이제 더는 가격을 높여선 안 되는 상황에 이른다. 함께 일할 직원이 필요한 시점이다. 인사 공부를 하며 직원을 늘려나가자. 영상 편집뿐 아니라 SNS 광고 대행, 광고 영상 촬영, 촬영 및 편집 기획까지 올인원 패키지 상품도 만들 수 있다. 여기까지만 해도 경제적 자유를 얻을 수 있을 것이다. 여기서 확장하면 점차 기업으로 발전해나간다.

　이 공식을 활용해 내가 무자본으로 성공한 '아트라상', '이상한 마케팅', 두 가지 사업을 설명하겠다.

1. 종목 하나 고르기
- 2010년: 온라인으로 이별 상담을 해보기로 했다.

2. 혼자 시도해보고 배우기
- 남녀 심리를 분석한 책 30여 권을 읽었다. 마케팅과 사업에 대한 책도 20여 권 읽었다. 동업자 지한이는 홈페이지 만드는 법을 독학으로 익혔다.

3. 수련 및 무료로 대행하기
- 초기에 지인들을 무료로 상담하며 사례를 모았다. 홈페이지 오픈

후에는 가격을 1만 9000원으로 저렴하게 책정했고, 전액환불제도를 도입했다.

## 4. 역행자 7단계 한 바퀴 돌리기, 뇌 자동화

- 초기에는 끊임없이 심리학, 상담학 관련 책을 읽었다. 상담 관련자 중 책을 읽는 사람이 적을 거라 예상했고, 책을 계속 읽으면 최고가 될 거라 확신했다.

## 5. 본질 업그레이드하기

- 글쓰기를 놓지 않고 계속하며, 논리력과 지능을 향상시키는 데 집중했다. 나아가 심리학, 상담학을 계속 공부하며 다양한 사례를 접하니 경험치와 실력이 지속적으로 향상되었고, 5년간 국내 최고의 이별 상담 전문가가 되었다. 책을 꾸준히 읽으며 연구하는 사람이 드물기 때문에 손쉽게 선점할 수 있었다.

## 6. 마케팅하기

- 초기엔 네이버 블로그와 지식인 마케팅을 통해 돈 들이지 않는 마케팅으로 사람을 끌어모았다. 이후 마케팅 강의를 들으러 다니며 여러 마케팅 기술을 습득했다. 월 순수익 5000만 원을 돌파한 후부터는 온라인 마케팅 대행사에 외주를 맡기기도 하며 효율적인

운영방식을 연구했다.

## 7. 사람 뽑기 및 자동화

- 이별 상담은 시간당 1만 9000원에서 시작했지만, 수요가 많아져 점차 가격을 높였다. 5만 원, 10만 원, 20만 원으로 점차 높였고 인기가 너무 많아져 한 달 넘게 기다려야만 상담을 받을 수 있는 상황이 되었다. 결국 시간당 50~90만 원까지 가격이 높아졌다. 이때 점차 상담사를 늘리고 교육하며 시스템을 갖췄다. 초기엔 상담을 다른 사람에게 맡기면 퀄리티 유지가 불안하고 내 순수익이 줄어드는 것 같았지만, 사업 관련 책을 읽으니 남에게 일을 위임하지 못 하는 것 역시 바보 같은 생각이란 걸 깨달았다. 상담사를 고용하며 점차 시간적 여유가 생기고 회사는 완벽히 자동화되었다. 내 순수익은 훨씬 높아지고 결국 경제적 자유를 얻었다. 뿐만 아니라 다른 사업들도 할 수 있게 되었다.

이별 상담 사업인 '아트라상' 성공 이후 서른두 살 때 마케팅 사업을 무자본으로 시작했다. 당시 마케팅에 대해선 잘 몰라서 아트라상을 성공시킨 블로그 마케팅 단 하나로 시작했다. 똑같은 공식으로 초기엔 무료 및 전액환불제를 실시했고, 끊임없이 마케팅 공부를 하며 본질을 끌어올렸다. 유튜브와 SNS로 마케팅을 진행했고, 이후 과수요가 발생해 직원들을 뽑게 되었다. 지금은 직원 100여 명 규모의 회사가 되었다.

별거 없어 보이지 않는가? 여기서 키포인트는 7단계 역행자 모델을 적용하느냐 마느냐다. 세상에 망하고 싶은 사람은 없다. 보통 사업이 망하는 이유는 대부분 7단계를 이루지 못했기 때문이다. 뇌 최적화가 안 되어 있을 수 있고, 책을 읽지 않을 수 있고, 자의식 해체가 되지 않아 새로운 정보를 받아들이지 못해서일 수 있다. 무의식, 자의식, 유전자의 명령에서 벗어나지 못하면 특별한 사고를 할 수 없고, 평범함은 실패를 낳는다. 글로만 술술 읽으면 쉬워 보일 수 있지만, 결코 만만하지 않다. 단기적 성과에 목매기보다 역행자 7단계를 반복적으로 돌리면서 레벨업하는 것에 집중해야 한다. 실패해도 반복하라. 반복하다 보면 어느새 레벨업해 있을 것이고, 경제적 자유에 도달해 있을 것이다.

누군가는 이런 질문을 할 수도 있다. "자청, 너는 첫 책에 판매 1등 작가가 되고 40만 부나 팔았단 건 천재라는 뜻 아니야? 그냥 타고난 거지 역행자 7단계를 해서 된 게 아니지 않아?" 그렇다면 내가 『역행자』를 출간하기까지 겪은 시행착오를 들려줘야겠다. 『역행자』는 2022년에 출간되었지만, 2011~2019년, 총 8년에 달하는 시간동안 나는 무수히 많은 글을 썼다.

➊ 나는 매일 10시간씩 2년에 가까운 시간 동안 고객에게 상담 글을 써줬다. 고객이 고민을 쓰면, 나는 이에 대해 A4 용지 5페이지에 걸쳐서 분석과 해결책을 제시했다. 하루 평균 5명을 상대하며, 20페이지 분량의 글을 작성했다.

➋ 나는 블로그 마케팅을 8년간 하며 글을 썼다. 글로 고객을 유치해야 했기에 '어떻게 글을 써야 사람들이 읽을까'를 고민하며 수많은 시행착오를 겪었다. 이때 수백 개의 글을 완성하며, 글을 마무리하는 경험을 쌓았다.

➌ 이별 상담에서 핵심은 상대에게 '한 문장'을 보내고 마음을 되돌리는 것이다. 상대에게 어떤 문자를 보낼지 매일 3시간씩 고민했다. 몇 년이나 카피라이팅을 한 것이다. 내가 쓴 글이 상대방에게 어떻게 읽힐지 수없이 상상하고 고민했다.

➍ 2019년 초, 나는 전자책『남녀의 본능과 감정』,『재회의 원리』를 작성했다. 초고를 출판사 10군데에 보냈지만 모두 거절당했다. 지금 생각하면 출판 형식을 갖추지 않았고, 증거 없이 어그로성 글만 있었기 때문에 당연한 결과였다. 시행착오를 한 것이다. 나는 '내 글을 거부해? 그럼 너희가 매달리게 해줄게'라고 생각했다(자의식 해체가 덜 되었던 것 같다). 이후 2019년부터 유튜브를 시작했다. 이 유튜브에서 추천한 책이 모두 대박 나 베스트셀러에 오르자, 200군데가 넘는 출판사들에서 책을 출간하자

고 요청해왔다. 이전에 내가 제안한 10곳에서도 모두 연락이 왔다. 실패를 성공으로 바꾼 것이다.

⑤『역행자』를 출간하기 전, 나는 4권의 전자책을 더 집필했다. 나는 전자책 총 6권을 집필한 셈이다.『남녀의 본능과 감정』,『재회의 원리』,『초사고 글쓰기』,『유튜브 알고리즘의 탭댄스』,『자청의 무자본 창업』,『인간을 분석하는 6가지 도구』. 이 6권으로 한 달에 자동 수익 1억 원을 번다. 글쓰기에서 아마추어를 뛰어넘어 프로 단계에 진입했단 뜻이다. 이외에도 블로그에 3년간 100편이 넘는 글을 작성했다.

대중들은『역행자』가 내 첫 책이라고 생각하며, 운이 좋았거나 마케팅을 잘해서 베스트셀러가 되었다고 착각한다. 하지만 내 내면의 정체성은 신인 작가가 아니었다. 나는 2009년부터 꾸준히 시행착오를 겪으며 그 누구보다 많은 글을 썼다. 앞서 말했듯 실패와 경험을 겪어야만 레벨업할 수 있다.『역행자』는 10년 가까운 시간 동안 수많은 실패와 경험을 거듭한 끝에 출간한 결과물인 것이다.

많은 사람들이 누군가 좋은 결과물을 내면 '운이 좋았네', '재능이 있나 봐'라며 자의식 방어를 시작한다. 이건 인간의 본능이다. 거듭 강조하지만 자의식 해체를 해야만 상황을 객관적으로 바라보고 나 자신을 업그레이드할 수 있다. 자의식뿐 아니라 무의식, 유전자까지 우리를 옭아매는 모든 울타리에서 벗어나야 한다. 그래야만 역행자가 될 수 있고, 인생으로부터 자유를 얻을 수 있다.

독자후기

『역행자』로
인생 역행한
사람들

* ㈜웅진씽크빅에서 개최한 『역행자』 리뷰대회에 참여해주신 분들의 이야기입니다.

# "단 한 번의 선택으로 일상이 180도 달라졌다."
## _최민혁

"안녕하세요, 제가 지하철에서부터 봤는데요. 책 읽으시는 게 멋있어서요. 혹시 연락처 좀 알 수 있을까요?" 지하철에서 내려 헬스장에 가고 있었는데 한 여자 분이 뛰어와 물었다. 말도 안 돼. 여자가 나한테 번호를 물어본다고? 도대체 이게 무슨 일이지? 무슨 일이 벌어진 거지? 나는 27년을 살면서 단 한 번도 여자에게 번호를 줘본 적이 없다. 빼빼 마른 멸치인 데다 못생겼기 때문이다. 그런데 내가 상상도 할 수 없었던 이런 일이 2번이나 벌어졌다. 기적이 일어났다. 아마도 9개월 전에 내린 선택이 나비효과를 불러온 것 같다.

1년 전쯤 나는 심각한 우울증을 앓고 있었다. 시간 개념 없이 방구석에서 SNS나 유튜브를 보며 하루를 보냈다. 밥도 잘 먹지 않았다. 키가 182인데 몸무게가 60킬로그램까지 빠졌다. 친구들도 거의 안 만났다. 현실의 참혹함이 느껴졌기 때문이다. 내 삶은 내가 어릴 때 상상하던 인생과는 너무나도 달랐다. 4년제 대학을 졸업했지만 마땅히 할 수 있는 것은 없었다. 또 잘하는 것도 없었다. 날 불러주는 곳도 없었다. 말 그대로 막장 인생으로 치닫고 있었다.

SNS에는 수많은 친구들의 취업 성공담이 올라와 있었다. 그리고 동네 친한 친구들은 차를 사기 시작했다. 부러웠다. 이때부터 엄청난 열등감이 생겼고 내 자존감은 바닥까지 떨어졌다. 나는 내 인생에 위기가 오고 있음을 알았지만 아무것도 하지 않았다. 아니 하고 싶지 않았다. 그냥 이대로 살다가 죽고 싶었다. 그렇게 평소처럼 방구석에서 휴대전화만 하던 어느 날 한 동영상을 보게 됐다. 동기부여 영상이었는데 한 문장이 뇌리에 꽂혔다.

"아무것도 하지 않으면 아무 일도 생기지 않더라고요."

이 문장이 한동안 내 머릿속에서 맴돌았다. 그리고 갑자기 내 안에서 변화하고 싶다는 목소리가 조금씩 들리기 시작했다. '너 아직 스물여섯 살밖에 안 됐어. 언제까지 이러고 살래. 더는 이렇게 살기 싫어.' 외면하고 싶었던 마음속 절규들이 쏟아졌다. 나도 바뀌고 싶었다. 달라지고 싶었다. 예쁜 여자친구를 사귀고 싶었고, 좋은 차를 끌고 싶었고, 부자가 되고 싶었다. 그렇게 긴 시간 동안 내면의 싸움이 벌어졌다.

그러길 며칠, 결국 승자가 나타났다. 변화라는 깃발을 든 내면의 아이가 모습을 드러냈다. 갑자기 내 가슴에 깃발을 꽂기 시작했다. 그리고 내게 외치기 시작했다. '한 번만…… 딱 한 번만 해보자!'

그렇게 나는 침대에서 일어나 불을 켰다. 책상에 앉아 컴퓨터를 켰다. 그리고 구글에 무작정 부자가 되는 방법을 치기 시작했다. 세계적인 부자들은 독서를 한다길래 인터넷 서점에서 책을 구경하기 시작했다. 그리고 하나의 책을 골라 결제했다. 베스트셀러에 올라온 책이었다. 다음 날 새벽, 책이 도착했는데 이 한 번의 선택으로 내 일상은 180도 달라졌다.

책을 읽고 난 후 하루하루가 변하기 시작했다. 예전에는 일어나자마자 휴대전화를 했다면, 그날 이후로는 달리기를 하러 나갔다. 오전 시간 내내 유튜브만 보고 있던 나는 이때부터 독서와 글쓰기를 하며 시간을 보내기 시작했다. 또 정기적으로 서점에 가서 책을 구경하고 군대에서 했던 헬스를 다시 시작했다. 극히 내성적인 성격이라 사교모임에 나갈 생각도 하지 않던 내가 직접 앱을 설치해 독서모임에 나가기도 했다.

이 모든 게 책 한 권에서부터 일어난 일이다. 말이 되는가? 누군가는 사기 아니냐고 할 것 같다. 그 책이 바로 『역행자』다. 출간한 지 1년이 된 지금도 베스트셀러다. 책의 저자는 부자가 되기 위해선 인생을 역행해야 한다고 했다. 그래서 제목이 역행자다. 사실 부자가 되기 위해서가 아니더라도 꼭 읽어야 하는 책이라고 생각한다.

나는 이 책을 하루 만에 다 읽었다. 너무 재밌었기 때문이다. 그리고 한동안 책 내용에 매료되어 있었다. 마음속에 나도 할 수 있다는 열정이 불타올랐다. 저자의 인생도 나처럼 막장이었지만 책을 읽고 나서부터 180도 바뀌었다고 한다. 사회부적응자였다가 외제차를 탈 정도의 부를 갖게 되었다고 한다.

나는 저자가 시키는 대로 하기 시작했다. 저자는 부자가 되기 위해선 머리가 똑똑해져야 하니 자신처럼 하루에 2시간씩 책을 읽고 글을 쓰라고 했다. 그러면 뇌가 근육처럼 강화된다고 했다. 그렇게 나는 군말 없이 9개월간 따라했다. 그리고 글쓰기와 함께 거의 9개월간 80~90권의 책을 읽었다. 대부분은 도서관에서 빌려 읽었고 나름 책도 많이 샀다.

책에서 운동을 해야 뇌가 강화된다고 하길래 역시 군말 없이 따랐다. 9개월간 운동을 하며 몸도 많이 달라졌다. 유전자의 오작동을 이겨내기 위해 내성적인 성격을 이겨내려 독서모임에 나갔다. 그런데 한 여성분이 전화번호를 물어봤다. 내게 이런 날이 오는구나.

또 최근에는 쇼츠가 유행한다는 이야기를 들었다. 이번에도 유전자의 오작동을 이겨내고 틱톡에 영상을 3개 정도 올렸다. 그런데 영상 하나가 대박 났다. 올린 지 이틀 만에 조회 수가 65만이 넘었고 '좋아요'가 2만 개가 넘었다. 또 나머지 2개도 조회 수가 각각 20만이 넘었다. 하길 잘했다.

누군가는 "별것도 아닌 걸로 자랑질이네"라고 할지 모르겠다. 나는 누군가에게 자랑하고 싶은 게 아니다. 책 하나로 사람이 이렇게 변화할 수도 있다는 걸 보여주고 싶었다. 그뿐이다.

이 모든 일들은 책을 읽고 불과 1년도 안 돼서 일어났다. 방구석에서 휴대전화만 하던 사람이 이렇게 달라졌다. 나도 믿기지 않는다. 물론 내가 그 당시에 내면의 싸움에서 승리한 게 큰 도움이 된 건 확실하다.

하지만 좋은 타이밍에 『역행자』를 읽게 된 것이 더 큰 행운이라고 생각한다. 이 생각은 변함이 없다. 만약 당시에 『역행자』를 만나지 못했다면? 아마도 나는 다시 불을 끄고 방구석으로 돌아갔을 것이다. 그럼에도 내가 이렇게까지 바뀔 수 있었던 건 책 내용이 좋았을 뿐 아니라 저자의 인생이 내게 큰 위로와 용기를 줬기 때문이다. 그래서 내가 이렇게 달라질 수 있었다고 생각한다.

물론 아직도 부자가 되기 위해선 한참 멀었다. 헤쳐나가야 할 일들이 산더미다. 그럼에도 나는 행복하다. 내가 직접 노력하여 만들어낸 변화들이 일상 속에 긍정적인 신호탄이 되었기 때문이다. 요즘에는 마케팅에 관심이 생겨서 마케팅 공부를 할 계획을 세우고 있다.

이 글을 읽는 당신도 나처럼 달라질 수 있다. 한 번만 시도해봐라. 그 한 번이 나처럼 삶을 180도 바꿔줄지도 모른다. 『역행자』 속 오목 이론을 기억할지 모르겠다. 지금 당장 좋은 수, 신의 한 수를 딱 한 번만 두면 된다. 이 글을 읽는 당신에게도 나와 같은 변화가 일어나면 좋겠다. 멀리서나마 응원하겠다.

저는 3번이나 온라인 창업에 실패했는데, 이후 자존감이 너무 많이 떨어져 아무것도 할 수 없었어요. 그때 우연히 도서관에서 『역행자』를 읽고, 이를 계기로 미루기만 했던 숏폼 모임에 참여해 다양한 사람들을 만났습니다. 그로부터 3개월 후, 저는 총 9만 명의 팔로워 채널을 운영하는 숏폼 크리에이터가 되었습니다. 저는 제가 원하는 삶에 한 발짝 더 다가가고 있습니다.

_강민희

사람들은 '50살이 넘으면 이미 운명대로 산 건데 무슨 운명을 벗어난다는 말이냐'고 한다. 나도 그렇게 생각한다. 난 20년 넘게 직장생활하며 정년퇴직까지 시간만 보낸다고 생각했다. 하지만 『역행자』라는 희한한 자기계발서를 읽은 후 나는 곧바로 블로그를 개설했다. 그날 이후 블로그에 글을 쓰면서 내 인생이 180도 바뀌었다. 친구를 만나 술을 마시는 대신 책을 읽고 블로그에 글을 쓴다. 4월 초엔 역행자 챌린지에 참여해 자청 작가님을 직접 만나기도 했다. 이 책은 내 인생을 바꾼 방아쇠 같은 자기계발서다.

_변지선

『역행자』를 읽은 지 겨우 두 달이 지났다. 내 상황은 크게 달라지지 않았다. 다만 거스를 뿐. 나는 파리에서 워킹홀리데이를 하고 있는데, 이 책을 읽고 사업을 해보기로 결심했다. 한국 관광객을 대상으로 짐을 보관해주는 서비스다. 블로그에 안내글을 올렸는데, 여행객들에게 문의가 들어오고 있다. 사업을 성장시키는 과정에서 예상치 못한 문제들을 마주할 것이다. 포기하고 싶은 마음도 들 것이다. 그때마다 '본능을 역행하는 사고'를 가지고 역행자의 7단계를 거듭할 것이다.

_이재협

군대에서 처음 이 책을 만났을 때 마음속에 작은 불꽃이 튀었다. '나도 이 사람처럼 될 수 있을까?' 이후 오목 이론과 22전략으로 인생을 바꿔나갈 때쯤, 자청이 유튜브 콘테스트를 열었다. 책을 읽기 전의 나였다면, 분명 '할 수 없다'고 포기했을 것이다. 그러나 "사람들은 실행하지 않는다. 그래서 성공하기가 쉬운 것이다"는 『역행자』의 말대로 최선을 다해 도전했고, '기획 1등'을 했다. 나에게 갑자기 수많은 돈이 생긴 것도 아니고, 환경이 크게 달라진 것도 아니지만 이것만큼은 분명하다. 나는 세상의 유혹들 사이에 우뚝 서서 나아가고 있다. 나는 역행자다.

_김태현

경단녀가 된 자괴감으로 아기를 돌보던 사람이, 퇴근한 남편에게 신세한탄을 쏟아내 언제든 다툴 준비가 돼 있던 가정이, 『역행자』한 권으로 매일 희망을 이야기하고 있습니다. '사업 같은 거 못하는 사람'이라는 정체성을 해체하고, 15개의 사업아이템을 세웠습니다. 더 강해진 저는 몇 년 후 자청님 핸드폰에 알람을 남길 수 있겠지요. "자청님께 1000만 원이 입금되었습니다-이지연"

_이지연


『역행자』는 '버그'다. 이 책을 읽고 유튜브를 시작하고, 인스타그램 계정을 활성화하고, 상담 공부와 사업을 동시에 시작했다. 비로소 실천하는 역행자가 된 것이다. 이 책을 읽지 않았다면 이 3가지는 평생 내 상상 속에 물렀을 것이다. 모든 것이 『역행자』를 집어든 그 순간, 쳇바퀴를 부수고 나온 그때부터 서서히 바뀌었다.

_이창민


이 책을 읽으며 '진심'을 느꼈다. '아, 이 사람은 진짜구나. 어떻게 이렇게까지 친절하게 설명해줄 수 있지?' 이 책은 클루지에 갇혀 편협한 사고를 가진 사람들까지 설득시킨다. 최종적으로 앞으로 어떻게 살아야하는지 해결책까지 제시한 '완벽한 경제적 자유를 위한 안내서'다.

_최정민


   저는 "당장 돈은 중요한 게 아니야"라고 스스로에게 속삭이며, 순리자의 삶을 살아왔습니다. 하지만 이 책을 만난 후, 스스로 유학파 영어 선생님이 아닌 '교육사업가'라는 셀프이미지를 만들었습니다. 마케팅 특강도 듣고, 온오프라인에서 독서 모임에 참여하고 있습니다. 가끔 제 의지가 약해질 때마다 "클루지, 너 딱 걸렸어. 이젠 안 넘어가"라고 외치고 목표를 향해 뛰어갑니다.

_권보선


   『역행자』는 추상적인 얘기만 하는 다른 자기계발서들과 다르다. 구체적인 방법과 왜 그 방법을 실천해야 하는지 이유가 자세히 적혀 있다. 나는 이 책을 읽은 후 몇몇 도전을 하게 되었는데, 하나는 '전국노래자랑' 출연이고, 하나는 육상대회 참여다. 『역행자』는 내 삶의 한계를 넓혀주었으며, 방향도 재설정하게 해주었다. 책을 통해 더 나은 미래를 가지게 될 것이라는 기대를 떨칠 수 없다.

_고명빈

저와 남편은 모두 공무원으로 '월급쟁이가 최고다'라고 생각하며 살아왔습니다. 하지만 『역행자』를 읽은 후, 저는 제 자의식을 해체하고 '경매로 월세 수익 100만 원을 만들자'는 목표를 실천해나가고 있습니다. 최근 저는 제가 사는 아파트를 팔고 전세로 이사한 뒤 투자금을 마련했습니다. 또 책을 쉽게 읽을 수 있도록 집에 TV를 없앴더니 아이들이 스스로 놀거리를 찾기 시작했습니다. 『역행자』는 저와 제 가족의 삶을 도미노처럼 바꿔놓았습니다.

_김다은

친한 동생이 갑자기 만 원을 보냈다. 며칠 동안 『역행자』는 반드시 읽어봐야 한다고 계속 추천했더니, 읽자마자 기버 행동을한 것이다. '책만 수천 권 읽은 헛똑똑이'였던 나는 이 책을 읽은후 나는 실행하는 사람이 되었다. 나는 22전략의 산 증인이 되기로 하며, 매일 아침마다 2시간씩 독서와 글쓰기를 하고 있다.

_김정훈

매일 출근하기 위해 일어날 때면 '이 짓을 죽을 때까지 해야 한다면, 차라리 오늘이 마지막으로 사는 날이었으면 좋겠다'고 생각했습니다. 하지만 이 책을 읽고 난 후, 제 자신이 미친 듯이 부끄럽고, 한심했습니다. 이제 더는 직장에 있는 시간이 의미 없다고 생각하지 않습니다. 내 능력을 키우는 곳이라 생각합니다. 저는 매일 퇴근 후 책을 읽고, 블로그에 글을 쓰기도 합니다. 게을러서 한심했던 저를 바로 변화시켜준 책입니다.

_노수민

내가 역행자 7단계 모델을 실천하며 얻은 결과는 4가지다. 먼저 한두 달 만에 인스타그램 팔로워 1000명을 만들었다. 오픈 채팅방을 만들어 130명을 모았고, 나만의 독서 커뮤니티를 만들었다. 또 강의, 원고 협업, 도서 홍보 제안 등 엄청난 기회가 생겼다. 최근 나는 '예비 작가'가 되었다. 올해 3월 나만의 퍼스널 브랜딩 저서 원고를 완성했고, 출판사와 계약을 마무리 중이다. 나는 앞으로도 쭉 발전할 것이다.

_노희석

과거의 나라면? 자기 연민에 빠져 침대를 뒹굴뒹굴하며 온갖 잡생각들로 밤을 지새웠을 것이다. 밤새 내 인생이 어디로 가고 있는지 고민했겠지만, 결국 아무것도 하지 않았을 것이다. 하지만 『역행자』를 읽은 후, 나는 새벽에 무인 카페로 달려가 2시간 동안 기획안을 완성해 제출했다. 2시간의 역행 모먼트를 가진 뒤, 나는 마음 편히 단잠에 빠진다.

_박현종

'아니 도대체 어떤 책이기에 이렇게 인기가 있는 거야?' 인근 도서관 30곳을 조회했지만 모두 대출 중. 이런 경우는 처음이었다. 오기에 당장 책을 구매해 읽었다. 책을 읽으며, 내가 멍청하다는 것을 깨달았고 점점 화가 났다. 그 이후 나는 1주일에 1권씩 책을 읽고 있으며, 독서모임과 스터디에 참여하고 있다. 또 운동 환경을 설정하기 위해 운동모임을 만들어 운영하고 있다. 나는 이 책을 감히 내 인생 공략집이라고 부른다.

_소영아

나는 『역행자』를 5회독 했다. 1회독 했을 땐 바로 블로그와 유튜브를 시작했고, 2회독 했을 땐 온오프라인 강연을 듣고, 운동과 경제스터디를 시작했다. 3, 4회독을 했을 때는 과감하게 일을 그만두었다. 5회독을 하며 이 책의 개념을 완전 이해하게 되었고, 나의 정체성을 '투자자'로 장착했다. 이 책을 읽은 후 가장 좋은 판단을 하고, 중요한 가치를 캐치할 수 있게 되었다. 요즘 너무나 행복하게 미래를 그리고 있다.

_송민지

『역행자』를 읽고 1년 사이 참 많이 변했다. 22전략을 매일 실천해 다른 사람들보다 압도적으로 일을 잘할 수 있게 되었다. 덕분에 수익은 10배 이상이 되었다. 또 내면과 외면이 모두 성장하며 5년 만에 솔로 탈출을 하게 됐다. 물론 아직 부자는 되지 못했다. 그럼에도 매일 돈, 관계, 건강이 좋아지고 있다. 이 변화의 중심엔 『역행자』가 있다.

_위종인


자청님의 예전 모습이 바로 지금 내 모습이다. 나는 공부에 열정이 없는 학생이었고, 지방 전문대생이었다. 이 책을 읽고 '나도 할 수 있겠다'는 마음이 저절로 들었다. 더 이상 '못 해' '할 수 없어'라는 방어기제는 작동하지 않는다. 나는 변화가 필요한 누군가를 위해 단 한 권의 책을 선물해야 한다면, 망설임 없이 『역행자』를 선물할 것이다.

_이상록


나는 2020년 초, 유튜브를 통해 자청을 알게 되었다. 그때 이미 망치로 머리를 맞은 듯한 충격을 받았다. 그때부터 나는 역행자의 길을 걷기 시작했다. 지금은 온라인 바텐더라는 정체성을 가지고 유튜브를 준비하고 있다. 나는 지금도 내 정체성을 발전시키기 위해 끊임없이 나 자신을 단련하고 있다.

_이승한

　내 인생을 한마디로 말하자면 '보통'이다. 보통의 남자와 결혼해 살고 있는 맞벌이 주부. 하지만 마음속으론 늘 불안했다. '잘 살고 있는 걸까.' 그래서 물건도 팔고, 재테크 수업도 듣고 여기저기 기웃거렸다. 그러다 『역행자』를 읽었는데, 마음이 이상해졌다. 난 곧바로 블로그에 내 삶을 기록하기 시작했다. 그림 그리기를 시작해 에코백 같은 굿즈 제작도 알아보고 있다. 난 벌써 엄마로서 인간으로서 완전히 다른 삶을 살고 있다.

_이주희

* ㈜웅진씽크빅에서 개최한 『역행자』 리뷰대회에 참여해주신 분들입니다.

| | | | |
|---|---|---|---|
| HASHIMOTO TAKERU | 김근호 | 김승훈 | 김화목 |
| 강남규 | 김근호 | 김영남 | 김효정 |
| 강노을 | 김금진 | 김영우 | 나영호 |
| 강동호 | 김나영 | 김영윤 | 나재석 |
| 강두 | 김남 | 김영주 | 나해린 |
| 강민희 | 김다은 | 김예리 | 남여정 |
| 강보경 | 김도형 | 김유민 | 노경석 |
| 강서연 | 김동옥 | 김유인 | 노경태 |
| 강성재 | 김동하 | 김유정 | 노미나 |
| 강지호 | 김동혁 | 김은지 | 노수민 |
| 강지후 | 김동현 | 김인중 | 노은주 |
| 강효주 | 김리나 | 김재겸 | 노희석 |
| 고명빈 | 김미경 | 김정연 | 동상은 |
| 고석준 | 김미정 | 김정현 | 런다(신혜란) |
| 고은란 | 김미현 | 김정훈 | 마인부유 |
| 고은영 | 김민규 | 김종엽 | 맹종남 |
| 고재성 | 김민정 | 김준범 | 문나영 |
| 고주환 | 김민정 | 김지행 | 문사랑 |
| 고지영 | 김병석 | 김지효 | 문선영 |
| 고현영 | 김보라(온베라) | 김지훈 | 문재성 |
| 고혜연 | 김비주 | 김진아 | 문호영 |
| 공란 | 김상윤 | 김채린 | 민세화 |
| 곽동빈 | 김서은 | 김채희 | 민영애 |
| 곽민정 | 김선미 | 김태수 | 박경서 |
| 권보선 | 김선애 | 김태원 | 박기범 |
| 권선종 | 김선화 | 김태현 | 박노을 |
| 권순관 | 김성준 | 김태현 | 박노정 |
| 권재현 | 김성태 | 김태훈 | 박미향 |
| 김가영 | 김소라 | 김한영 | 박민건 |
| 김건우 | 김소라 | 김현민 | 박민영 |
| 김건호 | 김소정 | 김현준 | 박민주 |
| 김경윤 | 김수민 | 김혜수 | 박상원 |
| 김경주 | 김수현 | 김혜진 | 박상환 |

| | | | |
|---|---|---|---|
| 박선용 | 서현석 | 엄정애 | 윤민이 |
| 박선희 | 성나현 | 엄정혜 | 윤성현 |
| 박성우 | 성수민 | 엄지현 | 윤세린 |
| 박성현 | 성이현 | 여승면 | 윤승민 |
| 박세준 | 성태진 | 여운민 | 윤신혜 |
| 박세진 | 소영아 | 염경태 | 윤지훈 |
| 박소은 | 소유정 | 염서울 | 이건호 |
| 박수현 | 손상도 | 예준오 | 이경태 |
| 박수희 | 손선미 | 오경민 | 이기명 |
| 박영미 | 손선아 | 오다솜 | 이난진 |
| 박용관 | 손의연 | 오병수 | 이단비 |
| 박재선 | 손종태 | 오상훈 | 이대혁 |
| 박정란 | 손준호 | 오준서 | 이동윤 |
| 박정선 | 손진경 | 온단세 | 이동현 |
| 박정연 | 송민지 | 우제하 | 이민선 |
| 박제이 | 송희지 | 우혜종 | 이민재 |
| 박종숙 | 신나라 | 원다연 | 이병철 |
| 박종일 | 신동훈 | 원서준 | 이상록 |
| 박준혁 | 신민규 | 원종민 | 이상민 |
| 박준혁 | 신민철 | 위종인 | 이상호 |
| 박창용 | 신윤민 | 유경진 | 이서영 |
| 박하영 | 신정호 | 유길한 | 이서진 |
| 박현종 | 신제윤 | 유두선 | 이성찬 |
| 박흥기 | 신종섭 | 유성준 | 이성하 |
| 박희앙 | 신현섭 | 유수훈 | 이세연 |
| 배승훈 | 신현식 | 유영식 | 이송이 |
| 배윤명 | 신효연 | 유요셉 | 이수경 |
| 배은규 | 심수연 | 유한선 | 이수현 |
| 배지원 | 심은서 | 유해미 | 이승한 |
| 변지선 | 심정연(리사) | 유화정 | 이에녹 |
| 샐린저 | 안려 | 유환휘 | 이연경 |
| 서가영 | 안현숙 | 윤경은 | 이영은 |
| 서동수 | 양동혁 | 윤기만 | 이영이 |
| 서동휘 | 양승화 | 윤다소 | 이예인 |
| 서민영 | 양현성 | 윤대화 | 이용기 |

| | | | |
|---|---|---|---|
| 이우림 | 임재덕 | 정용현 | 최정민 |
| 이원준 | 임정섭 | 정주연 | 최정훈 |
| 이윤태 | 임태건 | 정채혁 | 최준혁 |
| 이윤택 | 임태호 | 정현선 | 최지숙 |
| 이은정 | 장다연 | 정혜정 | 최진현 |
| 이재우 | 장명건 | 정호심 | 최해식 |
| 이재협 | 장석재 | 제이콥 | 최현미 |
| 이재혜 | 장소정 | 조동희 | 최현준 |
| 이정진 | 장소현 | 조미애 | 파파도서관 |
| 이주호 | 장연훈 | 조민수 | 하은주 |
| 이주희 | 장우준 | 조수민 | 한가은 |
| 이지안 | 장태정 | 조승희 | 한강전 |
| 이지연 | 전미소 | 조유나 | 한미연 |
| 이진수 | 전민 | 조인철 | 한민수 |
| 이찬영 | 전민건 | 지은혜 | 한병주 |
| 이창민 | 전소영 | 지현호 | 한수아 |
| 이태희 | 전승택 | 차한빛 | 한슬기 |
| 이하나 | 전아연 | 채범규 | 한현진 |
| 이학용 | 전유성 | 채해윤 | 한호정 |
| 이현준 | 전윤범 | 철퍼덕고양이 | 허정규 |
| 이현진 | 전태현 | 박준형 | 허준 |
| 이현진 | 전호줌 | 최덕규 | 허진종 |
| 이현호 | 전홍식 | 최동원 | 현동준 |
| 이홍 | 정경 | 최민준 | 홍민수 |
| 이홍규 | 정경수 | 최민혁 | 홍민재 |
| 이화경 | 정명호 | 최민형 | 황자현 |
| 이훈석 | 정민호 | 최보람 | 회색얼음 |
| 이희선 | 정보석 | 최서아 | |
| 이희전 | 정새미 | 최성훈 | |
| 인승열 | 정서윤 | 최승현 | |
| 일신샘 이도영 | 정석원 | 최아영 | |
| 임동관 | 정승원 | 최연우 | |
| 임선우 | 정여진 | 최영연 | |
| 임세훈 | 정연수 | 최유진 | |
| 임은총 | 정예일 | 최재범 | |

## 역행자(확장판)

**초판 1쇄 발행** 2022년 6월 3일
**초판 37쇄 발행** 2023년 2월 17일
**개정증보판 1쇄 발행** 2023년 5월 29일
**개정증보판 31쇄 발행** 2024년 11월 4일

**지은이** 자청
**발행인** 이봉주 **단행본사업본부장** 신동해
**편집장** 김예원 **디자인** this-cover **교정** 윤정숙
**마케팅** 최혜진 이인국 **홍보** 반여진 허지호 송임선 **제작** 정석훈

**브랜드** 웅진지식하우스
**주소** 경기도 파주시 회동길 20 웅진씽크빅
**문의전화** 031-956-7362(편집) 031-956-7089(마케팅)
**홈페이지** www.wjbooks.co.kr
**인스타그램** www.instagram.com/woongjin_readers
**페이스북** www.facebook.com/woongjinreaders
**블로그** blog.naver.com/wj_booking

**발행처** ㈜웅진씽크빅
**출판신고** 1980년 3월 29일 제 406-2007-000046호

ⓒ 자청, 2022, 2023
ISBN 978-89-01-27258-0 03320